한국의 로펌
LAW FIRM

리걸타임즈

한국의 로펌

초판 1쇄 발행 2008년 9월 25일

지은이 | 김진원
디자인 | 아웃도어글로벌컴퍼니
인쇄 | 삼성인쇄

펴낸곳 | (주)리걸타임즈
출판 등록 | 2008년 8월 4일 (제 321-8-00103호)

주소 | 서울시 서초구 서초동 1687-2 중앙 서초프라자 403호
전화 | (02)3476-2015 팩스 | (02)3476-2016
홈페이지 | www.legaltimes.co.kr

ⓒ 김진원, 2008
ISBN 978-89-961584-0-0 13360

책 값은 뒤표지에 있습니다. 잘못된 책은 바꾸어 드립니다.

경제전쟁을 진두지휘하는 변호사들의 이야기

한국의 로펌
LAW FIRM

김진원 지음

법무법인 지평
HORIZON LAW GROUP

SOJONG PARTNERS

KIM & CHANG

법무법인 세화   법무법인 광장

 법무법인 남산

   LEE & KO   LIM, CHUNG & SUH

법무법인(유)태평양

책머리에

"아직 시작도 안 한 거지. 이제부터가 시작이야."

지금부터 약 10년 전 IMF위기로 로펌들이 한창 바쁠 때였다. 국내 굴지의 로펌의 한 대표변호사가 필자에게 한국 로펌의 현 주소에 대해 이렇게 갈파한 적이 있다.

영, 미의 대형 로펌들에 비하면, 한국의 로펌들은 아직 명함도 내밀기 어려운 보잘 것 없는 수준이라는 겸손한 표현이었다고 기억된다. 필자는 그러나 역설적으로 그의 말 속에 담긴 한국 로펌의 무한한 발전가능성에 주목했다.

당시 국내 최대 규모라는 김&장의 변호사 수는 130~140명. 세종, 태평양, 광장 등도 100명을 바라보며 성장을 계속하고 있을 때였다. 이미 상당한 수준의 발전을 이어가고 있는 것으로 보이는데 아직 시작도 하지 않았다니, 본격적인 모양을 갖췄을 때의 위상은 어느 정도일까. 그의 말을 곱씹으며, 필자는 한국 로펌의 미래에 더욱 관심을 기울였다.

그랬기 때문일까.

이후 한국의 로펌들은 그가 예견한 대로 발전을 거듭하고 있다. 재야법조계는 '로펌시대'라는 표현이 무색할 만큼 크고 작은 로펌들이 잇따라 문을 열어 제각각 전문서비스를 표방하고 있다. 덩치도 커져 소속 변호사가 200명이 넘는 대형 로펌들이 속속 등장하고 있다. 김&장은 국내외 변호사가 이미 400명을 넘어서고 있다. 기업의 법무참모가 돼 글로벌 경제의 첨병으로 활약하고 있는 로펌과 로펌 변호사들의 활약상은 일일이 나열할 수 없을 정도다.

　필자의 경험을 돌이켜 보아도 한국 로펌업계의 발전은 대단하다는 생각이 든다.

　필자가 처음 로펌업계를 취재하기 시작한 것은 지금부터 18년 전인 1990년 여름. 당시 중앙경제신문 사회부 기자였던 필자는 M&A 등 기업의 주요 의사결정에 막중한 역할을 수행하고 있는 로펌에 관심을 갖고, 이들의 실상을 부지런히 취재해 소개했다. 그 때만 해도 일반인에겐 로펌이 잘 알려져 있지 않았던 시절로, 이 무렵 로펌 취재에 나선 필자와 여러 언론사의 동료기자들이 로펌을 본격 소개하기 시작한 사실상 최초의 기자들이었다고 해도 과언이 아니다.

　물론 일반 기업처럼 로펌에 홍보실이 있을 리 없었다. 홍보담당 변호사가 있는 것도 아니었다. 대학 동기나 아는 변호사를 만나 귀동냥을 해 가며 기업 분쟁의 막전막후를 취재했던 기억이 생생하다. 지금은 주요 로펌마다 홍보실 또는 이에 버금가는 조직이 들어서고, 담당 변호사와 전문인력이 배치되고 있다. 그 때 취재하며 만났던 변호사들의 상당수는 주요 로펌의 핵심 파트너 변호사가 돼 경영 일선에서 활약하고 있다.

로펌에 따라서는 외부의 홍보대행사에 마케팅 PR 등 관련 업무를 아웃소싱하는 로펌들도 없지 않다. 또 주요 로펌마다 공익활동위원회 등을 조직해 공익활동에도 관심을 기울이는 등 로펌의 문화가 갈수록 달라지고 있다. 이런 점에서도 로펌업계는 변화와 발전을 거듭하고 있다.

이 책은 이렇게 발전을 계속하고 있는 한국 로펌업계의 50년 역사를 정리하고, 앞으로의 발전방향을 분석해 보자는 의도로 준비됐다. 또 대략적이나마 일선 로펌의 주요 업무분야와 성장과정 등을 소개해 기업 등 법률서비스의 수요자들이 법률회사, 변호사를 선택할 때 참고할 수 있도록 하자는 바람도 있다.

편집국에 앉아 있으면, 로펌에 관해 문의하는 전화를 자주 받게 된다. 무슨 무슨 분야를 잘 아는 변호사, 로펌을 알려달라는 질문에서부터 로펌의 홈페이지, 전화번호를 물어오는 경우도 적지 않다. 그 만큼 법률소비자의 입장에서 로펌과 변호사에 관한 정보가 매우 빈약한 게 현실이다. Ⅵ장에서 한국의 주요 로펌 28곳을 소개한 데는 이런 사정도 감안됐다.

내년 3월 전국 25개 대학에서 로스쿨이 문을 여는 것을 시작으로 한국의 법학교육과 법조인 양성제도는 일대 전환을 이루게 된다. 사법시험은 몇 차례의 과도기를 거쳐 로스쿨을 졸업해야 응시할 수 있는 변호사시험으로 대체되게 된다. 또 비준을 기다리고 있는 한미FTA협상 타결에 따라 국내 법률시장은 사실상 개방시대를 맞이하게 됐다. 반세기를 맞고 있는 한국 로펌

업계에 엄청난 변화가 예고되고 있는 것이다.

　한국의 로펌, 변호사들도 안팎의 변화에 발빠르게 대응하고 있다. 로펌끼리의 합병은 물론 특허법인, 세무법인 등 타 업종과도 적극적으로 연대를 모색하며 전문성 강화에 나서고 있다. 경쟁력에 도움이 된다면, '적과의 동침'도 불사하겠다는 비장한 분위기마저 감돌고 있다.

　한국의 로펌들은 또 중국, 베트남, 캄보디아, 중앙아시아 등 해외로 활발하게 진출하고 있다. 우리 기업이 가는 곳엔 으레 한국 로펌의 현지사무소가 잇따라 들어서고 있다.

　아무쪼록 로펌들이 더욱 경쟁력을 갖추고, 성공한 로펌으로서의 사회적 책임에도 앞장서 우리 사회가 선진화로 가는데 크게 기여하길 바라는 마음이다.

　바쁜 와중에 부족한 능력으로 책을 완성하고 보니 미진한 부분이 많다는 점을 실감하지 않을 수 없다. 부끄러울 뿐이다. 하지만 로펌에 관한 정보가 절대적으로 부족한 상황에서 한국 로펌업계의 반세기를 나름대로 정리했다는 데 의미를 두고 싶다. 이 책을 통해 한국의 로펌업계에 대한 작은 이해나마 높일 수 있다면, 더 이상의 바람이 없겠다. 수많은 사람을 인터뷰하고, 일일이 소개할 수 없는 국내외 자료를 참고해 책의 틀을 세우고, 로펌의 발전과정을 분석했음을 밝혀둔다.

　책이 나오기까지 도와주신 분들이 많다.
　먼저 로펌의 내부가 드러나는 것을 알면서도 취재에 적극 응해 준 여러 로펌의 변호사들께 이 자리를 빌어 감사드린다. 대부분의 내용을 현장 취재와 확인에 의존할 수밖에 없었던 책의 성격상 이 분들의 도움이 없었다면 탈고는 기대하기 어려웠다.

또 멀리 네덜란드의 헤이그에서 추천의 글을 써 주신 송상현 국제형사재판소 재판관님께 깊이 감사드린다. 필자의 은사이신 송 재판관님은 e메일을 받으시고, 서울에 계신 것처럼 흔쾌히 추천사를 써 주셨다. 내내 건승하셔서 평생을 한국법을 세계에 알리는 일에 앞장서고 계시는 재판관님의 높은 뜻이 더욱 빛나길 바랄 뿐이다.

바쁜 시간을 내 추천사를 써 주신 김건식 서울대 법대 학장님과 법무법인 율촌의 우창록 대표변호사님께도 감사드린다. 또 외국 로펌업계에 관한 조언과 함께 추천사를 써 주신 임석진 미국변호사님과 외국 자료를 찾아 부록을 만드는 일을 도와 준 김다원 미국변호사님께 감사드린다. 영, 미 로펌업계를 이해하는 데 두 분의 도움이 컸다.

중앙경제신문 편집국장 시절 로펌의 중요성을 간파하시고, 말단 기자이던 필자의 취재를 독려하신 최우석 전 삼성경제연구소 부회장님께도 이 자리를 빌어 감사드린다. 그 때 취재하며 익힌 내용들이 이 책의 토대가 됐음은 물론이다.

홍일표 변호사님과 김주환 부사장님 등 리걸타임즈의 여러분에게도 이 자리를 빌어 감사의 뜻을 전한다. 편집을 맡아 준 아웃도어글로벌의 박요한 사장님 이하 관계자 여러분께도 감사드린다.

이 외에도 이 책이 나오기까지 조언을 아끼지 않은 여러분이 있다. 일일이 이름을 거론하지는 않지만, 이 자리에 적어 감사의 뜻을 전한다.

무더위가 지나가고 한낮의 뜨거운 대기 속에서도 가을 바람이 느껴지는 계절이 됐다. 어김없이 찾아오는 계절의 변화를 볼 때마다 자연의 위대함을 실감하게 된다. 인간이 나약한 존재임을 거듭 깨닫게 된다.

그러나 그럴수록 더욱 노력하고, 또 노력해야 한다고 마음먹고 있다. 그런 마음으로 독자 여러분의 가르침을 기다려야겠다.

2008. 9.

가을을 기다리며

김진원

목차

책머리에

I 법률회사 (Law Firm)

1. 기업형 로펌시대의 개막   16
2. 법률회사(Law Firm)   19
3. 팀플레이와 토털서비스(Total Service)   23
4. 법률종합병원   26
5. 막강한 영향력   29

II 변호사

1. 파트너(Partner) 변호사, 어소시엣(Associate) 변호사   34
2. 연수원 출신 변호사   40
3. 판·검사 출신도 로펌행   46
4. 수석합격자는 로펌을 좋아한다   51
5. 행정부·금융권 출신도 로펌행   54
6. 로펌 출신의 행정부·사법부 진출   63
7. 외국변호사(Foreign Legal Consultant)   70

III 역사 (History)

1. 국제 변호사 1호 김흥한 변호사   76
2. 중앙국제와 김·신·유   81
3. 김&장의 출범   87
4. 이어지는 창업 열기   92
5. 차세대 로펌의 등장   96
6. 법률백화점과 전문점   100
7. 주식회사 한국의 경제 이면사   105
8. IMF 특수   110
9. 국제변호사냐 기업변호사냐   118

IV 비즈니스 (Business)

1. 대형화   122
2. 합병 바람   126
3. 전략제휴   132
4. 무한 법무법인, 유한 법무법인, 법무조합   136
5. 2위 경쟁   140
6. 이해관계 충돌(Conflict of Interests)   144
7. 전문화   150
8. 영역확대   154
9. 매출과 수익   160
10. 공익활동(Pro Bono)   166

V 시장개방

1. FTA와 외국법자문사법   172
2. 미국 로펌, 영국 로펌   175
3. 한국계 외국변호사   179
4. 업무제휴   183
5. 해외진출   189

VI 한국의 로펌들

1. 법무법인 광장   196
2. 김&장 법률사무소   200
3. 법무법인 김·장·리   207
4. 법무법인 남산   216
5. 법무법인 다래   223
6. 법무법인 대륙   228
7. 법무법인 로고스   235
8. 법무법인 바른   241
9. 법무법인 서정   248
10. 법무법인 세종   253
11. 법무법인 세창   259
12. 법무법인 세화   263
13. I&S 법률사무소   271
14. 법무법인 아주   279
15. 에버그린 법률사무소   285

16. 법무법인 우일　　　　　　　　　　　291
17. 법무법인 율촌　　　　　　　　　　　297
18. 법무법인 자하연　　　　　　　　　　305
19. 법무법인 정동국제　　　　　　　　　309
20. 법무법인 정평　　　　　　　　　　　316
21. 법무법인 조율　　　　　　　　　　　320
22. 법무법인 지평지성　　　　　　　　　324
23. 법무법인 충정　　　　　　　　　　　331
24. 법무법인 KCL　　　　　　　　　　　339
25. 법무법인 태평양　　　　　　　　　　347
26. 법무법인 한강　　　　　　　　　　　353
27. 법무법인 해마루　　　　　　　　　　357
28. 법무법인 화우　　　　　　　　　　　360

VII 부록

1. 한국 주요 로펌 홈페이지　　　　　　　368
2. 2007년 미국 100대 로펌 순위　　　　　370
3. 2007년 미국 10대 로펌 PPP 순위　　　 374
4. 일본 20대 로펌 순위　　　　　　　　　375
5. 2007년 영국 100대 로펌 순위　　　　　376
6. 2006년 글로벌 100대 로펌 순위　　　　380

일러두기

1. 외국 로펌의 이름은 우리말 발음과 영어 표기 등을 혼용했다.
1. Ⅵ장에서 소개한 한국의 로펌 28곳은 가나다 순을 원칙으로 했다. 28개 로펌을 선정한 특별한 기준은 없다. 가급적 많은 로펌을 소개하려고 했으나, 취재 일정 등의 사정이 겹쳐 28개 로펌에 그쳤다.
1. 변호사 수 등 로펌에 관한 자료는 직접 취재와 해당 로펌의 홈페이지 등을 기초로 했다. 탈고 후 변호사의 추가 영입, 홈페이지 개편 등으로 일부 다른 내용이 있을 수 있다.

I 법률회사

1. 기업형 로펌시대의 개막
2. 법률회사(Law Firm)
3. 팀플레이와 토털서비스(Total Service)
4. 법률종합병원
5. 막강한 영향력

1. 기업형 로펌시대의 개막

2007년 여름 법무부가 자료를 하나 내놓았다.

이에 따르면, 2006년 한 해 동안 국내 변호사업계는 1조 5000억~1조 7000억원의 매출을 올린 것으로 추정되고 있다. 업계 전체의 매출이 매출 규모 세계 1, 2위를 다투는 영국계 로펌 클리포드 챤스(Clifford Chance)나 링크레이터스(Linklaters), 미국계인 스캐든, 압스(Skadden, Arps, Slate, Meagher & Flom)등의 한 해 매출에도 못 미칠 정도로 구멍가게 수준이지만, 국내 변호사업계는 꾸준한 성장세를 이어가고 있다.

놀라운 것은 이 중 최소 70% 이상을 로펌(law firm), 즉 법률회사들이 올렸다는 점이다. 개인변호사 등의 매출은 절반에도 훨씬 못 미친다. 또 김&장 법률사무소, 법무법인 태평양, 광장, 화우, 세종, 율촌 등 이른바 6대 로펌의 매출 합계가 변호사 시장 전체 매출액의 절반 이상에 이르는 것으로 나타나 더욱 주목을 끌었다. 개인변호사들 보다는 로펌이, 로펌 중에서도 상위 6대 로펌 등 대형 로펌들이 변호사 업계의 매출을 독차지하고 있는 것이다.

로펌들이 변호사 시장을 선도하며 무서운 속도로 발전을 거듭하고 있다. 1950년대 후반 이 땅에 로펌 형태의 법률사무소가 도입된 지 반세기가 지나며 변호사업계의 주류적인 위치로 자리매김하고 있다. 최소한 사건 수임으로 대표되는 매출에 관한 한 '로펌시대'라고 불러도 전혀 손색이 없을 만큼 로펌들이 앞서 나가고 있다.

실제로 법원에 제기되는 기업이 관련된 사건이나 '돈이 좀 된다' 싶은 사건을 뒤져보면, 대개 로펌의 이름이 소송대리인 난에 올라 있는 것을 손쉽게 발견할 수 있다. 민사나 상사, 특허, 행정소송은 물론, 형사재판이나 헌법재판 등도 규모가 크거나 세간의 눈길을 끄는 유명 사건들은 대개 로펌들의 몫이 된 게 어제 오늘의 일이 아니다.

얼마 전부터는 검찰청에도 로펌의 변호사들이 단골로 드나들고 있다. 검찰에서 수사가 진행 중인 기업이나 기업인이 관련된 이른바 기업 형사사건의 경우 검사장 등을 지낸 중량급 형사변호사가 변호인으로 더러 선임되기도 하지만, 대형 로펌이 아니면 명함을 내밀기 힘든 게 요즈음의 서울 서초동 풍경이다. 검찰 수사 단계에서도 로펌 위주의 변호가 확대되고 있는 셈이다.

특히 기업자문 분야는 수십 명의 변호사가 한꺼번에 동원될 수 있는 로펌이 아니고선 사건을 맡는 자체가 어려운, 로펌의 텃밭으로 불린다. 기업이 대규모의 사업 등을 추진할 때 자금조달을 위해 자주 이용하는 프로젝트 파이낸싱(PF)이나 채권 및 증권의 발행, 기업 인수·합병(M&A) 등 이른바 기업 자문업무는 로펌이 개발해 거의 독식하고 있는 새로운 시장이다.

변호사들의 로펌행도 갈수록 확산되고 있다. 잘 나가는 판, 검사들도 법복을 벗으면, 변호사로 활동할 로펌부터 알아 볼 만큼 사정이 달라졌다. 사건이 로펌으로 집중되며, 변호사들도 자연스럽게 로펌으로 모여드는 로펌 집중 현상이 갈수록 심해지고 있다.

대한변협에 따르면, 2008년 8월 현재 전국의 등록변호사 수는 공직이나 학계 진출 등을 이유로 휴업 중인 변호사를 합쳐 1만명이 넘는다. 이 중 절반 가량이 법무법인 등 로펌에서 근무하고 있는 것으로 파악되고 있다.

전체 변호사의 절반이 로펌에 근무하며, 변호사업계 전체 매출의 70% 이상을 올리고 있는 게 변호사 1만명 시대를 맞은 한국 변호사업계의 현주소다.

2. 법률회사(Law firm)

로펌은 말 그대로 법률회사 즉, 회사 형태로 운영되는 법률사무소를 말한다.

영국에서 시작해 미국에서 더욱 발달한 제도로, 다수의 변호사가 모여 조직적·체계적으로 법률서비스를 제공하는 게 특징이다. 지금은 우리나라, 일본, 중국, 대만 등에도 이런 형태의 법률사무소가 광범위하게 퍼져 있다.

영, 미가 로펌의 원조인 셈인데, 영국과 미국엔 1백, 2백년의 역사를 가진 로펌들도 적지 않다. 클리포드 챤스의 경우 1802년까지 역사가 거슬러 올라간다. 이 로펌은 합병 등 여러 곡절이 있었지만, 처음 법률사무소를 연 때를 기준으로 하면, 올 해로 2백 7년째가 되는 셈이다.

우리나라엔 1958년 지금은 고인(故人)이 된 김흥한 변호사가 미국 유학에서 돌아와 서울 광화문에 미국식 법률사무소를 열면서 로펌 형태의 법률사무소가 소개되기 시작했다. 이후 비슷한 형태의 법률사무소가 잇따라 문을 열며, 지금은 재야법조계의 주류적인 위치를 차지할 만큼 업계가 크게 발전했다.

대한변협에 따르면, 2008년 8월 현재 전국에 걸쳐 400개가 넘는 법무법인이 등록돼 조직적으로 법률서비스를 제공하고 있다. 그만큼 많은 법률사무소가 로펌의 형태로 의뢰인의 법률문제 해결에 나서고 있다고 해도 과언이 아니다. 법무법인에 소속된 변호사만도 4300여명에 이른다.

그러나 법무법인이라고 해서 반드시 로펌인 것은 아니어서 주의를 요한다. 반대로 로펌이라고 해서 꼭 법무법인의 형태를 갖춰야 하는 것도 아니다. 로펌이냐 아니냐의 기준은 변협에 등록한 법적 형태를 떠나 내부의 변호사들이 하나로 연결돼 얼마나 조직적·체계적으로 법률서비스를 제공하느냐의 실질적인 운영시스템에 달려 있다고 봐야 한다.

400개가 넘는 법무법인 중엔 이름만 법무법인으로 내걸었지 법인을 구성하는 변호사들이 사실상 독립적으로 업무를 수행하며, 제각각 손익을 계산하는 '한 지붕 여러 가족'의 경우도 상당수 된다. 비용 분담이나 대외적인 이미지 등 또 다른 목적을 고려해 법무법인을 구성한 경우로, 실질적인 의미의 로펌이라고 부르기는 곤란한 것이다. 무늬만 법무법인인 경우다. 이른바 '경비분담형 법무법인', '지입제 법무법인' 등이 여기에 해당된다.

반면 김&장 법률사무소, 에버그린 법률사무소 등은 소속 변호사들의 조합 형태로 전체가 하나가 돼 로펌을 구성하고 있다. 로펌 조직으로는 발달된 형태로, 다수의 영, 미 로펌들이 채택하고 있는 LLP(Limited Liability Partnership)와 유사하다. 두 로펌은 세법상으로도 공동사무소라고 해서 단일한 조직으로 취급된다.

이 쪽 업계를 잘 아는 변호사들 중엔 조합 등의 형태가 로펌의 대형화에 보다 유리하다고 말하는 사람들이 많다. 변호사법도 변호사 공동사무소의 형태로 종래의 법무법인들이 취하고 있는 조직 형태인 무한 법무법인 외에 유한 법무법인과 영, 미 로펌들의 조직과 비슷한 법무조합을 추가하고 있다. 무한 법무법인은 중요 의사결정에 구성원 변호사 전원의 동의를 필요로 하는데다 구성원 변호사가 소속 변호사의 잘못에 대해 무한책임을 져야 해 법률회사의 대형화에 장애가 된다는 판단이 고려된 것으로 알려지고 있다.

변호사법의 규정에서 알 수 있듯이 로펌의 법적 형태는 앞으로 더욱 다양해 질 전망이다. 법무법인 태평양은 새 변호사법에 따라 종래의 무한 법무법인을 청산하고, 2007년 7월 유한 법무법인으로 조직을 변경했다. 변호사법은 또 유한 법무법인, 법무조합으로의 조직 변경이나 신규 설립에 장애가 될만한 요소들도 지속적으로 고쳐 나가고 있어 법률회사 운영의 법적 여건은 갈수록 향상되는 분위기다.

요컨대 로펌은 단일한 지휘체제 아래 회사 형태로 법률서비스를 제공하는 법률사무소로 이해할 수 있다. 특히 여러 명의 변호사가 제각각 분야를 나눠 분업과 협업의 형태로 일을 처리하는데서 로펌의 본질적인 특징을 찾을 수 있다.

기업 M&A(인수·합병)사건을 예로 들면, 여러 명의 변호사가 업무를 나눠 A변호사는 주주변동과 관련된 법률관계를 챙기고, B변호사는 회사가 보유한 부동산에 관한 문제를 검토하며, C변호사는 회사의 경영권 변화에 따른 조세관련 이슈를 파악해 처방을 내는 식이다. 또 D변호사는 종업원들의 노사문제에 관련된 법적인 쟁점을 따져봐야 하고, E변호사는 특허 등 지적재산권 분야를 점검해야 할 필요도 있을 것이다.

  로펌들은 거의 예외없이 많은 수의 변호사를 확보해 규모를 키우는 대형화와 함께 여러 분야로 나눠 전문성의 깊이를 더하는 전문화를 추구하고 있다. 그래야 경쟁에서 이길 수 있기 때문이다. 발달된 로펌일수록 업무분야를 더욱 나눠 한층 깊이있는 전문화를 추구하고 있다. 고도로 조직화된 종합서비스를 제공한다.

3. 팀플레이와 토털서비스(Total Service)

　로펌의 브로셔 등 홍보자료를 보면 로펌마다 '원 스톱 토털서비스(One Stop Total Service)'를 강조하고 있는 것을 어렵지 않게 발견할 수 있다. 너무 당연한 이야기같지만, 수십 명의 변호사가 모여 분업의 형태로 일을 처리하는 로펌으로서는 단 한 번의 사건 의뢰에 고객의 고민을 완벽하게 해결하는 종합적인 솔루션을 지향하고 있다. 법률서비스의 내용에 관한 한 '원 스톱 서비스'가 로펌의 목표이자 특성이라고 할 수 있다.

　왜 '원 스톱 서비스'여야 하는지에 대해서는 긴 설명이 필요하지 않을 것이다. 예컨대 로펌을 찾아 온 의뢰인의 일을 처리하다가 특허 쪽 문제가 제기되면, 이 분야는 특허사무소나 특허전문 법률사무소에 가서 알아보라고 한다면, 의뢰인이 뭐라고 할까. 또 조세 관련 이슈가 나타나자 이는 세무사나 조세전문 법률사무소에 가서 해결하라고 하면 어떻게 될까.

　특허든 조세든 사건을 맡긴 로펌 내에서 해결할 수 있어야 시간도 적게 들고, 보다 완벽한 처방을 의뢰인에게 제공할 수 있을 것이다. 로펌마다 많은 변호사를 확보해 전문 분야를 늘리고, 가급적 파생수요가 생길 수 있는 분야 위주로 영역을 확대해 가는 것도 다 이런 배경과 연관이 있는 것이다.

'원 스톱 서비스'가 로펌이 추구하는 법률서비스의 목표라면, 이를 도출해 내는 내부 시스템은 변호사들 사이의 철저한 팀플레이에서 찾을 수 있다.

팀플레이는 특히 로펌 경쟁력의 척도라고 할 수 있는 전문화와 직결돼 있어 로펌을 이야기할 때 더욱 중요한 대목으로 꼽힌다. 발달된 로펌일수록 수십 개의 팀을 운영하며, 전문화의 깊이를 더하고 있다. 얼마만큼 팀을 잘 짜 고객의 수요에 부응하느냐가 로펌의 명성을 좌우한다고 할 수 있기 때문이다. 사건에 따라 그때그때 전문인력을 뽑아 팀을 구성하는 게 보통이며, 팀 구성의 이런 유연성과 전문성의 깊이가 로펌 경쟁력의 핵심이라고 해도 과언이 아니다.

로펌의 변호사들에 따르면, 꼭 대형 사건이 아니더라도 체크돼야 할 논점은 하나 둘이 아니라고 한다. 외국 기업이 국내에 진출하는 경우를 예로 들면, 법적 문제에 대한 자문을 넘어 시장 전망이나 정부 정책은 물론 관련 업종 노조의 분위기까지 검토해 자문에 응한다고 로펌의 한 변호사가 이야기했다.

다시 말하면, 기업이 추진하는 사업이 계획대로 성공하게끔 도와주는 게 로펌이라고 할 수 있다. 현지의 공장 건설을 위한 부지 매입과 국내에 상주할 외국인 대표자의 숙소 알선 등도 로펌이 챙겨줘야 함은 물론 진출 이후의 애프터 서비스까지 제공하는 경우가 대부분이다. 로펌의 애프터 서비스는 공산품과는 달리 유료인 경우가 보통이다.

로펌마다 차이가 없지 않으나 자문과 송무로 분야를 크게 나눈 후 자문 쪽을 다시 세분화해 전문 분야를 늘려가는 식으로 팀을 편성해 운영하고 있다.

송무란 법원에 제기되는 민, 형사 소송과 관련된 일을 가리키는 말이다. 자문은 채권과 증권 발행, 프로젝트 파이낸싱, 국내외 투자, 기업 M&A 등 기업활동과 관련해 법적 자문을 제공하는 일을 의미한다.

자문분야는 또 크게 회사법과 금융 분야로 나눌 수 있다. 송무와 형사를 뺀 나머지를 모두 자문분야로 분류할 수 있을 만큼 자문 분야의 비중이 높고, 또 여러 업무 분야로 갈라져 나간다.

법무법인 세종의 경우 ▲M&A, 투자 및 구조조정 ▲회사 ▲증권·금융 ▲소송, 중재 등 분쟁해결 ▲지적재산권 ▲세무, 회계 등으로 업무 분야를 나눈데 이어 분야별로 구체적인 업무 내용을 설명하고 있다.

다루는 업무가 가장 광범위한 회사 분야는 ▲회사 일반 ▲독점 규제 및 공정거래 ▲노동 ▲방송·정보·통신 ▲에너지·환경 ▲부동산·건설 ▲등기·등록·경매 ▲Venture 및 IT ▲WTO 및 국제 통상 ▲정부 계약 및 일반 상사 거래 등으로 관련업무가 구체화 되고 있다. 또 증권·금융은 ▲증권 발행 ▲기업 금융 ▲은행·보험·기타 금융기관 ▲증권·투신 ▲Structured Finance ▲외국환 거래·파생 금융 상품 등으로 나눠 업무 분장이 이뤄지고 있다.

4. 법률종합병원

종합병원의 진료시스템을 생각하면, 로펌의 업무처리 과정을 쉽게 이해할 수 있다. 환자가 병원을 찾아 과목별로 전문의의 치료를 받고 퇴원하듯, 로펌은 일단 사건을 의뢰받으면 응급조치와 함께 분야별 종합검진에 들어간다.

이어 사건의 진전에 따라 로펌의 대응도 탄력적으로 변화하게 되는데, 그때그때 관련 분야의 전문가들이 참여해 논점 별로 문제 해결에 나서는 식이다. 기업 M&A 사건처럼 사안이 복잡한 대규모 딜(deal)의 경우 수십 명의 변호사가 투입되는 경우가 허다하며, 마무리될 때까지 몇 달에 걸쳐 딜이 진행되는 게 보통이다.

로펌을 가리켜 법률종합병원이라고 부르는 것도 로펌의 이런 업무처리 시스템과 무관하지 않다. 로펌의 일하는 모습이 과목별로 전문의가 동원돼 진단과 처방, 시술에 나서고 있는 대학병원이나 대형 종합병원의 진료시스템을 방불케 하는 데서 붙여진 별칭이다.

팀장을 맡은 시니어 변호사들은 종합병원의 담당 과장쯤으로 부를 수 있다. 주니어 변호사들은 전공분야를 연마하는 수련의

쯤에 해당된다고 할 수 있다. 또 대개의 로펌에선 사건이나 고객 기업별로 일종의 주치의(主治醫)라고 할 수 있는 담당변호사를 두어 연락과 업무를 총괄하게 하는 곳이 많다. 토요일 등엔 당직변호사를 두어 응급실의 기능도 갖추고 있다.

여러 명의 변호사가 업무를 나눠 일을 처리하다보니 로펌의 변호사들은 하루에도 여러차례 회의를 열어 해법을 찾고 대응책을 모색하게 된다. 또 의뢰인을 불러 설명을 듣고 함께 전략을 짜는 경우가 많다. 얼마나 회의가 많은 지 로펌은 회의로 시작해 회의로 끝난다는 말이 나돌 정도다. 로펌에 가 보면 층마다 보통 여러 개의 회의실이 마련돼 있는 것을 발견할 수 있다. 로펌 업무의 이런 특성에서 연유하는 것이다.

로펌에 따라서는 사무실의 특정 층에 회의실을 집중 배치해 한꺼번에 관리하기도 한다. 그러나 이에 대해서는 회의실 운영의 효율은 도모할 수 있을지 모르지만, 회의에 참석하기 위해 로펌을 방문한 여러 기업 관계자들이 회의실 복도 등에서 서로 마주칠 수 있어 불편한 점이 없지 않다는 지적도 있다.

로펌의 회의실 확보와 관련된 재미있는 에피소드가 하나 있다. 변호사가 급격히 늘어나게 된 한 대형 로펌에서 이전할 대형 사무실을 구하러 다녔다. 가급적 평면적이 넓은 건물을 선호했다고 한다. 이유는 회의실 때문이었다. 회의실을 층마다 하나 이상씩 마련해야 하는데 평면적이 좁으면 공간을 효율적으로 활용하는데 한계가 있어 그랬다는 것이다. 결국 새로 지은 대형 빌딩을 구해 입주한 이 로펌은 땅값 비싸기로 소문난 강남 일대에서 그런 건물을 구하기가 워낙 어려워 무척 애를 먹은 것으로 알려지고 있다.

　로펌의 변호사들은 보통 로펌이 입주할 건물은 평면적이 너무 넓지도, 너무 좁지도 않아야 한다고 말한다.

5. 막강한 영향력

　뉴욕에 본사를 두고 있는 국제적인 로펌 스캐든, 압스는 세계 최고 수준의 로펌이다. 1800명이 넘는 변호사가 포진하고 있으며, 2006년 매출은 18억 5000만 달러로 나타났다. 미국 로펌 중 1위, 영국 로펌을 포함한 전세계 랭킹에선 3위를 차지했다. 2007년엔 매출이 21억 7000만 달러로 늘었다. 로펌의 순위를 매기는 유력한 지표로 흔히 인용되는 파트너 변호사(partner lawyer) 1명당 매출은 2006년의 경우 117만 달러로, 미국 로펌 중 8위에 랭크됐다.

　이 로펌은 1948년에 설립돼 1980년대 미국에 불어닥친 기업 M&A 붐을 타고 M&A사건에서 두각을 나타내면서 급성장한 것으로 유명하다. 특히 공격자를 대리하는 경우가 많았다. 방어 전문 로펌으로 이름이 높은 왁텔, 립튼(Wachtell, Lipton, Rosen & Katz)과 함께 '창과 방패'로 불리며, 당시 M&A 시장을 휩쓸었다고 한다. 사모펀드인 론스타가 외환은행을 인수할 때 론스타를 대리해 국내에도 이름이 잘 알려져 있는 로펌이다.

　스캐든을 소개한 책 중에 링컨 카플란(Lincoln Caplan)이 쓴 유명한 책이 있다. 스캐든의 설립과 발전, 활약상을 그려 낸 일종의 회사 전기(firm biography)다. 박진감 있게 전개되는 스캐든 변호사들의 이야기가 무척 흥미를 끈다.

책의 제목은 'SKADDEN'. 그 밑에 'Power, Money, and the Rise of a Legal Empire'라고 기다랗게 부제가 붙어있다. '영향력과 돈, 한 법률제국의 등장' 쯤으로 풀이할 수 있을 것이다.

필자가 처음 이 책을 펼쳤을 때 부제가 눈에 확 들어왔다. 책을 읽으면서도 이 말이 던지는 메시지가 줄곧 머릿속을 떠나지 않았던 기억이 난다. 로펌의 위상과 실체를 적절히 표현한 말이라는 생각이 들었기 때문이다.

법률제국이라는 표현은 좀 과장일 지 모른다. 특히 영, 미의 제도를 들여다가 한창 사무실을 키워가고 있는 과정에 있는 국내 로펌들에겐 어울리지 않는다.

그러나 로펌의 영향력과 돈에 관한 한 전혀 무색한 표현이 아니라고 해도 틀린 말이 아닐 것이다. 자문을 맡은 기업 또는 상대방 기업에 엄청난 영향력을 발휘할 수 있는 게 로펌이기 때문이다.

좀 심하게 말하면, 문제가 발생했을 때 기업을 살릴 수도, 반대로 기업을 송두리째 날려 버릴 수도 있는 게 로펌이다.

로펌을 잘 선정해 적대적 M&A 공격을 슬기롭게 막아내는가 하면, 반대로 일을 그르치는 경우도 허다하다고 한다. 기업의 사활이 고도의 전문성으로 무장한 로펌 쓰기에 달려 있다고 해도 과언이 아닌 것이다.

적대적 M&A의 목표(target)가 된 회사를 주로 대리하는 방어 전문 로펌으로 명성이 자자했던 왓텔, 립튼은 1982년 적대적 M&A의 방어기법중 하나인 'Poison Pill(독이 든 알약)'을 개발한 것으로 더욱 이름이 높다.

　이는 회사 정관에 규정을 두어 적대적인 주식 매수가 있을 때 기존의 주주들이 새 주식을 저렴한 가격에 살 수 있는 권리를 유보하는 장치이다. 그만큼 상대방으로 하여금 기업을 인수하기 위해선 더 많은 주식을 비싼 가격으로 사게 해 기업 인수를 어렵게 만드는 효과가 있다.

　역시 M&A에 탁월한 경쟁력을 보유하고 있는 스캐든은 60년대 후반 아직 M&A가 시작되지 않았지만, 장래에 M&A가 시작되면 자기 쪽을 맡아 달라는 조건으로 기업들로부터 예약료(retainer)를 받은 적이 많다고 한다. M&A가 시작되었을 때 상대방 기업이 스캐든을 대리인으로 선임하는 것을 차단하기 위해 기업들이 일종의 보험료 성격의 수임료를 미리 낸 셈이다.

　사건을 아직 맡지도 않았는데 먼저 돈을 가져다 주니 얼마나 좋았을까. 70년대 중반까지 이 돈이 스캐든 수입의 중요한 부분이었다고 한다. 카플란은 콜럼비아 로스쿨의 한 법학 교수의 표현을 인용해 당시 스캐든을 이끌었던 플롬(Flom) 변호사와 파트너 변호사들이 '열반(Nirvana)에 들었다'고 적고 있다.

　로펌의 영향력이 어느 정도인지를 보여주는 단적인 예다. 국내에서도 이와 유사한 일이 더러 일어나고 있다.

　한 굴지의 기업이 전에 국내의 유명 로펌 세 곳과 경영권 방어를 위한 자문계약을 맺고 자문을 받아 온 적이 있었다. 비록 수임료는 더 들지만, 이들 쟁쟁한 로펌들을 붙잡고 있으면, 쉽사리 회사를 빼앗기지 않을 것이라는 생각에 이들을 동시에 고문 로펌으로 선정한 것이다. 이 회사는 그러나 이후 경영이 악화되는 바람에 법정관리를 거쳐 결국 다른 회사로 넘어갔다.

한 변호사는 "로펌의 영향력은 기업을 넘어 산업 전체에 미치는 경우도 없지 않다"고 강조한다. 전문화가 깊게 이뤄진 로펌에선 변호사들이 대개 업종을 나눠 사건을 맡고 있다. 따라서 한 분야에 정통하다 보면 법률의 개정이나 새로운 실무례의 정립 등을 통해 업종 전체의 진퇴에 영향을 미칠 수 있다는 것이다. 이 변호사는 "이런 결과도 대개는 개별 기업에 대한 자문을 통해 이뤄진다"며, "어느 업계의 리더 기업 등에 자문하다 보면 업계 전체에 영향을 미치는 경우를 종종 발견하게 된다"고 말했다.

II 변호사

1. 파트너(Partner) 변호사, 어소시엣(Associate) 변호사
2. 연수원 출신 변호사
3. 판·검사 출신도 로펌행
4. 수석합격자는 로펌을 좋아한다
5. 행정부·금융권 출신도 로펌행
6. 로펌 출신의 행정부·사법부 진출
7. 외국변호사(Foreign Legal Consultant)

1. 파트너(Partner) 변호사, 어소시엣(Associate) 변호사

회사 형태의 법률사무소인 로펌은 일반회사 못지않은 조직 체계를 갖추고 있다.

일반기업의 대표이사(CEO)에 해당되는 대표변호사가 있는가 하면, 조직이 큰 경우 주식회사의 이사회쯤에 해당되는 운영위원회(Committee of Management)를 두고, 주요 의사 결정 창구로 활용하는 곳이 적지 않다. 주주총회에 해당되는 파트너 변호사회의도 있다. 아주 중요한 현안 등을 결정할 땐 전체 변호사회의가 열린다. 또 법인을 대외적으로 대표하는 대표변호사 외에 업무집행변호사(Managing Partner)를 따로 두고, 경영 전반을 총괄하게 하는 게 보통이다.

그러나 뭐니뭐니해도 로펌의 조직을 이야기하면서 빼놓을 수 없는 대목은 파트너(Partner) 변호사, 어소시엣(Associate) 변호사의 구별이다. 변호사법에선 법무법인의 구성원 변호사와 소속변호사로 나눠 규정하고 있으나, 로펌에선 파트너, 어소시엣 변호사가 보다 보편적으로 불리는 명칭이다. 또 구성원 변호사, 소속변호사가 의미하는 내포(內包)가 파트너, 어소시엣 변호사와 정확히 일치하지 않을 수도 있다.

법률회사의 동업자를 의미한다고 할 수 있는 파트너 변호사는 로펌 조직에 있어서 핵심 중의 핵심이라고 할 수 있다. 지분(equity)을 가진 동업자인 그는 로펌의 주인이며, 일과 경영의 한 가운데에 위치하고 있다. 한 로펌의 고참급 파트너 변호사가 복리 후생 개선 등을 요구하는 후배변호사들을 겨냥해 "요즘의 어소들은 장래의 파트너라는 생각은 않고, 자신을 종업원으로 생각하는 경향이 있다"고 지적했다는 얘기는 파트너 변호사의 이런 측면을 간파한 탁견이 아닐 수 없다.

파트너 변호사는 특히 직접 일선 현장에서 후배들을 지휘해 업무 처리에 나선다는 점에서 지분만을 행사하는 일반회사의 단순한 자본 참가자와 구별된다. 변호사들의 인적 결합이라고 할 수 있는 로펌엔 그런 변호사가 있을 수도 없다.

로펌의 변호사들 중에 "나이가 들더라도 로펌엔 공짜가 없다"고 말하는 사람이 없지 않은데, 파트너 변호사라 하더라도 일하지 않고, 지분에 의지해 놀고 먹을 수는 없다는 뜻이다. 또 "로펌은 소유와 경영과 노동이 일치해야 한다"는 주장도 따지고 보면, 이와 비슷한 맥락의 표현이라고 할 수 있다.

로펌의 법률서비스는 분야별로 전문성을 갖춘 파트너 변호사를 중심으로 이뤄지며, 파트너 변호사가 젊은 어소시엣 변호사를 지휘해 조직적으로 처리하는 게 보통이다. 파트너 변호사의 경쟁력이 곧바로 로펌의 경쟁력과 생산성으로 연결돼 있다고 할 수 있다.

외국 로펌들 사이에서 심심치 않게 일어나는 변호사들의 이동도 뉴스의 초점은 단연 고정 고객과 전문성을 갖춘 파트너급 변호사의 움직임에 집중돼 있다. 어소시엣 변호사는 시간당 비용을 청구하는 외에 추가적인 부가가치의 생산이 쉽지 않아 얼마만큼 유능한 파트너급 변호사를 많이 확보하고 있느냐가 중요하기 때문이다.

로펌의 변호사들을 만나보면, "로펌이 이익을 많이 내기 위해선 파트너 대 어소시엣 변호사의 비율이 높지 않아야 한다"는 말을 자주 듣게 된다. 시간당 보수가 그다지 높지 않은 어소시엣 변호사만으로 로펌의 생산성을 높이는 데는 한계가 있다는 것이다.

분야별로 포진한 최정상급의 파트너 변호사들이 어소시엣에게 시키지 않고 직접 일처리에 나서는 것으로 유명한 왁텔, 립튼은 파트너 대 어소시엣의 비율이 1 대 2를 넘지 않는 것으로 알려져 있다.

이 로펌은 규모는 크지 않지만, 파트너 변호사들의 수입이 다른 곳의 2배가 될 만큼 수익성이 높다고 한다. 한국의 중소 로펌 중에도 "우리는 왁텔, 립튼을 지향한다"고 말하는 곳이 없지 않을 만큼 왁텔, 립튼의 경우는 많은 로펌변호사들에게 벤치마킹의 대상이 되고 있다.

소속 로펌의 지분을 갖고 있는 파트너 변호사들은 수입도 엄청나다. 매달 받는 급여 외에 결산에 따른 배당이 지급되는 게 보통이다. 사실 그래야 파트너 변호사라고 할 수 있을 것이다.

서울시장 선거에 나섰던 강금실 변호사가 법무법인 지평의 대표변호사로 있을 때 연말에 1억원 가량의 배당을 받았다고 공개한 적이 있는데, 수익성이 높은 일류 로펌일수록 파트너 변호사의 배당도 높아진다. 한 대형 로펌의 파트너 변호사는 "결산 후 1년간 매달 받는 월급을 더한 액수 정도의 배당을 받는다"고 자신의 수입을 에둘러 표현하기도 했다.

국내 로펌들은 매출 규모를 공개하고 있지 않지만, 로펌의 수익성은 대개 전체 매출 규모 보다도 파트너 변호사들의 수입으로 비교한다. 클리포드 챤스가 잠정 발표한 2007-2008 회계연도 결산 결과에 따르면, 지분을 가지고 있는 파트너 변호사 1명당 수익(PEP)이 226만 7000달러. 1달러=1000원의 환율로 계산했을 때 우리 돈으로 22억 6700만원에 이르는 큰 돈이다.

이처럼 상당한 급여와 지위가 보장되는 파트너 변호사는 모든 어소시엣 변호사들의 장래 목표라고 할 수 있다. 특히 일정 기한 내에 파트너가 되지 못하면 로펌을 떠날 수 밖에 없는 외국 로펌에선 파트너 변호사가 되는 길이 바늘구멍처럼 좁고, 경쟁이 치열하다.

국내 로펌들은 아직 이 정도는 아닌 것 같다. 특별한 사정이 없는 한 일정한 연차가 되면 파트너 변호사가 되는 게 보통이다. 하지만 최근 들어서는 파트너가 되지 못하고 사실상 소속 로펌에서 쫓겨나는 경우도 없지 않다고 한다. 외국이나 우리나라나 로펌의 주인인 파트너 변호사가 되는 것은 영예로운 일임에 틀림없지만, 반드시 쉬운 것만은 아니다.

어소시엣 변호사들은 입사 후 각기 분야를 정해 전문변호사가 되기 위한 집중적인 훈련을 받게 된다. 특히 주니어 변호사들의 하루하루는 혹독할 정도로 타이트하게 짜여져 있다고 한다. 흔히 벼랑 아래로 새끼들을 굴려 살아 올라오는 녀석만 데려다 키운다는 '사자새끼 훈련'에 비유될 정도다.

처음에는 고객을 만나기는커녕 선배 변호사가 지시하는 작은 사건을 처리하거나 큰 사건에 관련된 법령과 국내외 판례를 찾아 선배 변호사를 도와주는 게 어소시엣 변호사들의 대부분의 일과라고 한다. 대형 로펌을 거쳐 지금은 중견 로펌을 세워 독립한 한 변호사는 "입사 초기 관련 사건의 모범계약서를 복사한 후 이를 오려붙여 매뉴얼(manual)로 참고하기 위해 가위와 풀을 지참하고 선배 변호사를 따라다닌 기억이 생생하다"고 어소시엣 시절을 회상하기도 했다.

국내 로펌보다 규모가 훨씬 큰 미국 로펌의 경우는 선배 변호사를 접하는 것조차 쉽지 않은 것으로 알려져 있다. 뉴욕 월가에 위치한 클리어리 고틀립(Cleary Gottlieb Steen & Hamilton)에서 1년간 일한 적이 있는 국내의 한 변호사는 "1, 2년차 변호사에게는 사실상 리서처(researcher) 업무 정도밖에 맡기지 않는다"며, "고객은커녕 파트너 변호사가 e메일을 띄워 일을 지시하고, e메일로 처리결과를 보고하기 때문에 파트너 변호사를 직접 만나는 일도 별로 없다"고 클리어리에서 일할 때의 분위기를 전했다.

이런 과정을 거쳐 혼자 스스로 일을 처리할 만하게 되면 어소시엣 변호사가 직접 고객을 만나기도 하는데, 대개는 팀의 일원으로 큰 사건의 특정 분야를 맡아 이에 대한 분석업무를 수행하는 게 보통이다.

이어 입사 후 5년쯤 지나 외국 로스쿨로 유학길에 오를 때가 주니어와 시니어 변호사의 경계선. 1~2년간 유학을 마치고 돌아오면 시니어 반열에 오르게 되며, 이 때쯤 파트너 변호사가 된다. 그대신 파트너 변호사는 후배 변호사를 지휘해야 함은 물론 고객을 직접 만나고, 사건도 물어와야 하는 책임이 뒤따르게 된다.

극히 예외적인 경우지만, 파트너 변호사는 회사의 경영이 좋지 않을 땐 지분에 따른 부담도 져야 한다. 지방변호사회 회보 등에 '구성원 변호사를 탈퇴하고 소속변호사로 활동하기로 했다'는 내용의 공고가 종종 나는 경우가 있는데, 파트너 변호사의 이런 권한 및 책임의 변동과 관련이 있는 경우가 많다.

2. 연수원 출신 변호사

　법률회사 즉, 로펌은 일종의 기업이다. 그러나 일반 기업과는 구별되는 전혀 다른 특징이 있다. 주식회사로 대표되는 대개의 회사들이 거대 자본을 기초로 하는 물적 회사인데 비해 로펌은 변호사들의 인적 결합을 중시하는 인적회사의 성격이 강하다는 점이다.

　로펌의 경쟁력도 로펌을 구성하고 있는 변호사들 개개인의 능력과 이들 변호사들을 하나로 묶어내는 조직적·체계적인 업무 시스템이 핵심이다. 로펌마다 리쿠르트 담당 변호사들을 두고 우수 인재의 영입에 전사적으로 뛰어드는 이유도 변호사들의 인적 결합으로 압축되는 로펌의 이런 속성과 무관하지 않다.

　매년 연말이 되면 사법연수원에선 연수를 마치고 변호사로 출발하는 새내기 변호사들을 상대로 취업박람회가 열린다. 취업문이 많이 좁아진 연수생들 입장에선 말 그대로 취업박람회의 성격이 짙지만, 로펌들에겐 우수 인재를 영입하는 구인창구라고 할 수 있다.

　2007년 11월 말에 열린 취업박람회에선 법무법인 율촌, 정평, 국제, 로고스, 우현지산, 서정, 충정, 한승, 화우, 대구하나로 등

11개의 로펌이 참가신청을 냈다. 참가 로펌의 수가 많지 않은 것은 로펌에 따라서는 맨투맨식 접촉을 통해 이미 입사예정자를 내정해 놓은 곳이 적지 않았기 때문이다.

사법연수원을 마치고 곧바로 로펌에 입사하는 신입변호사들 외에 로펌이 영입에 공을 들이는 또 다른 변호사들은 판, 검사를 역임한 이른바 재조 출신 변호사들이다. 로펌들은 법원과 검찰의 인사철이 되면 실무 경험이 풍부한 중량급의 전관 변호사들을 스카웃하기 위해 치열한 영입 경쟁을 벌이게 된다.

여기에다 외국법과 국제법에 관한 자문이 주된 업무라고 할 수 있는 외국변호사들이 로펌을 구성하는 또 한 부류의 변호사들이라고 할 수 있다.

놓치지 말아야 할 것은 이들 세 부류의 변호사 중에서도 연수원을 나와 곧바로 변호사 일을 시작하는 이른바 '연수원 출신 변호사'들이 로펌의 주류를 형성하고 있다는 점이다. 송무가 발달한 로펌 중엔 재조 출신이 중심이 된 로펌도 없지 않다. 하지만 주요 로펌의 간판스타로 활약하고 있는 중견 변호사들의 대부분은 법원이나 검찰에서 근무한 경험이 없는 연수원 출신 변호사들이다.

일간신문 1면에 종종 등장하는 개업광고 한번 내지 않고, 대기업 신입사원처럼 로펌의 신출내기 변호사로 출발하는 이들은 오직 전문성 하나로 고문기업의 용병으로 활약하고 있다. 영어 등 외국어 구사 능력은 필수. 사법시험과 사법연수원 수료성적도 판, 검사로 임용되는 데 지장이 없을 만큼 상위권이 아니면 로펌에 지원서를 내밀지 못한다.

　대개가 일류대 출신으로, 로펌의 조직 생활에 조화를 이루는 데 지장이 없도록 대학 재학 중 또는 젊은 나이에 사법시험에 합격했다. 아직 연차가 안된 주니어 변호사들을 제외하면 하나같이 하버드·예일·스탠퍼드대 등 외국의 명문 로스쿨로 유학도 다녀왔다. 외국 로펌에서 1~2년씩 근무하며 선진 실무도 몸에 익힌 말 그대로 법률 전사(戰士)들인 이들이 로펌의 간판 스타들인 것이다.

　주로 자문 분야에서 활약하는 연수원 출신 변호사들은 외국 연수를 마친 10년차 안팎의 중견변호사가 되면 금융전문 변호사니, 통상전문이니 하는 레테르를 하나씩 달고 다닐 만큼 전문성을 갖추게 된다. 기업들은 이들의 도움을 받아 증권과 채권을 발행하고, 사업에 필요한 돈을 조달하며, 기업 M&A의 지혜를 빌리기도 한다.

　주요 로펌에서 대표변호사 또는 파트너 변호사로 활약하고 있는 변호사들의 면면을 보자. 연수원 출신 변호사들이 로펌의 발전에 얼마나 큰 역할을 하고 있는지 잘 알 수 있다. 이들 연수원 출신 변호사들에 의해 국내 로펌업계가 형성, 발전해 왔다고 해도 과언이 아니다.

　정계성·조대연·김용갑·주성민·정경택·양영준·정병석·현천욱·허익렬·전강석·박수만·박상열·최동식·김경태·오연균·이진홍·변영훈·김원정·이상환·노영재·김기영·조영균·황영주·최선집·정진영·박성엽·안재홍 변호사 등 김&장의 간판 스타들은 각기 전문분야를 대표하는 쟁쟁한 변호사들이지만, 김&장과 외국 로펌에서 근무한 게 경력의 대부분이다. 법관이나 검사로 활약한 경력이 전혀 없다.

법무법인 태평양과 광장, 세종 등 다른 로펌들도 사정은 비슷하다. 태평양의 오용석 대표와 광장의 경영에 깊숙이 관여하고 있는 김재훈 변호사, 세종의 김두식 대표가 모두 연수원을 마치고 해당 로펌에서 변호사 생활을 시작해 최고 지휘부에 오른 사람들이다. 충정의 목근수, 박상일 변호사도 판, 검사를 거치지 않고, 로펌에서 25년간 기업변호사로 활약한 끝에 얼마 전 공동대표변호사가 됐다.

법무법인 율촌의 우창록 대표와 에버그린 법률사무소의 송현웅, 박용석 대표, 법무법인 우일의 최영익 대표, 두우의 조문현, 세경의 김창준, 정동국제의 서동희 대표, 법무법인 지평지성의 양영태 대표와 강성 변호사는 연수원을 마친 후 곧바로 로펌에 들어가 전문 변호사로 성장한 후 독립해 또 다른 로펌을 창업하기까지 했다.

또 세종의 허창복·김성근·심재두·홍세열·최병선·박교선·송창현·최용원 변호사, 태평양의 이재식·황의인·이근병·김성진·강종구·김형돈·오양호·서동우·김갑유·김인만·이후동·김종길, 한이봉 변호사, 광장의 윤용석·이규화·안용석·이승규·이은재·이미현·한원규·정우영·임성우 변호사 등 주요 로펌의 파트너들도 재조경력이 없는 연수원 출신 변호사들이라는 공통점이 있다.

화우의 유록상·정해덕·장덕순·김권회·박성범 변호사, 율촌의 강희철·한봉희·이영석·김형진·윤희웅·양은용 변호사, 법무법인 KCL의 김영철·임희택 변호사, 충정의 최우영 변호사 등도 판사나 검사로 일한 경험이 없기는 마찬가지다.

이유는 뭘까.

한마디로 이들의 업무가 소송 대리를 중심으로 의뢰인의 사건을 맡아 처리해 온 개인변호사들의 그것과는 본질적으로 다르기 때문이다. 변호사는 원래 법정을 전제로 존재한다고 할 수 있다. 소송을 내거나 검찰에 의해 공소가 제기돼 재판이 열리면 법정에 나가 의뢰인의 주장을 대변하거나 피고인을 변호하는 게 변호사의 전통적인 모습이다.

그러나 로펌의 기업변호사들은 법정에 나가지 않는 경우가 훨씬 더 많다. 소송 대리보다도 주로 기업의 의뢰를 받아 기업이 추구하는 사업이 계획대로 이루어지도록 법적으로 뒷받침하는 게 주된 업무이다. 기업을 대리해 각종 협상에 나서는가 하면 기술도입, 자금조달, 공장부지 구입, 노사갈등 해결 등 기업 활동에서 파생되는 여러 문제의 해결이 이들의 손길을 기다린다.

법정 대신 기업 활동의 현장이 이들의 활동무대라고 할 수 있는 것이다. 설사 고객의 일을 처리하다가 송사로 번지게 되더라도 이들이 직접 법정에 나서는 일은 드물다. 25년째 프로젝트 파이낸싱 등 금융전문 변호사로 활약하고 있는 로펌의 한 변호사는 "그 동안 법원에 나간 일이 딱 두 번 있었다"고 말했을 정도다. 송무를 전담하는 변호사가 따로 있어 고도의 기술로 무장한 로펌의 다른 변호사들에 의해 법정 대리가 이뤄지는 게 보통이다.

연수원 출신 변호사들의 로펌행과 관련, 전두환 군사정권이 들어서며 1981년부터 사법시험 합격인원이 300명으로 늘어난 게 기폭제가 됐다는 유력한 의견이 있다. 사시 인원의 증가로 다양한 부류의 많은 법률가가 배출되면서 로펌의 신입변호사 채용에 여유가 생겼고, 로펌들이 이들 연수원 출신 변호사들을 뽑아 전문변호사로 키워내면서 한국 로펌업계가 비약적으로 발전하는 토대가 마련됐다는 것이다.

사시 합격인원은 이후 500명, 600명, 700명, 800명, 900명을 거쳐 연간 1000명으로 늘어났다. 사시 인원의 증가에 따른 변호사 인력의 원활한 공급이 로펌 발전에 밑바탕이 됐음은 부인할 수 없는 사실이다.

연장선상에서 로스쿨 도입과 변호사시험으로의 전환도 원활한 인력수급이란 측면에서 일선 로펌들에게 호재로 작용할 것이라는 전망이 나오고 있다.

3. 판·검사 출신도 로펌행

서울대 법대 재학 중이던 1978년 제20회 사법시험에 합격한 김수형 전 서울고법 부장판사는 1년 뒤 대학을 졸업하고 사법연수원에 입소해 사시 21회 합격생들과 함께 연수원을 다녔다. 사법연수원 11기로, 법조계에선 이런 경우를 보통 10.5기라고 부르기도 한다. 81년 판사가 돼 동기생 중 항상 선두를 달려 온 그는 대법관의 상고심 판결을 돕는 대법원 재판연구관을 내리 5년간 역임할 만큼 실력파로 알려져 있다. 그는 2008년 2월 서울고법 부장판사직을 사직하고, 김&장 법률사무소에서 변호사로 새 출발했다.

2007년 11월 정동기 대검차장이 '어느 퇴역군인의 기도'로 잘 알려진 장문의 퇴임사를 뒤로 하고 30년간 정든 검찰을 떠났다. 그러나 그는 법원과 검찰 청사가 줄지어 들어서 있는 서울 서초동에 법률사무소를 열지 않고, 서울 대치동에 있는 법무법인 바른에 둥지를 틀었다. 변호사가 된 지 얼마 안 있어 대통령직인수위원회 법무행정 분과위 간사로도 활약한 그는 바른으로 되돌아 와 의뢰인들을 만나다가 얼마 전 청와대 민정수석이 돼 다시 공직에 복귀했다.

판, 검사를 역임한 재조 출신 변호사들의 로펌행이 이어지고 있다. 로펌마다 송무 분야를 강화하며, 대법관과 법원장, 고법 부장, 지법 부장판사 등을 역임한 법관 경력의 중량급 변호사들이 속속 로펌으로 모여들고 있는 것이다.

또 기업 관련 형사사건이 늘어나면서 고등검사장, 검사장 등을 역임한 검찰 간부 출신들도 로펌의 대표변호사 또는 고문으로 로펌행 열차에 몸을 싣고 있다. 로펌에 따라선 대법원장과 헌법재판소장, 법무부장관, 검찰총장을 지낸 변호사를 만나는 것도 어렵지 않다.

얼마 전 환송 후 판결이 난 현대차·기아차 사건이나 그 이전에 종결된 두산그룹 비자금 사건, 김우중 전 대우그룹 회장 사건 등의 변호인에 여러 대형 로펌이 관여하고 있는 것만 보아도 로펌의 형사팀이 얼마나 커졌는지 짐작할 수 있다.

현대차·기아차 사건은 김&장과 법무법인 바른이 변호인으로 나서 정몽구 현대차 회장에 대해 집행유예 판결을 이끌어 냈다. 또 두산그룹 비자금 사건에선 김&장과 법무법인 로고스가 각각 박용성 전 회장과 박용오 전 회장 측을 맡아 변호했다.

발달한 로펌일수록 판, 검사 출신 변호사들이 늘어나고 있다. 그러면서 연수원 출신 전문변호사들과 함께 거대한 싱크탱크를 구성, 로펌의 경쟁력을 한층 높여가고 있다.

대학 동기로 같은 해 나란히 사법시험에 합격한 김&장법률사무소의 J변호사와 P변호사의 얘기가 로펌의 이런 인적 구성의 변화를 단적으로 보여준다.

지금부터 십 수년 전.

사법연수원을 거쳐 군법무관 제대를 얼마 앞둔 두 사람은 법관이냐 로펌이냐의 두갈래 선택을 놓고 고민을 거듭했다. 지금은 많이 달라졌지만, 그 때만 해도 판, 검사를 포기하고 로펌의 변호사가 되겠다고 하면 가족 등 주변의 만류가 심했던 시절이다.

결정을 내리지 못한 두 사람은 법관 지원서 접수를 마감하기 몇 시간 전 서울 서소문의 법원 청사 인근에서 만나 어깨를 맞대고 덕수궁 돌담길을 걷고 또 걸었다. 당시엔 대법원과 법원행정처가 덕수궁 옆의 서소문에 위치하고 있었다.

J가 먼저 법관 지원을 포기했다. 당시 한창 발전하고 있던 김&장에 가기로 마음을 굳혔다. P는 고민했다. 결국 그는 J와 헤어져 혼자 법원행정처에 법관 지원서를 접수했고, 얼마 안 있어 법관으로 임관했다.

그 후 다시 십여 년이 지났다.

법원 내 요직을 두루 거치며 중견 법관이 된 P는 법원에 사직서를 내고, 김&장의 변호사가 됐다. 오래전 진로 문제로 고민하며 덕수궁 돌담길을 함께 걸었던 J변호사와 같은 직장에서 한솥밥을 먹게 된 것이다.

업무 분야는 서로 다르다. J변호사의 전문 분야는 금융. 일찌감치 예일대 로스쿨로 유학을 다녀 온 그는 금융분야의 전문변호사가 돼 이 분야의 온갖 사건을 요리하고 있다. 법정관리, 화의사건에서도 이름을 날렸으며, 최근엔 국제중재 분야로 영역을 넓혀 활약하고 있다.

P변호사는 송무팀에서 맹활약하고 있다. 대형 경제사건으로 기업인 등이 기소된 형사 법정에 가 보면, 변호인석에 앉아 있는 그를 종종 볼 수 있다.

주요 로펌의 홈페이지를 들추어 보자. 구성원 소개란에서 대법관 등 고위직 법관을 지낸 변호사나 검찰 간부 출신의 이름을 찾는 게 어렵지 않다. 워낙 숫자가 많아 일일이 이름을 나열할 수 없을 정도다.

전직 대법관만 해도 광장엔 박준서, 이규홍 전 대법관이 고문으로 있다. 또 김&장의 이임수, 손지열 전 대법관, 태평양의 송진훈 전 대법관, 세종의 오성환, 서성 전 대법관, 화우의 윤관 전 대법원장과 천경송, 변재승 전 대법관, 율촌의 김용준 전 헌법재판소장과 신성택 전 대법관, KCL의 유지담 전 대법관, 바른의 최종영 전 대법원장, 박재윤 전 대법관, 로고스의 윤영철 전 헌법재판소장, 이용우 전 대법관 등 웬만한 로펌마다 전직 대법원장, 헌법재판소장, 대법관들이 고문이나 대표변호사가 돼 후배들에게 조언하고 있다.

또 김&장의 최경원 전 법무부장관과 송광수 전 검찰총장, 태평양의 이명재 전 검찰총장 등 검찰 간부 출신들도 법원 출신 못지않게 로펌에 두터운 층을 이뤄가고 있다.

이어 법원장, 고법부장, 지법부장, 고검장, 검사장, 차장검사, 부장검사 등 다양한 재조 경력의 판, 검사 출신 변호사들이 마치 규모가 작은 법원이나 검찰청을 옮겨 놓았다고 해도 될 만큼 기수별로 층층시하를 이루고 있다.

김&장의 경우 이임수, 손지열 전 대법관 외에 최경원 전 법무부장관, 송광수 전 검찰총장, 박정규 전 민정수석, 이정수 전 대검차장, 윤동민 전 검사장 등이 포진하고 있다. 막강한 맨파워를 갖췄다는 평가를 받고 있다.

그러나 전직 대법관과 검찰 간부 출신 등의 로펌행에 대해 개인변호사나 규모가 작은 중소 법률사무소들 사이에선 반발하는 분위기도 없지 않다. 대법관에서 연수원을 갓 나온 신입변호사에 이르기까지 법원과 검찰 못지않은 계층구조를 이루고 있는 로펌의 막강한 네트워크가 일종의 '전관예우'로 작용할 수 있다고 비판한다. 전에 모시던 대법관이나 법원장, 검사장, 부장판사, 부장검사 등이 사건을 맡은 로펌의 변호사가 돼 변론에 나설 때 법원과 검찰에서 무언의 압력을 느끼지 않겠느냐고 지적한다.

물론 일선 로펌들은 이런 지적에 대해 정색을 하며 반박한다. 판, 검사 출신의 영입을 통해 로펌 전체의 경쟁력을 높이려는 노력으로 이해해야 한다는 것이다. 더구나 한국 법률시장의 개방이 임박한 상황에서 로펌의 송무 역량을 더욱 강화하는 포석으로 받아들여야 한다고 주장한다.

재조 출신의 로펌행이 늘어나면서 전관예우 시비도 재조 출신 개인변호사들로부터 고위직 판, 검사 출신이 포진한 로펌으로 옮아가고 있다.

4. 수석합격자는 로펌을 좋아한다

로펌의 변호사들은 앞에서 지적한대로 사법시험 또는 연수원 수료 성적이 상위권인 쟁쟁한 인재들이다. 사법시험에 붙었다고 해서 마음만 먹으면 언제든지 일류 로펌의 변호사가 될 수 있는 것은 아니다.

연수원을 마치고 곧바로 로펌에서 변호사로 출발하는 연수원 출신 변호사는 물론 판, 검사를 역임한 후 나중에 법복을 벗고 로펌의 문을 두드리는 재조 출신들도 각기 분야에서 선두권을 달리는 우수한 성적의 변호사들이 아니면, 원하는 로펌에 가기가 쉽지 않다.

사법시험 합격인원이 한 해 1000명에 이르는 연수원 출신의 경우 판, 검사 임용에 지장이 없는 약 200등 이내의 상위권이 아니면 주요 로펌에 명함을 내밀기 어렵다.

또 판, 검사 출신도 로펌에선 업무 수요에 맞춰 전문성과 그에 걸맞는 경력을 갖춘 재조 출신을 가려 뽑고 있다. 로펌에 따라서는 일선 재판업무에서 한 발 비켜나 있는 법원장 출신은 사양한다든가, 고법부장 대신 지법부장을 선호한다는 등 독특한 리쿠르트 방침을 채택하고 있는 곳도 없지 않다.

오히려 일류 로펌엔 사법시험이나 연수원을 수석 또는 차석으로 합격하거나 수료한 기라성 같은 인재들이 수두룩하다.

얼마 전까지만 해도 사법연수원 수료시즌이 되면 사법시험 수석합격자 또는 연수원 수석이 판·검사를 지원하지 않고 로펌을 선택했다고 해서 화제가 되곤 했다.

그러나 최근 들어서는 '수석합격자는 로펌을 좋아한다'는 말이 나올 만큼 로펌 변호사를 지원하는 연수생이 늘고 있다. 수석합격자의 경우 판사나 검사를 지원해도 초임을 서울지역에 배치받아 장차 대법관이나 검사장 이상의 출세를 꿈꿔 볼 수 있을 텐데 이들은 로펌의 국제변호사·기업변호사를 선택해 새로운 분야에 도전하고 있는 것이다.

또 연수원을 우수한 성적으로 수료하고 판, 검사가 되었다가 나중에 법복을 벗고 로펌에 합류하는 사람도 적지 않다. 그만큼 일류 로펌이 엘리트 법조인들이 선호하는 인기직장으로 자리매김하고 있다.

주요 로펌에서 활약하고 있는 사시 수석이나 차석합격자, 연수원 수석 또는 차석 출신을 찾아내는 것은 어려운 일이 아니다. 김&장의 정계성(사시 16회 차석·연수원 6기 수석)·최동식(사시 21회 수석)·박성엽(사시 25회 차석)·신필종(연수원 17기 차석)·서정걸(연수원 20기 수석)·김도영(사시 31회 차석)·심희정(연수원 27기 차석), 태평양의 서동우(사시 26회 수석)·한이봉(사시 28회 수석), 에버그린 법률사무소의 박용석(사시 24회 차석), 법무법인 김·장·리의 최경준(연수원 14

기 수석), 법무법인 지평지성의 황승화 변호사(사시 38회 수석) 등이 1, 2등의 성적으로 사법시험에 합격하거나 연수원을 마친 각 로펌의 간판 스타들이다.

이들 외에도 시험성적이 열 손가락 안에 드는 최상위권의 예비법조인들이 해마다 로펌의 문을 두드리고 있다.

"집안의 권유로 법관을 택했으나 새로운 세계에 도전해 보고 싶어 방향을 바꿨습니다."

31회 사법시험에 차석합격하고 사법연수원을 차석 졸업, 1995년 3월 서울지법 판사로 법관생활을 시작했으나 2년 만인 97년 초 법복을 벗고 김&장에 합류한 김도영 변호사는 로펌 변호사로 진로를 바꾼 동기를 이같이 설명했다.

84년 26회 사시에 수석합격하고 사법연수원을 수석으로 마친 후 법무관을 거쳐 태평양에서 로펌 변호사로 법조인 생활을 시작한 서동우 변호사도 "판사, 검사 모두 지원이 가능했고 집에서는 법관이 되길 바랐지만, 로펌의 전문변호사로 활약하고 싶어 서슴지 않고 태평양을 선택했다"며, "지금도 후회는 없다. 다시 선택하라고 해도 로펌을 지원할 것"이라고 말한 적이 있다.

각 로펌에서 간판급 변호사로 활약하고 있는 이들은 급여나 유학기회 등에 있어 최고의 대우를 받고 있음은 물론 법관이나 검사를 지망했을 때 이상의 장미빛 미래가 보장돼 있다.

5. 행정부·금융권 출신도 로펌행

　기업법무의 해결사로 인정받으며, 갈수록 역량을 넓혀가고 있는 대형 로펌엔 변호사만 있는 게 아니다. 변호사가 아닌 비법률가 전문가들도 변호사들과 함께 팀을 이뤄 서비스의 수준을 높여가고 있다.
　주요 로펌의 구성원 소개란을 보자. 변리사, 공인회계사는 변호사 다음 가는 순서에 소개되는 게 보통이고, 세무사, 관세사 등 해당 분야를 커버하는 전문자격사들의 이름이 줄지어 이어지고 있다.
　변리사는 특허 관련 사건을 담당한다. 특허 등록을 대행하고, 특허심판원·특허법원의 관련 분쟁을 맡아 대리인 자격으로 직접 심판정이나 법정에 서기도 한다.
　세무사와 관세사는 조세와 관세에 관한 자문이 텃밭이다. 또 대기업 등을 대상으로 기업법무를 수행하는 로펌의 업무특성상 기업회계 내역을 분석하는 공인회계사의 존재가치는 더 이상 말 할 필요도 없을 것이다.
　공인회계사의 경우 기업 M&A의 본격적인 추진에 앞서 이른바 'DD(Due Diligence)'라고 부르는 기업 실사과정에 빠지지 않고 참여하며, 기업회생사건에서 기업의 재무상황, 경영상태 등을 분석하는 데도 많은 기여를 하는 것으로 알려져 있다. 로펌의 한 변호사는 "변호사들은 아무래도 숫자에 약하다 보니 회계사들의 역할이 대단히 중요하다"며, "로펌의 장점은 변호사 외에 회계사, 변리사 등 해당 분야의 전문가들이 함께 팀을 이뤄 종합적인 분석과 처방을 내리는 데 있지 않느냐"고 되묻기도 했다.

공인회계사 이하 이들 전문인력들에겐 변호사에 버금가는 보수와 대우가 제공되고 있다. 유학기회 등도 보장된다. 서울대 경영대와 동 대학원을 나와 법무법인 세종을 거쳐 2002년부터 회계법인 세종에서 활약하고 있는 이진웅 공인회계사는 세종의 지원 아래 하버드 로스쿨 국제조세과정에 유학해 행정학 석사학위를 받았다.

주목할 대목은 고문이란 이름으로 그 다음쯤에 소개되는 행정부처의 전직 고관과 금융계 출신 인사들이다. 공무원 중에서는 대개 경제부처나 공정거래위원회, 금융감독원, 국세청 등 로펌의 업무처리와 관련이 깊은 부서 출신이 많은 편이다. 로펌에 따라 선호하는 출신 부처 등에 차이를 보이기도 하고, 고문 영입에 보다 적극적인 로펌이 있는가 하면 그렇지 않은 로펌도 있다.

하지만 고문 제도를 두고 있지 않은 로펌은 거의 없다. 비법률가 고문을 두지 않았던 법무법인 광장도 방침을 바꿔 얼마 전부터 고문을 영입하고 있다. 광장엔 김동수 전 정보통신부 차관, 민태섭 전 서울지방국세청 국제거래조사국장, 조학국 공정거래위원회 부위원장이 고문으로 활동하고 있다.

일간지 동정란에 모 로펌이 전직 금융계 인사 등을 고문으로 영입했다는 소개기사가 종종 실릴 만큼 고문의 영입이 일반화돼 있는 게 로펌 업계의 현실이다.

법무법인 세종의 홈페이지를 보면, 경제기획원 차관을 역임한 김영태 전 한국산업은행 총재, 류시열 전 제일은행장, 박병일 전 서울지방국세청 조사2국장, 백원구 전 증권감독원장, 안희원 전 공정거래위원회 상임위원, 비상임인 오호수 전 한국증권업협회장, 이근영 전 금융감독위원회 위원장 겸 금융감독원장 등이 고문란에 이름을 올리고 있다.

황영기 KB금융지주 회장도 얼마 전까지 세종에서 고문으로 활약했다. 초대 공정거래위원장과 청와대 경제수석을 지낸 김인호 전 중소기업연구원장도 세종에서 고문으로 활동한 적이 있다. 고문의 영입과 활동에 비교적 적극적인 로펌으로 알려져 있다.

김&장엔 국내 최대 로펌이라는 규모에 걸맞게 국세청장을 지낸 서영택 전 건설교통부 장관, 구본영 전 OECD(경제협력개발기구)대사, 최명해 전 국세심판원장, 김병일 전 공정위 부위원장, 황재성, 이주석, 전형수 전 서울지방국세청장 등 국세청, 공정위 등의 고위간부를 지낸 인사들이 상당수 포진하고 있다.

전홍렬 전 금감원 부원장도 김&장에서 고문으로 활동하고 있다. 한덕수 전 총리와 한승수 현 총리도 김&장에서 일한 적이 있다. 전, 현직 총리를 배출한 곳이라고 해서 유명세를 타기도 했다. 이헌재 전 부총리도 한때 김&장에서 근무했다.

법무법인 태평양엔 황두연 전 외교통상부 통상교섭본부장, 국세청장을 지낸 이건춘 전 건설교통부 장관, 서승일 전 공정위 상임위원, 이석채 전 정보통신부 장관, 김수동 전 특허청장, 김영섭 전 대통령경제수석비서관, 김세호 전 건설교통부 차관 등의 이름이 올라있다. 또 장재군 전 공정위 상담실장 등이 전문위원으로 활동하고 있다.

아시아개발은행(ADB) 부총재를 지낸 신명균 전 한국주택은행장도 태평양에 몸담았던 적이 있다. 2008년 들어서도 유영환 전 정보통신부장관, 오영호 전 산업자원부 차관, 오대식 전 서울지방국세청장을 고문으로 영입했다.

율촌엔 신동규 전 한국수출입은행장과 이정재 전 금융감독원장 등이 고문으로 활약하고 있다. 수출보험공사 사장을 거쳐 KOTRA 사장이 된 조환익 전 산업자원부 차관도 수출보험공사 사장이 되기 전 율촌에서 고문으로 활약했다.

법무법인 화우는 허선 전 공정위 사무처장이 고문으로 활약하고 있다. 허전 처장은 선임 컨설턴트란 이름으로 공정거래 관련 컨설팅을 주로 하고 있다. 또 김용 전 공정위 상임위원도 비상임으로 자문에 응하고 있다.

대형 로펌 뿐만 아니라 중소 로펌에서 활약하고 있는 경제계, 금융권 출신 인사들도 적지 않다. 법무법인 지성엔 김경림 전 외환은행장이 상임고문으로 있으며, 법무법인 서정은 진넘 전

경제부총리가 고문으로 있다. 또 법무법인 아주엔 손학래 전 한국도로공사 사장, 김재현 전 한국토지공사 사장, 서건이 초대 우즈베키스탄 대사 등이 변호사들의 자문에 응하고 있다.

이처럼 많은 경제관료들이 로펌과 인연을 맺다보니 로펌에 있던 전직 경제관료가 다시 관가로 진출하는 '회전문 현상'도 활발하게 나타나고 있다. 2001년 재정경제부 차관을 끝으로 율촌으로 자리를 옮긴 이정재 고문은 2003년 3월 금감위원장 겸 금감원장이 돼 친정으로 되돌아갔다가 2004년 8월 금감원을 떠나 다시 율촌의 고문으로 복귀했다.

또 2005년 3월 한덕수 경제부총리가 노무현 정부의 네번째 부총리로 발탁될 때는 김&장 출신의 한 부총리와 태평양에서 고문으로 활약하고 있던 신명균 전 ADB 부총재가 부총리 후보로 막판까지 경합을 벌이는 등 대형 로펌 출신간 대결로 화제를 모으기도 했다.

최근 들어서는 장, 차관 등 고위직 출신 뿐만 아니라 금감원, 공정위 등에서 실무자급으로 활약하던 공무원들이 공직을 떠나 잇따라 로펌에 몸을 싣고 있어 더욱 관심을 사고 있다. 그만큼 행정부처 출신 전문가 등의 로펌 내 역할이 확대되고 있으나, 이에 대해서는 문제를 제기하는 의견도 없지 않다.

로펌에 합류한 이들 행정부처, 금융계 출신 고문들은 경제 또는 금융전문가로서 경제·금융 등과 관련한 자문 역할을 주로 수행하는 것으로 전해지고 있다.

로펌의 변호사들에 따르면, 행정부처의 실무례나 규정, 지침 등은 변호사가 정확히 파악할 수 없는 경우가 적지 않다고 한다. 또 첨단 금융상품 등의 구체적인 이해를 위해서도 전문가의 도움이 필수적이라고 한다. 이런 전문적인 지식과 역량이 요구되는 사건의 경우 관련 분야 전문가의 자문을 받아 함께 문제 해결에 나서는 게 전문성 강화의 한 방법이 될 수 있다는 것이다.

한국 로펌보다 훨씬 다양하게 업무를 수행하는 외국 로펌에선 경제·금융 전문가는 물론 전직 언론인에 이르기까지 다방면의 전문가들이 변호사들과 함께 법률서비스의 질 제고에 나서고 있는 것으로 알려지고 있다.

미국 로펌의 경우 우리의 금감원에 해당하는 증권거래위원회(SEC) 출신 관료들이 많은 로펌에 들어가 활동하고 있다. 미 SEC에서 경험을 쌓은 변호사의 경우 의뢰인에게 청구하는 보수 기준이 매우 높은 것으로 알려져 있다.

미국의 유명 로펌인 Davis Polk & Wardwell 홍콩사무소에서 활약하고 있는 이석준 미국변호사는 밴더빌트대 로스쿨에서 J.D.를 한 후 미 SEC 워싱턴 사무소에서 4년간 근무하며, 미국 증시 상장(IPO)에 관련된 업무를 직접 처리한 것으로 유명하다. 그는 서울대 경제학과를 나왔으며, 유학을 가기 전 한국은행에서 근무했다. SEC에서 로펌으로 옮겼다가 또 다시 SEC로 되돌아가는 경우도 매우 빈번하게 일어나고 있는 것으로 전해지고 있다.

로펌의 한 변호사는 "대학과 사법연수원에서 법학 위주의 공부를 해 온 법조인들만으로 빠른 시간 내에 로펌의 전문화를 도모하는 데는 한계가 있다"며, "이러한 경우 사회 각 분야 전문가들의 도움을 받는 것이 유용할 수 있다"고 지적했다. 또 다른 변호사는 "해당 분야 전문가의 지원은 그만큼 고객에 대한 서비스 수준을 높이게 된다"고 비변호사 전문가의 로펌 합류를 긍정적으로 평가했다.

물론 비변호사 전문가의 채용이 로펌에만 국한된 것은 아니다. 예를 들어 삼일회계법인, 안진회계법인, 삼정KPMG회계법인 등 국내 유수의 회계법인들도 다수의 고문을 영입해 함께 일하고 있다. 기업 회계감사, 세무자문 외에도 M&A에서의 재무자문 및 구조조정 등 다양한 분야에서 기업에 대해 자문하는 회계법인들로서는 실무경험과 식견을 갖춘 전직 관료 출신 등 고문들의 조언이 도움이 될 수 있기 때문이다.

또 컨설팅 회사들도 로펌과 회계법인에서와 마찬가지로 다양한 경험의 고문들을 확보하려고 하는 등 고도의 지적 서비스를 제공하는 지식산업 분야에선 이미 고유의 직종을 뛰어넘는 전문가 집단의 폭넓은 공유가 하나의 트렌드가 돼 가고 있다.

법원이나 검찰 등에서도 판, 검사가 비법률가 전문가의 도움을 받아 사건 처리에 나서는 경우가 적지 않다. 검찰은 대형 경제사건의 수사때 금융감독원이나 국세청 직원 등의 파견을 받아 함께 사건 추적에 나서고 있다. 대법원은 얼마 전 공정위 실무팀장을 재판연구관으로 채용하기도 했다.

분쟁의 내용이 갈수록 복잡해지며 재조, 재야를 가리지 않고

법률가와 비법률가 전문가가 팀을 이뤄 함께 문제 해결에 나서는 방향으로 법조 직역의 전문화가 확대돼 가고 있는 셈이다.

문제는 로펌에 영입된 이들 고문들의 활동을 둘러싸고 이어지고 있는 시비와 논란이다. 일부에선 로펌에 따라 상당한 대우를 받고 영입되는 이들 고문들이 전력을 내세워 관련 분야의 사건 유치에 나서는 것 아니냐는 의문을 지속적으로 제기하고 있다. 로펌들은 "사건 유치가 목적이라면 어떻게 오랫동안 함께 일할 수 있겠느냐"며, "말그대로 '전문가로서의 자문역(expert adviser)'이 이들의 역할이자 위상"이라고 반박하고 있다.

고문을 로비스트쯤으로 색안경쓰고 보는 시각에 대해서도 로펌들은 불만을 털어 놓는다. 전문역량의 보완으로 받아들여야 한다고 주장한다.

실무자급의 로펌행이 이어지며 판, 검사 출신의 전관예우 시비 비슷한 논란도 제기되고 있다. 로펌들이 이들 공무원들이 몸담았던 부처에서 담당하는 각종 인, 허가 및 감독에 관련된 업무나 관련 사건을 많이 처리하고 있기 때문이다. 이 경우 금감원이나 경제부처, 공정위 등에서 경력을 쌓은 이들 행정관료 출신 전문가들이 변호사와 함께 관련 자문에 나서게 됨은 물론이다.

일부에선 공직자윤리법상의 퇴직 공직자 취업제한 문제로 접근하고 있다.

민주당의 박영선 의원은 2008년 7월 공직자윤리법을 고쳐 행정부처 공무원들의 로펌행을 제한하자는 내용의 법안을 발의했다. 공직자윤리법에 따르면, 4급 이상 공무원은 퇴직 직전 3년 동안 근무한 부서의 업무와 연관성이 있는 사기업체 등에 퇴직 후 2년간 취업이 금지되고 있으나, 법무법인 등 로펌에 고문 등으로 취업하는 데는 아무 제한이 없어 제한대상에 법률회사와 회계법인을 추가하자고 제안했다. 공직자윤리법 시행령에서 취업 제한 대상기업을 '자본금 50억원 이상, 외형 거래액 연간 150억원 이상'으로 한정하고 있어 물적 기초가 약한 로펌은 제한 대상에 들지 않기 때문이다. 행정안전자치부도 공무원의 로펌 취업 제한을 강화하는 방향으로 공직자윤리법의 개정을 추진하고 있다.

그러나 이러한 움직임에 대해서는 반론도 만만치 않다. 공직을 떠나 대형 로펌에서 근무하고 있는 한 전직 공무원은 "공직에서 쌓은 오랜 실무 경험과 전문적 식견을 그대로 사장(死藏)시키는 것보다는 국가 경제발전에 도움이 되는 방향으로 발휘하는 것이 개인적으로는 물론 나라를 위해서도 도움이 된다"고 강조했다. 일부에선 헌법상 직업선택의 자유에 대한 제한이라고 반박하고 있다.

요컨대 비법률가 전문가의 영입을 통한 로펌의 전문성 강화가 퇴직 공직자의 취업윤리 등 여러 문제와 맞물리며 논란이 증폭되고 있다. 법률시장 개방을 앞둔 국내 로펌들로서는 이런 장애까지 극복하며 전문성 강화와 이를 통한 경쟁력 제고를 이뤄내야 할 과제를 안고 있다.

6. 로펌 출신의 행정부·사법부 진출

　이명박 정부의 첫 법무부장관인 김경한 장관은 얼마 전까지 법무법인 세종의 대표변호사로 있었다. 2002년 서울고검장을 끝으로 검찰을 떠나 곧바로 세종에서 변호사로 활약하다가 장관이 돼 친정으로 되돌아 온 것이다.

　얼마 전 청와대 민정수석에 임명된 정동기 전 대검차장도 길지는 않지만, 로펌의 변호사로 활동하다가 다시 공직에 발탁된 경우다. 2007년 11월 하순 약 30년간 봉직한 검찰을 떠난 그는 곧바로 법무법인 바른의 대표변호사가 됐다가 약 7개월만인 2008년 6월 민정수석이 돼 이명박 대통령을 가까이서 보좌하고 있다.

　또 김&장에서 변호사로 활약해 온 김회선 전 검사장이 2008년 3월 국정원 2차장으로 발탁되는 등 새 정부의 공직자 중에 로펌 출신이 적지 않다. 김 차장은 3년 전 '새로운 일을 하고 싶다'며 법무부 기획관리실장을 끝으로 검찰을 떠나 화제가 됐었다.

　정동기 수석의 전임인 이종찬 전 민정수석도 법무법인 에이스의 대표변호사로 있다가 2008년 이명박 정부가 출범하며 민정수석을 맡았다. 또 이종찬 전 수석과 함께 근무했던 강훈 전 청와대 법무비서관은 바른의 창립멤버 중 한 사람으로 활약한 로펌의 매니징 파트너 출신이었다.

판, 검사 또는 행정부 관료 출신들의 로펌행이 이어지고 있는 가운데 로펌에선 반대로 변호사나 고문들이 잇따라 정부의 요직으로 진출하고 있다. 로펌이 차지하는 위상과 비중이 높아지면서 로펌에 인재들이 모여들고, 이들이 다시 사법부와 행정부, 정치권으로 진출하는 일종의 '회전문 현상'이 더욱 가속화되고 있는 것이다.

국회의원 중에도 로펌 출신이 없지 않으며, 오세훈 서울시장도 시장에 출마하기 전 법무법인 지성의 대표변호사로 활약한 경력이 있다.

로펌의 뿌리가 깊은 미국에선 로펌에서 활동하는 변호사의 정부 요직 진출이 이미 오래전에 시작됐다. 아이젠하워 대통령 시절 국무장관을 역임하며 우리나라를 방문하기도 했던 덜레스(John Foster Dulles) 전 장관은 국무성에 들어오기 전 미국의 유명 로펌인 설리번 & 크롬웰(Sullivan & Cromwell)에서 매니징 파트너로 활약한 로펌의 변호사 출신이다.

또 다른 로펌인 Davis Polk & Wardwell의 네임 파트너인 데이비스(John Davis) 변호사는 민주당 후보로 직접 미국 대통령 선거에 출마하기도 했다. Davis Polk & Wardwell은 설리번 & 크롬웰과 함께 미국에서도 '톱 10'에 드는 세계적인 로펌으로, 이 로펌의 이름 맨 처음에 나오는 Davis가 바로 이 사람을 가리킨다. 네임 파트너란 로펌의 상호에 자신의 성이 들어가 있는 파트너 변호사를 말하며, 대단히 영예로운 자리로 알려져 있다.

그러나 미국의 로펌들은 기업법무의 내용이 더욱 전문화되면서 최근엔 로펌의 변호사로 있다가 정부 관료 등으로 진출하는 경우가 많이 줄어들었다고 한다. 반면 외연이 갈수록 넓어지고 있는 국내 로펌들은 소속 변호사들이 정부의 요직으로 활발하게 진출하며, 법조 인재의 풀(pool)로 기능하고 있는 것이다.

특히 사법부와 법무·검찰의 경우 로펌 출신의 재조 진입이 단연 돋보인다. 그만큼 로펌에서 활동하는 쟁쟁한 변호사들이 많다는 현실적인 사정과도 무관하지 않을 것이다. 얼마 전부터 로펌엔 대법관과 법원장, 검사장 등을 지낸 중량급 변호사들이 모여들면서 대형 로펌의 경우 법원과 검찰청 못지않은 맨파워를 갖춰 가고 있는 게 현실이다.

노무현 정부가 출범하면서 순서대로 법무장관이 된 강금실, 김승규, 천정배 변호사 세 사람도 모두 로펌과 관련이 있는 인물이라는 공통점이 있다.

1996년 서울고법 판사를 그만두고 변호사가 된 강 전 장관은 2000년 4월 벤처로펌을 표방하고 설립된 법무법인 지평의 창립 멤버로 참여했다. 2003년 2월 법무장관이 되기까지 지평의 대표변호사를 맡아 지평의 초기 발전에 기여했다.

그는 2004년 7월 장관에서 물러나 지평의 대표로 복귀했으나, 2006년 5월 31일에 치러진 지방선거 때 지평의 대표를 사임하고, 열린우리당의 서울시장 후보로 출마해 또 한 번 주목을 받았다. 당시 한나라당 후보로 나서 당선된 오세훈 서울시장도 중견 로펌인 법무법인 지성의 대표변호사 출신으로, 오·강이 맞붙은 서울시장 선거는 전직 로펌 대표끼리의 대결로도 많은 관심을 샀다.

강 전 장관으로부터 바톤을 이어받은 김승규 전 장관도 로펌의 변호사가 돼 약 1년 5개월간 법무법인 로고스의 대표로 활약하다가 법무장관에 발탁됐다. 법무장관에 이어 국가정보원장을 맡았던 그는 국정원장에서 퇴임해 얼마 전부터 다시 로고스에 출근하고 있다.

천정배 전 장관은 로펌과의 사연이 더욱 많다. 연수원을 마친 후 곧바로 김&장에서 변호사 활동을 시작, 누구보다도 로펌변호사 출신 장관이었다고 부를 만하다.

1981년 사법연수원을 3등의 우수한 성적으로 수료한 그는 판·검사 임관을 포기하고, 곧바로 김&장에 입사했다. 5공 때인 당시 전두환 대통령으로부터 판·검사 임명장을 받을 수 없다고 생각해 임관을 포기했다고 한다.

김&장에서의 전문 분야는 외환·무역·조세분야. 꼬박 4년간 일한 후 85년 김&장을 나와 한때 김&장에서 함께 근무하기도 한 조영래 변호사 사무실에 합류하기도 했으나, 얼마 안 있어 다시 김&장으로 복귀했을 만큼 김&장과의 인연이 깊다. 김&장에서 변호사로서의 기반을 닦았다고 해도 과언이 아니다.

96년 15대 국회에 진출하며 정치에 본격 입문한 그는 이후 내리 4선을 한 성공한 정치인이기도 하다. 현역 의원이다. 천 전 장관은 그의 저서 '꽁지머리 묶은 변호사'에서 "김&장에서 철저한 프로 정신을 배웠다"고 회고하고 있다.

DJ정부 때도 로펌에서 법무장관이 나온 적이 있다. 2001년 5월. 법무차관을 끝으로 변호사가 돼 김&장에서 활약하던 최경원 변호사가 51대 법무장관이 됐다. 다음해 1월 말 장관에서 물러난 그는 다시 김&장으로 되돌아 와 후배들을 지휘하고 있다.

최 장관이 물러나기 약 열흘 전. 이번에는 법무법인 태평양의 이명재 고문이 신승남 총장에 이어 31대 검찰총장이 됐다. 그도 총장이 되기 얼마 전 서울고검장을 끝으로 검찰을 떠난 검찰 출신이다. 국내 굴지의 로펌인 법무법인 태평양에서 후배들을 지휘하다가 총장에 발탁된 것이다.

그 때의 에피소드 하나.

이명재 고문 이하 검사 출신 변호사들이 여러 명 포진하고 있던 태평양의 검찰팀은 당시 수십 건의 형사사건을 맡아 자문과 변호를 하고 있었다. 문제는 이 고문이 총장이 된 마당에 태평양이 이들 사건을 계속해서 변호해야 하느냐가 고민이었다고 한다. 이 총장이 몸담고 있던 태평양이 변호하는 게 혹시나 일선 검찰청의 수사를 총지휘하는 그에게 누가 될 수 있다고 판단했기 때문이다. 태평양은 오해의 소지가 있을 만한 사건의 변호인에서 사임하고, 의뢰인에게 수임료를 되돌려 주는 방식으로 이 문제를 해결했다는 후문이다.

이 총장은 1년 10개월간 총장으로 있었다. 서울지검에서 조사를 받던 피의자가 수사관에게 맞아 숨지는 사고가 나 2년의 임기를 불과 두 달 남겨둔 2002년 11월 총장에서 물러났다. 이후 다시 태평양으로 돌아와 고문으로 활동하고 있다.

검찰총장과 법무장관을 지낸 이종남 전 감사원장도 법무법인 세종에서 대표변호사 등으로 활약하다가 감사원장이 된 케이스. 99년부터 2003년까지 감사원장을 지냈다.

로펌의 변호사들은 헌법에 관한 최고 재판기관인 헌법재판소 재판관으로도 진출했다. 고법부장을 끝으로 법원을 떠나 법무법인 화우의 구성원 변호사로 활약하던 조대현 변호사가 2005년 7월 첫 테이프를 끊었다. 노무현 전 대통령의 사법시험 동기이기도 한 그는 당시 열린우리당 추천을 받아 국회 몫으로 재판관이 됐다. 헌재 재판관은 대통령과 대법원장, 국회가 각각 3명씩 선출 권한을 갖고 있는데, 국회가 그를 재판관으로 선출한 것이다.

또 2007년 3월 노무현 대통령에 의해 헌재 재판관에 임명된 송두환 재판관은 법무법인 한결의 대표변호사로 있다가 헌재 재판관이 됐다. 그는 민주사회를 위한 변호사모임(민변) 회장을 역임했으며, 대북송금의혹사건의 특별검사로도 활약했다.

로펌의 변호사에게 아직 문호를 개방하지 않은 곳이 있다면 최고법원인 대법원의 대법관 자리를 들 수 있다. 개인변호사 등으로 활동하다가 대법관이 된 사람은 있으나, 로펌에서 활동하던 변호사가 대법관이 된 적은 없다.

로펌이 이처럼 인재의 산실로 기능하고 있는데 대해 긍정적인 의견만 있는 것은 아니다. 사건 수임뿐만 아니라 고위직 공무원 등의 인사까지 로펌으로 집중되고 있다며 경계하는 목소리가 없지 않다.

비판론자들은 특히 로펌이 기업 관련 사건을 많이 다루고 있는 현실에 주목한다. 로펌에 사건을 맡기는 기업들이 로펌의 이런 배경을 덕보려 할 수 있다는 것이다. 로펌의 변호사들이 정부 요직으로 진출하면 진출할수록 이런 면을 되돌아보는 노력 또한 더욱 배가되어야 할 것으로 보인다.

7. 외국변호사
(Foreign Legal Consultant)

법무법인 광장에서 활약하고 있는 마크 롤프선(Mark B.Rolfson) 미국변호사의 명함을 보면, 이 법률회사의 다른 변호사들과는 차이가 있다는 것을 발견하게 된다. 대개의 변호사들은 명함에 '변호사 OOO'이라고 변호사라는 직함을 간단하게 표시하고 있으나, 롤프선씨는 '미국 콜로라도주 변호사 롤프선'이라고 수식어가 길게 붙어 있다. 이른바 외국변호사(Foreign Legal Consultant)인 것이다.

변호사법에 따르면, 국내에서 변호사로 활동하기 위해서는 내외국인을 막론하고 사법시험에 합격해 2년간의 사법연수원 과정을 마쳐야 한다. 2009년 로스쿨이 도입되면, 로스쿨을 나와 변호사시험에 합격해야 변호사가 될 수 있다.

외국에서 변호사시험에 합격해 변호사 자격을 갖췄더라도 그는 그 나라의 변호사일 뿐 한국에선 변호사 사무실을 열 수 없다. 한국 법률시장이 아직 외국변호사에게 공식적으로 개방을 하고 있지 않기 때문이다. 변호사 명함이나 간판 등을 내걸고 사건을 유치하는 것도 금지된다. 다만, 외국변호사로서 로펌이

나 일반 기업 등에 고용돼 그 나라의 법과 국제법 등에 관한 자문에 응하는 길은 열려 있다.

롤프선씨가 광장의 일원이 된 것도 이같은 우회로에 의해 가능했다. 한국과의 인연은 미국 브리검 영 대학(Brigham Young University)에서 한국학을 공부하면서부터 시작됐다. 1985년 연세대 한국어학당으로 유학, 외국어 학원 강사를 하기도 한 롤프선씨는 한국인 부인을 만나 결혼했다. 그 후 미국변호사가 돼 10년 후인 95년 다시 한국땅을 밟아 97년부터 광장에서 외국변호사로 활약하고 있다.

그는 콜로라도대 로스쿨(J.D.)을 거쳐 콜로라도주 변호사 자격을 땄다. 광장에 합류하기 전엔 콜로라도에 있는 존 송(John Song) 법률사무소에서 1년 반 동안 경력을 쌓았다.

한국IBM 법률고문실을 이끌고 있는 데이빗 워터스(David Waters) 전무도 이력이 특이하다. 한국에서 활발하게 활동하는 외국변호사 중의 한 사람이다.

당초 UCLA에서 정치학을 전공했으나, 87년에 있었던 한국의 민주화시위와 6.29선언에 관심을 가져 한국과 인연을 맺게 됐다. 88년 교환학생으로 1년간 연세대에서 수학한 데 이어 91년 2학년생으로 서울대 법대에 편입해 법학을 공부했다. 94년 서울대 법대를 졸업한 그는 다시 미국으로 돌아가 콜럼비아대 로스쿨에서 J.D.(법학박사)를 했다. 이어 3년간 워싱턴에 있는 로펌에서 통상 전문 변호사로 경력을 쌓은 후 2000년 김&장 법률사무소의 변호사가 돼 다시 한국땅을 밟았다.

2004년 IBM 법률고문실의 상무로 옮긴 그는 2007년 8월 전무로 승진했다. 세계적인 기업의 사내변호사로 바쁘게 일하고 있다.

롤프선, 워터스 변호사처럼 국내 법률시장의 문을 두드리는 외국변호사들이 갈수록 늘고 있다. 정확한 공식 통계는 없지만, 한국 로펌에만 수백 명의 외국변호사가 고용돼 활동하고 있는 것으로 알려지고 있다. 여기에다 기업체 법무실 등에 포진하고 있는 사내변호사 등을 합치면 국내에서 활동하는 외국변호사가 1000명에 육박하는 것으로 분석되고 있다.

이들 외국변호사들이 변호사 자격을 취득한 나라별로 보면, 미국변호사가 한국에서 가장 많이 활동하고 있다. 최근 들어선 국내 로펌의 해외 비즈니스가 활발해지며 중국변호사, 베트남 변호사, 러시아 변호사 등 다양한 나라에서 변호사 자격을 딴 외국변호사들이 국내 로펌 등에서 활동하고 있다. 한국 로펌들의 러시아, 중앙아시아 시장 진출이 러시를 이루고 있는 최근엔 로펌들 사이에 유능한 러시아 변호사를 영입하려는 치열한 쟁탈전이 벌어지기도 했다.

한국에서 활약하는 외국변호사는 또 순수 외국인과 한국 국적을 가진 교포변호사나 유학생 출신 등으로 나눠 볼 수 있다. 전에는 대개 외교관이나 상사 주재원의 자녀 등이 외국에서 변호사가 돼 한국 시장의 문을 두드렸다. 얼마 전부턴 한국에서 대학을 나온 후 직접 외국 로스쿨로 유학을 떠나 국제변호사로 나서는 경우가 늘어나고 있다.

2008년 5월 1일 법무법인 로고스에 합류한 정노중 러시아 변호사의 경우 성균관대 법대를 나와 러시아로 유학을 떠나 러시아 변호사가 된 케이스. 러시아 아카데미 법과대학에서 법학석사를 하고, 러시아 과학원의 '국가와 법 연구소' 박사과정에서 공부했다. 2006년 2월 외국인으로는 처음으로 모스크바시 변호사시험에 합격해 모스크바에서 한국 기업 등을 상대로 자문해오다가 로고스가 모스크바 사무소를 열면서 초대 사무소장을 맡았다.

이들 외국변호사들의 로펌에서의 역할은 국내 법정에 나설 수 없는 점을 빼면 기업자문 업무에 종사하고 있는 국내변호사들의 그것과 크게 다르지 않다. 외국법에 대한 자문은 물론 외국 클라이언트를 위해 직접 협상장에 나가 계약조건을 체크하고, 딜(deal)을 성사시킨다. 외국 기업 등이 관련된 섭외사건에서의 의사소통 중개도 빼놓을 수 없는 이들의 역할로, 영문계약서 등의 작성과 통·번역도 이들의 손을 거쳐 마무리되는 경우가 많다.

"조연배우쯤으로 이해해 달라"는 롤프선 변호사의 주문처럼 대개는 보조적인 경우가 많다. 혼자 보다는 한국변호사들과 팀을 이뤄 함께 국제적인 딜에 참여한다.

그러나 94년 봄 세종에 합류한 강성룡 변호사나 92년 11월부터 김&장에서 활약하고 있는 정화수 변호사쯤 되면 업무처리에서 상당한 역할을 하고 있는 것으로 알려져 있다. 또 고객들의 외국변호사에 대한 신뢰도 상당하다고 한다. 김&장의 외국

변호사 팀장쯤에 해당하는 제프리 존즈(Jeffrey D. Jones) 미국변호사는 주한미국상공회의소(AMCHAM) 의장을 역임할 만큼 왕성하게 사회활동을 하고 있는 것으로 유명하다.

보수와 대우 역시 사람마다 다르지만, 같은 연차의 한국변호사에 버금가는 수준으로 알려져 있다. 로펌에 따라선 아파트를 마련해 주거나 전세금을 지원하기도 한다. 또 1년에 한 두 번은 고국에 다녀올 수 있도록 한국변호사에 비해 상대적으로 많은 휴가 일수를 보장하는 곳도 있다. 왕복항공권 제공 등 혜택도 적지 않다. 모 로펌에선 한국어가 서툰 외국변호사들을 위해 회사가 강사를 초빙해 1주일에 한, 두 차례 한국어 강좌를 열기도 했다.

이런 이유 때문인지 국내 로펌에 대한 외국변호사들의 선호도는 상당한 것으로 파악되고 있다. 로펌의 한 변호사는 "입사를 희망하는 외국변호사가 팩스로 보내오는 자기소개서가 하루에 여러 장씩 쌓일 정도로 한국 로펌이 외국변호사들에게 인기가 높다"고 귀띔했다. 이들은 전 세계 변호사들의 명부인 '마틴데일 허블(Martindale Hubbell)'을 뒤져 한국 로펌에 직접 이력서를 보내거나, 아는 변호사의 소개 등 연줄로 한국행 항공기에 몸을 싣는 게 보통이다.

Ⅲ 역사(History)

1. 국제 변호사 1호 김흥한 변호사
2. 중앙국제와 김·신·유
3. 김&장의 출범
4. 이어지는 창업 열기
5. 차세대 로펌의 등장
6. 법률백화점과 전문점
7. 주식회사 한국의 경제 이면사
8. IMF 특수
9. 국제변호사냐 기업변호사냐

1. 국제변호사 1호 김흥한 변호사

약간의 이론이 있지만, 우리나라 국제변호사의 족보는 50년 전 '이태영·김흥한 법률사무소'를 열어 외국인을 상대로 법률서비스를 제공하기 시작한 김흥한 변호사에까지 거슬러 올라간다. 이 무렵 한 모 변호사가 일본 관련 사건을 처리하고, 최 모 변호사가 유공 일을 많이 했다지만, 미국식의 법률사무소를 지향하며 본격적인 국제변호사를 꿈꾼 사람은 김흥한 변호사가 처음이었다고 할 수 있다.

서울지법 판사로 있던 김 변호사가 휴직계를 내고 미국 유학에 오른 것은 휴전 얘기가 한창 오가던 1953년 7월. 김 변호사의 회고에 따르면, 판사로 있으면서 당시 국회의원이었던 정일형 박사의 비서 격으로 심부름을 적지 않게 해 왔는데 정 박사가 장학금을 주선해 주며 미국 유학을 권해 6.25가 끝나기 얼마 전 미국행 화물선에 몸을 싣게 되었다고 한다.

"정 박사가 '너는 머리도 좋고 판사 자격도 가지고 있으니 미국에 가서 공부하면 큰 도움이 될 것'이라며 미국의 어떤 문화재단을 연결해 주었지요. 그러나 1년간 장학금을 받은 이후로는 아르바이트를 해 학비를 직접 벌어가며 학교를 다녔습니다."

물론 미국으로 떠나는 김 변호사에게 국제변호사가 돼 로펌식의 법률사무소를 운영해야겠다는 구체적인 목적이 있었던 것은 아니었다.

"단지 국제법을 공부하고 싶다는 막연한 생각뿐이었습니다. 보다 더 넓은 세계에 나가 견문을 넓혀야겠다는 당시 미국 유학파들의 생각과 크게 다를 게 없었지요."

미국에 도착해 휴전 소식을 들은 김 변호사가 처음 적을 둔 곳은 워싱턴에 있는 아메리카 대학의 학부과정 서머 스쿨(Summer School). 이곳에서 국제관계론을 공부하다가 곧 조지 워싱턴대 로스쿨로 옮겨 비교법학석사(M.C.L.)·법학석사(LL.M.)학위를 받았다. 이어 박사학위 취득에 필요한 학점까지 이수했으나, 학위 취득은 외국인이라는 이유로 신청 자체가 봉쇄됐다. 미국변호사 시험을 보아 미국변호사가 되는 것도 허락되지 않았다. 더 이상 공부해 보았자 박사학위를 딸 수도, 미국변호사가 될 수도 없다는 동양인으로서의 한계를 느낀 김 변호사는 미국 땅을 밟은 지 4년 10개월 만인 58년 5월 유학을 중단하고 귀국을 결심한다.

"돌아가면 변호사를 해야겠다고 마음먹었습니다. 판사로 되돌아갈 수도 있었고, 대학에 가서 교수를 할 수도 있었지만 경제적인 문제 등을 고려해 변호사를 할 생각이었습니다. 결혼도 해야 하고 자식도 키워야 하는데 당시 20달러 정도에 불과했던 판사 월급으론 어림도 없었지요. 대학교수도 봉급이 적었습니다."

그러나 변호사를 해야겠다고 생각했을 뿐 국제변호사가 되리라곤 전혀 예상도 못했다고 김 변호사는 회고했다.

"미국법·국제법을 좀 공부하긴 했지만 국제변호사로 활동하리라곤 꿈에도 생각하지 못했습니다. 다만, 미국법에 대해 어느 정도 안다는 지적인 만족감은 대단했지요."

귀국 후 서너 달이 지난 58년 후반 김 변호사는 이태영 변호사와 함께 서울 광화문에 변호사 사무실을 내고 미국식 법률사무소를 흉내 내 '이&김'이란 영어 간판을 내걸었다. '이&김'의 나중 이름이라고 할 수 있는 법무법인 김·장·리 관계자는 "정확하게는 58년 9월 8일 '이&김'이 시작됐다"며, "이 날을 창립 기념일로 삼아 매년 기념해 오고 있다"고 말했다.

최초의 여성변호사이자 한국가정법률상담소를 창설, 여성들에 대한 법률상담과 구조활동을 펴 온 이태영 변호사는 나중에 김 변호사의 장모가 되기도 했지만, 국제변호사 사무실 설립에도 관여했다. 여기에다 김 변호사에게 미국 유학을 알선한 사람도 이태영 변호사의 부군(夫君)인 정일형 박사이고 보면 한국 로펌 업계의 태동에는 정일형·이태영 두 원로의 역할이 알게 모르게 스며 있는 셈이다.

이후 '이&김'은 5.16 직후 장대영 변호사가 합류하면서 고시 합격 순서대로 성을 따 '김·장·리'로 이름을 바꾸었는데, 이후 국내 최초의 로펌으로 발전했다. 창립 멤버라고 할 수 있는 세 사람 모두 지금은 고인이 됐다.

5.16때의 일화 하나.

김 변호사는 민주당 정권 시절 장면 총리의 비서실 일을 맡아보고 있었다. 5.16이 일어나 '잡혀 가겠구나' 하고 걱정하며 집에 있는데, 아무도 붙잡으러 오지 않아 '괜찮은가 보다' 하고 변호사 일을 다시 시작했다고 김 변호사가 생전에 술회한 적이 있다.

5.16은 오히려 김 변호사가 국제변호사로 이름을 날리는 발전적인 계기가 됐다. 군사정부가 경제개방 정책을 취하면서 외국인들의 국내 투자가 쏟아져 들어오게 되자 유창한 영어실력에 미국법과 국제법에 능통한 김 변호사 사무실이 물고기가 물을 만난 듯 바빠지기 시작한 것이다.

"미국 사람들은 사업할 때 먼저 변호사부터 찾습니다. 영어가 되는 사람, 미국법·미국 제도를 아는 변호사를 구하는데 제 이름밖에 안 나오니 제 사무실로 사건이 쏟아질 수밖에요. 나한테 오고 싶어서 왔다기보다도 달리 선택할 곳이 없었다고 봐야지요."

김 변호사는 "시간은 한정돼 있는데 상담하겠다고 기다리는 사람이 많아 그야말로 화장실 갈 시간, 밥 먹을 시간도 없이 바쁘게 일했다"며, "상담을 해주고도 시간으로 환산해 상담료를 청구할 시간이 없어 차일피일 미루다가 끝내 돈을 받지 못한 경우도 허다했다"고 당시를 회상했다.

걸프 오일을 시작으로 수많은 다국적기업과 은행들이 김 변호사의 사무실 문을 두드렸다. 김 변호사의 동서이자 71년 김·장·리에 합류해 현재 대표로 활약하고 있는 김의재 변호사는

"70년대까지만 해도 미국의 '포춘(Fortune) 500'에 드는 거의 모든 기업을 고객으로 확보하고 있었다고 해도 과언이 아니다"며 한창 잘 나가던 시절의 김·장·리를 소개했다.

또 최초의 국제변호사 사무실이었던 만큼 많은 후배 변호사들이 김흥한 변호사의 사무실을 거쳐 국제변호사로 성장했다. 황주명 대표변호사 이하 법무법인 충정의 많은 변호사들이 한 동안 김·장·리에서 한솥밥을 먹었다. 한미합동법률사무소에서 활동하다가 독립한 박경재 변호사와 국회의원인 진영 변호사, 김&장의 주성민 변호사 등도 김·장·리에서 일한 적이 있다.

김·장·리는 얼마 전 법무법인 평산과 합병을 선언, 법무법인 양헌(良軒)으로 다시 태어난다.

김흥한 변호사는 대법관과 검찰총장을 지낸 김익진 씨의 아들로, 서울법대 학장을 지낸 한국 민법학계의 태두(泰斗) 김증한 교수가 그의 친형이다. 김·장·리의 대표인 김의재 변호사는 동서, 공동대표인 최경준 변호사가 김흥한 변호사의 사위인 법조인 가족이다.

(사진 왼쪽 위부터 시계방향으로, 이하 같음) 국제변호사 1호인 김흥한 변호사와 김진억, 임동진, 황주명 변호사. 김흥한 변호사는 1958년 이태영 변호사와 함께 '이&김'을 열어 로펌 형태의 법률사무소를 우리나라에 처음 도입했다. 두 사람 다 지금은 고인이 됐다. 김진억 변호사는 67년 국내 두번째 로펌인 김·신·유를 설립했다. 또 임동진 변호사와 황주명 변호사는 80년 함께 남산합동법률사무소를 설립했다. 황 변호사는 이어 '이&김'의 후신인 김·장·리에 합류해 매니징 파트너로 활약하다가 93년 법무법인 충정을 설립했다.

김&장의 지휘부를 이루고 있는 김영무, 이재후, 정계성, 장수길 변호사. 설립자인 김영무 변호사는 한국인 최초로 미국변호사가 된 주인공이다. 사시 합격 후 하버드 로스쿨에서 J.D.를 했다. 장 변호사는 김 변호사와 서울대 법대 동기로, 장 변호사의 합류로 김&장이라는 상호가 탄생했다. 79년 합류한 이재후 변호사는 대외적으로 김&장을 대표하는 일을 많이 한다. 76년 김&장에 입사한 정계성 변호사는 연수원 출신으로 로펌변호사가 된 사실상 최초의 변호사로 알려져 있다.

이태희, 신영무, 김두식, 김병재 변호사. 이태희 변호사는 79년 법무법인 광장의 전신인 한미합동법률사무소를 열었다. 하버드 로스쿨 J.D. 출신으로, 2001년 구 광장과 합쳐 현재의 광장을 출범시켰다. 구 광장 출신인 김병재 변호사 등과 함께 합병 로펌을 이끌고 있다. 김두식 변호사와 함께 83년 법무법인 세종을 설립한 신영무 변호사는 예일대 증권법 박사 출신이다. LL.M.을 하고 미국변호사가 된 최초의 한국변호사로도 유명하다. 많은 사람들이 LL.M.을 거쳐 미국변호사 자격을 취득하고 있다.

태평양을 설립한 김인섭 변호사와 태평양의 자문 분야를 이끌고 있는 이정훈 대표변호사, 법무법인 화백을 세워 우방과 합친 노경래 변호사, 우방의 설립자로 경쟁법 분야의 권위자인 윤호일 변호사. 김인섭 변호사는 해외유학을 하지 않은 순수 국내파 출신으로, 서울민사지법 부장판사를 끝으로 변호사가 돼 태평양을 이끌어 왔다. 얼마 전 일선에서 물러나 명예대표변호사로 있다. 화백-우방이 합쳐 탄생한 법무법인 화우는 2006년 1월 40년 전통의 김·신·유와 또 한 차례의 합병을 일궈냈다.

우창록, 윤세리, 최원현, 강훈 변호사. 윤세리 변호사 등과 함께 율촌을 출범시킨 우창록 변호사는 이른바 차세대 주자를 대표하는 변호사로 손꼽힌다. 율촌의 성공스토리는 로펌을 시작하는 젊은 변호사들에게 자주 벤치마킹의 대상으로 거론되고 있다. 92년부터 KCL을 이끌고 있는 최원현 변호사는 M&A 등 회사법의 전문가다. 잠시 판사로 근무한 후 유학길에 올라 콜롬비아 로스쿨 J.D.를 거쳐 미국변호사가 됐다. 청와대 법무비서관으로도 활약한 강훈 변호사는 98년 2월 바른의 설립을 주도한 주역 중 한 사람이다.

백현기, 송현웅, 김대희, 김진한 변호사. 차례대로 법무법인 로고스, 에버그린 법률사무소, 법무법인 대륙, 아주의 설립을 주도했다. 얼마 전 합병을 선언한 아주와 대륙은 해외 비즈니스가 활발하다. 합병 후 11개 나라 12곳에 해외사무소를 운영하게 된다. 로고스도 2008년 봄 모스크바 사무소를 여는 등 해외 시장 개척에 열을 올리고 있다. 에버그린은 법무법인 세종 출신들이 중심이 돼 설립한 중견 로펌으로, M&A, 부동산, 도산법 등의 분야에서 전문성을 자랑한다.

평산의 김수창, 김·장·리의 최경준, 지평지성의 강성, 양영태 변호사. 최경준 변호사는 국제변호사 1호인 김흥한 변호사의 사위로, 뉴욕주와 캘리포니아주 등 미국 5개주의 변호사 자격을 갖추고 있다. 얼마 전 금융전문인 평산을 이끌고 있는 김수창 변호사와 두 로펌의 합병을 성사시켰다. 지평지성의 양영태, 강성 변호사는 각각 지평과 지성의 설립을 주도했다. 2008년 5월 지평과 지성의 전격적인 합병을 성사시켜 화제가 됐다.

조영길, 박승문, 최영익, 박종백 변호사. 모두 일종의 부티크를 세워 발전을 거듭하고 있는 로펌업계의 새 주자들이다. 차례대로 I&S 법률사무소, 법무법인 다래, 우일, 세화를 이끌고 있다. I&S는 노동 분야에서 탁월한 전문성을 자랑한다. 다래는 특허 전문으로 유명하다. 우일은 벤처 자문으로 시작해 대기업 등 일반 기업자문 분야에서 맹활약하고 있다. 세화는 국경을 넘나드는 Cross-border 거래에서 두각을 나타내고 있다.

2. 중앙국제와 김·신·유

　1958년 김흥한 변호사가 국내 최초로 로펌을 열어 국제변호사 일을 시작하자 곧이어 두번째, 세번째 로펌이 잇따라 문을 열고 시장에 뛰어들었다. 무슨 일이든 처음 시작하는 게 어려운 법이다.

　먼저 이병호 변호사가 뒤를 이었다. 62년 미국 남감리교대(Southern Methodist University, SMU) 유학에서 돌아와 서울 광화문에서 개인변호사 사무실을 낸 데 이어 68년 김창규 변리사와 함께 서울 서소문의 대한일보 빌딩에서 중앙국제법률사무소를 열었다.

　비슷한 무렵 나중에 김·신·유로 발전한 김진억 변호사의 국제변호사 사무실도 업무를 시작했다. 이병호 변호사가 중앙국제 간판을 올리기 1년 전쯤이다.

　국내 최대 로펌으로 발전한 김&장 법률사무소가 문을 연 때는 이보다 6년 뒤인 73년 1월. 김&장이 문을 연 지 4년 뒤인 77년 12월엔 법무법인 광장의 전신인 한미합동법률사무소가 이태희 변호사에 의해 설립됐다.

　이렇게 해서 70년대 후반까지 기업 및 국제법무 서비스를 수행하는 모두 5개의 로펌이 둥지를 틀었다. 수는 얼마 안 되지만, 김흥한 변호사가 국제변호사 일을 시작한 지 약 20년이 흐르며 로펌 업계가 기반을 갖추기 시작한 것이다.

이 중에서 중앙국제는 특허분야에 특화한 특허전문 법률사무소로 출발한 게 특징이었다. 요즘으로 치면 일종의 전문 법률사무소, 부티크로 시작한 셈이다. 80년대 후반까지만 해도 특허 등 지적재산권 분야를 기반으로 국내 로펌 업계에서 이름을 날린 굴지의 법률회사였다. 한국의 주요 로펌과 특허법률사무소 등에서 활약하고 있는 특허전문 변호사와 내로라 하는 변리사의 상당수가 한때 중앙국제에 몸담은 적이 있다는 사실이 중앙국제의 화려했던 과거를 말해준다.

이병호 변호사가 61년 SMU로 유학갈 때의 얘기다.

서울민사지법 판사였던 그는 미 대사관에서 실시한 유학생 선발시험에 수석합격했다. 본격적으로 유학을 준비 중이었는데, 출국을 열흘 앞두고 5.16이 터져 판사들에게 유학을 가지 말라는 금지지시가 내려졌다. 이 변호사는 이에 아랑곳하지 않고 그대로 유학길에 올랐으나, 결국 이것이 문제돼 판사직을 사임하게 됐다고 한다. 서울대 정치학과 출신으로, 92년 14대 대통령 선거와 97년 서울시장 선거에 출마하는 등 정치에도 관심이 컸던 그의 강단을 보여주는 대목이다.

이 변호사는 그러나 중앙국제가 특허전문 로펌으로 성장하는 데 5.16의 덕을 톡톡히 보았다. 이 무렵 본격화된 정부의 수출 드라이브 정책이 중앙국제의 발전과 맞아 떨어진 것이다. 외국의 기술과 자본이 유입되면서 특허·상표의 출원, 라이센스 계약, 특허 관련 소송의 의뢰 등 많은 사건이 중앙국제에 쏟아져 들어왔다. 74년엔 우리 정부와 일본이 특허 등 보호조약을 맺으면서 특허 관련 법률수요가 폭발적으로 증가해 또 한 번 도약의 계기가 됐다고 한다.

이런 배경을 등에 업고 중앙국제는 한때 직원이 350여명에 이를 만큼 전성기를 구가했다. 그러나 많은 변호사들이 떠나면서 지금은 국내외 변호사 10명 남짓한 중소 로펌 정도로 규모와 위상이 축소되고 말았다. 이름도 법무법인 중앙으로 바뀌었다. 약 30명에 이르는 상대적으로 많은 수의 변리사가 특허 분야에서의 저력을 이어가고 있다.

이병호 변호사에 이어 국내 로펌업계가 본격적으로 발전하는 데 기여한 사람으로는 김진억, 김영무, 이태희 변호사 등을 꼽을 수 있다. 이들이 미국 유학에서 돌아오면서 국내의 국제변호사 업무도 더욱 활기를 띠게 됐다. 김진억 변호사는 나중에 화우와 합친 김·신·유를, 김영무 변호사는 김&장 법률사무소를 세웠다. 이태희 변호사는 법무법인 광장의 전신인 한미합동법률사무소를 설립했다.

이들 3명은 특히 미국식의 로펌 또는 국제변호사 사무실을 염두에 두고 유학길에 올라 귀국 후 곧바로 국제변호사 일을 시작했다는 점에서 김흥한 변호사 등의 경우와 구별된다. 유학을 떠난 시기도 박정희 전 대통령이 정권을 잡아 경제개발에 본격 나서면서 국제변호사 일감이 쏟아지기 시작한 60년대 중반 이후다.

고시 사법과 10회 출신인 김진억 변호사가 4년 반 동안의 판사직을 그만두고 미국 유학에 나선 것은 65년. 당시 서울대 법대 학장인 유기천 교수가 사법연수원의 전신인 사법대학원 교수 요원을 판사 중에서 뽑아 유학을 주선했는데 여기에 김 변호사가 뽑혀 태평양을 건너게 되었다.

김흥한 변호사가 나중에 장인이 된 정일형 박사의 도움으로 미국 유학에 나섰다면 김진억 변호사의 변신엔 서울대 총장을 지낸 세계적인 형법학자 유기천 교수의 배려가 있었던 셈이다. 판사직을 사퇴한 김 변호사는 풀브라이트 장학금을 받고 도미(渡美), 미시건대 로스쿨을 1년 다녀 법학석사(LL.M.)학위를 땄다. 그러나 미국변호사 자격은 생각할 수 없었다. 이때까지도 LL.M.만으로는 외국인에게 미국변호사 시험이 개방되지 않았기 때문이다.

한국인이 J.D.가 아닌 LL.M.을 거쳐 미국변호사 자격을 취득하기는 예일대 법대에 유학해 80년 뉴욕주 변호사 자격을 딴 신영무 변호사가 처음이다. 이후 LL.M.만 있어도 뉴욕주 등의 변호사시험에 응시할 수 있어 많은 사람들이 LL.M.을 거쳐 미 변호사 자격을 취득하고 있다.

김진억 변호사는 LL.M.을 따자 곧바로 귀국해 사법대학원에서 6개월쯤 교수로 재직했다. 그러다가 사법대학원이 사법연수원으로 바뀌며, 소속도 서울대에서 대법원으로 바뀌게 되자 교수직을 사퇴하고 본격적으로 국제변호사 일을 시작했다. 이때가 67년 10월이다.

　중요한 것은 김진억 변호사가 김홍한 변호사와 달리 도미 전부터 나중에 변호사를 하게 되면, 국제변호사 사무실을 운영해야겠다고 막연하지만 어느 정도 방향을 잡고 있었다는 점이다. 김진억 변호사는 "미국에 가기 전에 이미 국제변호사로 왕성한 활동을 하고 있는 김홍한 변호사의 영향을 많이 받았다"며, "판사를 그만두고 유학길에 오를 때의 원래 목적은 교수였지만, 국제변호사를 해야겠다는 생각이 마음 한구석에 자리잡고 있었다"고 술회했다.

　일은 처음부터 쏟아져 들어왔다. 여전히 외국 관련 일감에 비해 국제변호사가 턱없이 모자랄 때라 김홍한 변호사가 혼자 할 때 못지않게 바빴다고 김진억 변호사가 회고했다.

　"외국 회사를 대리할 만한 곳이 김홍한 변호사와 저밖에 없었으니 사건이 몰릴 수밖에요. 이해관계 충돌(Conflict of Interests) 때문에 김 변호사가 못하는 것을 제가 하고, 제가 못하는 것을 김 변호사가 하는 식으로 시장을 나누어 과점했다고 할까요."

　첫 고객은 '뱅크 오브 아메리카(Bank of America, BOA)'. 이미 체이스 맨해턴 은행을 대리하고 있는 김·장·리가 BOA까지 맡을 경우 두 은행 사이에 이해관계가 충돌하게 돼 교통정리를 이룬 결과임은 말할 것도 없다.

　이어 김홍한 변호사 못지않게 많은 외국계 은행과 회사들이 그를 통해 국내시장의 문을 두드렸다. 특히 유럽계 회사들을 고객 기업으로 많이 확보하고 있었던 게 김·신·유의 강점이었다.

김·신·유를 얘기하면서 빼놓을 수 없는 사람이 있다. 회사 이름에 성이 들어가는 네임 파트너(name partner)로 활약했던 신웅식 변호사다.

사법시험 3회 출신으로, 예일대 법학박사(S.J.D.)이기도 한 신 변호사는 특히 70년대 이후 국내 건설업체들의 중동건설 붐이 일었을 때 중동 현지에 직접 사무소를 내고 법률사무를 본 것으로 유명하다. 91년 김·신·유를 나와 독립한 그는 중국법·북한법을 연구하며 이 지역에의 투자전문가로도 이름을 날렸다.

또 한 명의 네임 파트너인 유록상 변호사는 70년 사법대학원을 마치자마자 김진억 변호사와 합류했다. 김·신·유의 '유'가 그를 가리킨다. 그는 보험·해상 분야의 손꼽히는 전문가다.

김·신·유는 2006년 1월 법무법인 화우와 합쳤다. 외국 기업들을 겨냥한 'YOON YANG KIM SHIN & YU'라는 화우의 영어식 이름에 김·신·유의 이름이 남아있다. 김진억, 유록상 변호사는 화우의 고문변호사로 활동하고 있다.

3. 김&장의 출범

　1973년 초 한국인 최초의 하버드 로스쿨 J.D. 출신인 김영무 변호사가 서울 광화문의 구세군빌딩에서 법률사무소를 열었다. 국내는 물론 동양 최고의 로펌으로 손꼽히는 김&장의 역사가 시작된 것이다. 물론 기업 및 국제 관련 일을 많이 다루는 국제변호사 사무실이었다.

　이후 김&장은 늘 업계의 뜨거운 관심을 받았다. 내로라 하는 변호사들이 속속 합류하며 막 형성되기 시작한 국내 로펌업계에 돌풍을 일으켰다. 또 영,미 대형 로펌들의 공통된 경영철학이라고 할 수 있는 '대형화와 전문화'를 기치로 내걸고, 꾸준히 경쟁력을 높여가고 있다. 설립된 지 얼마 안 가 김·장·리, 김·신·유를 따라잡은 데 이어 국내 최대, 최고의 로펌으로 발전을 거듭하고 있다.

　서울대 법대를 졸업하던 해인 1964년 제2회 사법시험에 합격한 김영무 변호사는 사법연수원의 전신인 사법대학원을 마치자마자 곧바로 미국 유학길에 올랐다. 미 시카고 대 로스쿨에서 비교법학석사(M.C.L.)를 한 데 이어 하버드대 로스쿨로 옮겨 미국인 학생들과 똑같이 J.D.과정을 마쳤다. 이어 일리노이주

변호사가 돼 1970년 서울로 돌아온 그는 군법무관 근무를 마친 73년 김&장을 세웠다.

김 변호사가 처음 사무소를 열었을 때의 이름은 '변호사 김영무 법률사무소'. 그러나 이 이름은 오래가지 않았다. 그 해 말 판사 출신의 장수길 변호사가 합류하면서 김&장이란 이름이 만들어졌다.

장 변호사는 고등고시 사법과 16회에 최연소 합격한 수재로, 김영무 변호사와는 서울대 법대 동기 사이다. 한 사람은 법관이 돼 서울민, 형사지법의 판사를 역임하고, 또 한 사람은 국제변호사가 돼 미국식 로펌을 함께 만들어 보자고 서로 의기투합한 것이다. 두 사람은 이후 36년째 김&장을 함께 이끌어 오고 있다.

김 변호사는 또 김&장을 설립하기 전 베이커 & 매켄지(Baker & Mckenzie) 일본사무소에서 국제변호사로 근무하며 경력을 쌓았다. 베이커 & 매켄지 일본사무소로 떠나기 앞서 잠시 김진억 변호사와 함께 일한 적도 있다. 김진억 변호사 사무실에 신웅식, 유록상 변호사가 합류하기 전으로, 이 때 김·신·유는 '김&김'으로 불리기도 했다.

이승만 대통령의 주치의로 유명했던 김승현 박사가 김영무 변호사의 부친이며, 바이올리니스트 김영욱씨는 김 변호사의 동생이다. 김승현 박사는 '재동 김내과'를 운영했다.

김영무 변호사가 김&장을 설립하면서 74년 하버드대에서 J.D.를 한 이태희 변호사에게 함께 파트너십을 구성하자며 빠른 귀국을 요청했다는 일화도 전해지고 있다. 당시만 해도 미국법, 국제법을 공부한 국제변호사가 몇 안 되던 시절로, 선발주자들 사이에 동업 등을 모색하는 여러 제의가 오고 갔던 게 사실이다.

판사 출신으로, 대한항공을 설립한 고(故) 조중훈 전 한진그룹 회장의 사위인 이태희 변호사는 76년 캘리포니아주 변호사가 돼 돌아왔다. 77년 서울 소공동의 KAL빌딩에서 법무법인 광장의 모태가 된 한미합동법률사무소를 열었다.

김&장의 네임 파트너가 된 장수길 변호사가 김&장에 합류하게 된 것과 관련해서도 사연이 없지 않다. 장 변호사에 이어 76년 김&장에 입사한 정계성 변호사와도 연관된 얘기다.

10월 유신 직전인 71년 봄으로 거슬러 올라간다. 당시 장 변호사는 서울형사지법 판사로 있었다. 서울법대 3학년생이었던 정 변호사가 동료 대학생들과 함께 3선개헌과 10월유신에 반대하며 신민당사에 들어가 농성을 벌인 이른바 '신민당사 농성사건'에 연루돼 구속기소되자 장 변호사가 주심을 맡게 됐다. 장 변호사는 정 변호사 등 대학생 10명 전원에게 무죄판결을 내렸다. 그러나 이 일로 박정희 정권의 미움을 사 72년에 있은 법관 재임용에서 탈락하자 김&장에 합류하게 된 것이다.

정 변호사는 제16회 사법시험에 차석합격한데 이어 연수원을 수석으로 마쳤다. 장 변호사가 김&장의 일원이 된 지 3년이 지난 76년 김&장에 입사하면서 장 변호사와 한솥밥을 먹게 됐다.

정 변호사는 "시위전력 등으로 판, 검사 임관이 어려운 상황이라 당시 서울민사지법 부장판사였던 김용준 전 헌법재판소장 등 평소 알고 지냈던 분들을 찾아다니며 자문을 구했다"며, "여러분이 김&장을 추천해 주심판사와 피고인으로 만났던 장 변호사를 직장 선배로 모시게 되었다"고 김&장 입사 당시를 회고한 적이 있다.

그러나 장 변호사에 이어 김&장에 세 번째로 입사한 변호사가 된 정 변호사의 합류는 의미가 작지 않았다. 정 변호사가 김&장을 선택하는 것을 본 여러 후배들이 "정 선배가 가는 곳이라면 어디든지 따라 가겠다"며, 김&장으로 몰려들었기 때문이다. 우수한 성적으로 연수원을 마친 젊은 변호사들이 잇따라 합류하며 김&장은 본격적인 성장의 발판을 마련했다.

이어 연수원 출신 변호사들의 로펌 입사가 다른 로펌으로도 확산되며, 한국 로펌업계가 본격적으로 형성되기 시작했다는 게 정설이다. 정계성 변호사는 연수원을 마치고 곧바로 로펌에 입사한 사실상 최초의 변호사로 알려져 있다.

소속 변호사들을 상대로 외국 연수프로그램을 개발한 것도 김&장이 처음이라는 게 업계 관계자들의 중론이다. 이어 다른 로펌들도 비슷한 조건의 외국 연수제도를 도입하며, 연수원 출신 변호사들의 해외 유학이 러시를 이루었다.

지금은 미국 로스쿨에서 LL.M.을 딴 후 미국변호사 시험을 거쳐 현지 로펌에서 6개월 정도 실무를 익히고 돌아오는 게 하나의 공식으로 굳어졌다. 초기 로펌의 설립자들이 먼저 외국 유학을 통해 국제법을 공부하고 창업에 나선 데 비해 이들 연수원 출신 변호사들은 얼마간 일을 배운 후 유학길에 올라 국제변호사로서의 경쟁력을 높이는 정반대의 과정을 밟고 있는 것이다. 이같은 인센티브 등을 통해 연수원 출신 변호사들의 로펌행이 더욱 가속화됐음은 물론이다.

재미있는 것은 인재들이 모여들며 상당한 맨파워를 구축하게 된 김&장이 80년 전후 선두주자로 한창 잘나가고 있던 김 · 장 · 리와 진지하게 합병을 꾀했었다는 사실이다. 김&장의 김영무 변호사가 김흥한 변호사에게 여러차례 합병을 적극 제의했다는 얘기가 전해지고 있다. 이와 관련, 업계 사정에 밝은 한 변호사는 "당시 김 · 장 · 리는 좋은 고객이 많은 반면 일손이 달리는 형편이었고, 김&장은 우수한 인력에 비해 일감이 모자라 합병을 하면 서로 부족한 점을 보완할 수 있는 이점이 있었다"고 두 로펌이 합병을 추진한 배경을 설명했다.

김흥한, 김영무 두 변호사가 꽤 진지하게 합병을 거론했으나, 김 · 장 · 리의 다른 변호사들이 선뜻 응하지 않아 합병은 더 이상 진전되지 못했다는 후문이다. 이후 두 로펌은 치열한 선두 다툼에 나서게 된다.

요컨대 5.16 이후 60년대에 김 · 장 · 리와 중앙국제, 김 · 신 · 유를 통해 국제변호사 업무가 국내에 처음 소개되었다면, 70년대 들어 김&장이 설립되며 로펌 형태의 법률사무소가 본격 형성되기 시작되었다고 할 수 있다. 김&장의 출범은 이런 점에서도 의미가 작지 않다.

4. 이어지는 창업 열기

80년대에 들어서자 로펌의 설립이 줄을 이었다.

그 이전에 설립된 김·장·리, 중앙국제, 김·신·유, 김&장, 한미에 이어 법무법인 남산·세종·태평양·동서·우방 등이 창업의 깃발을 높이 들었다.

경제가 발달하면서 국제변호사 일감은 급속도로 늘어나는 데 비해 이를 맡아 처리할 로펌과 로펌변호사는 턱없이 모자라는 공급부족 현상이 계속되면서 앞서거니 뒤서거니 창업의 대열이 이어졌다. 로펌의 수가 늘어나며 로펌업계가 발전의 기틀을 마련하게 되었으며, 로펌간 수임경쟁이 본격화된 것도 이 무렵부터라고 할 수 있다.

법무법인 남산은 1980년에 서울민사지법 판사 출신의 임동진 변호사가 주축이 돼 설립된 로펌이다. 28년이 지난 지금도 전체 변호사가 14명 남짓한 중소로펌의 규모이지만, 황주명, 신영무, 김평우 변호사 등이 한때 남산에 몸담았을 만큼 설립 초기 주목을 받았다. 대법원 재판연구관을 거쳐 대우그룹에서 상무이사로 활약하기도 한 황 변호사는 김·장·리에 합류했다가 법무법인 충정을 세워 독립했다. 신영무 변호사는 세종을 설립했다.

로펌 업계 전체로 보아 일곱 번째로 창업의 주춧돌을 놓은 신영무 변호사는 풀브라이트 장학금을 받아 미 예일대에 유학했다. 그가 2년간의 판사직을 그만두고 미국 유학의 뜻을 세운 배경은 '공부를 더해 견문을 넓혀야겠다'며 태평양을 건넌 그 이전의 선배들과 크게 다르지 않았다고 한다. 다만, 군법무관 시절 김·신·유에서 아르바이트를 한 적이 있는데다가 판사를 사임하고, 75년 7월 예일대로 떠날 때까지 김&장에서 잠시 일을 거들기도 했던 그의 마음속엔 이미 국제변호사의 꿈이 자라고 있었다. 예일대에서 증권법으로 박사학위(S.J.D.)를 받고 미국변호사가 돼 80년 가을 귀국한 그가 국제변호사로서의 성공을 꿈꾼 것은 당연한 선택이었다고 할 수 있다. 기존의 로펌에 들어가느냐, 아니면 혼자 창업의 길을 걷느냐의 문제만 남아 있었다.

신 변호사는 김&장, 김·장·리 등 기존 로펌 등으로부터 경쟁적으로 함께 일하자는 권유를 받기도 했으나, 임동진 변호사가 주도한 남산합동법률사무소에서 변호사 생활을 시작했다. 이후 함께 남산합동을 구성했던 황주명 변호사가 김·장·리에 합류하면서 임동진 변호사와 함께 임&신을 구성한 데 이어 하버드에서 돌아온 김평우 변호사가 합류하자 이번엔 임·신&김으로 사무실을 넓히기도 했다. 당시만 해도 로펌 업계가 아직 성숙되기 이전의 초창기 단계로, 변호사들 사이의 이합집산이 반복됐다.

신 변호사는 83년 3월 서울 광화문의 교보빌딩에서 서울고,

서울법대 후배인 김두식 변호사와 함께 신&김이란 간판을 내걸고 독립했다. 이 때 신 변호사의 손위 동서가 되는 최승민 변호사도 함께 참여했다. 세종로에 사무실이 있어 우리식 이름은 세종합동법률사무소로 정했다. 97년 8월부터 법무법인 세종으로 조직과 이름을 바꿔 발전을 계속하고 있다.

이어 86년 12월엔 서울민사지법 부장판사 출신의 김인섭 변호사가 태평양합동법률사무소를 설립했다. 법무법인 태평양의 전신이다. 창립멤버로는 법무부장관과 국가안전기획부장을 지낸 배명인 변호사와 서울지검 검사 출신으로 미 노틀담(Notre Dame)대에서 J.D.를 하고 미국변호사 자격을 갖춘 이정훈 변호사 등이 함께 했다. 영어식 이름은 이들 세 명의 성을 딴 '배, 김&리(BAE, KIM&LEE)'. 김 변호사 개인사무실에서 함께 일해 온 이재식, 황의인 변호사와 한미에서 태평양으로 말을 갈아탄 오용석 변호사 등도 가세해 창립 초기부터 맨파워가 막강했다.

특히 설립자인 김 변호사를 비롯한 대부분이 이미 왕성하게 변호사로 활동하고 있던 국내파들로, 일이 많아지면서 유학파를 영입하며 로펌을 지향한 게 특징이다. 우리 경제의 성장과 함께 기업법무의 수요가 급증하면서 국내파 법조인들에 의해 기업법무에 특화하는 법률회사가 자생적으로 등장했다고도 할 수 있는 대목이다. 태평양에선 '한국형 로펌'이란 독특한 개념으로 발전시키고 있다.

로펌 창업의 대열엔 부장판사 출신뿐만 아니라 행정부처의 고위 공무원 출신도 가세했다. 검사 출신으로 경제기획원과 청와대를 거쳐 국무총리실 경제담당 조정관을 지낸 김찬진 변호사가 87년 3월 동서종합법률사무소를 열고 국제변호사 업무를 표방했다.

동서는 김 변호사의 활약으로 포항제철 등 특히 정부투자기관에 관련된 일을 많이 처리하며 한때 꽤 이름을 날렸다. 약 10년 간 발전을 거듭했으나, 김 변호사가 정치에 관여하면서 김 변호사가 사무실을 나와 독립했다. 김 변호사는 지금 법무법인 바른의 고문변호사로 있다.

동서의 다른 변호사들은 박우동 전 대법관의 지휘 아래 법무법인 광장으로 재도약의 계기를 마련한 데 이어 나중에 법무법인 한미와 합쳤다.

또 세계 최대 규모의 로펌 중 한 곳인 베이커 & 매켄지(Baker & McKenzie) 뉴욕 및 시카고 사무소에서 파트너 변호사로 활약한 윤호일 변호사가 귀국, 89년 10월 세방종합법률사무소를 열었다. 한국인으로 영, 미 로펌의 파트너 변호사가 되기는 그가 처음으로 알려져 있다.

서울민사지법 판사로 있다가 유학길에 오른 윤 변호사는 미 노틀담 대 로스쿨에서 J.D.를 했다. 얼마 후 이름을 우방종합법무법인으로 바꾼 세방엔 특히 베이커 & 매켄지 출신이 많았다. B&M의 전세계 네트워크와 연계된 선진서비스를 강점으로 내세웠다. 2003년 2월 당시 송무 분야가 발달했던 법무법인 화백과 합쳐 지금의 화우로 재탄생했다.

5. 차세대 로펌의 등장

80년대에 이어진 로펌 창업 열기는 우방을 끝으로 일단 주춤했다. 그 대신 90년대 들어서는 중견 변호사들이 기존 로펌을 뛰쳐나와 소규모 로펌을 차리며 잇따라 독립하는 새로운 경향이 나타났다.

외국 유학이나 행정관료 또는 재야 변호사로서의 성공적인 경험을 기반으로 국제변호사 사무실을 열어 로펌을 추진한 게 아니라 기존의 로펌이 일종의 분열을 일으키며 소규모 로펌들이 가지를 치고 나온 것이다. 물론 이들 중견 변호사들의 독립도 부분적으로는 여전히 공급이 달리는 로펌 업계의 초과 수요가 있었기에 가능했다. 그만큼 업계는 여전히 사정이 좋았다.

독립 대열에 줄을 선 차세대 주자들은 기존 로펌에 있으면서 새로운 틈새시장을 발견했고, 남에게 뒤질세라 앞서거니 뒤서거니 새살림을 차리고 나섰다.

특히 특정분야에 관한 전문서비스에 특화해 부티크 펌(Boutique Firm · 전문 로펌)을 지향하고 나선 점이 이전에는 볼 수 없었던 새로운 시도로 눈길을 끌었다. 종합병원 · 대학병원쯤에 비유할 수 있는 기존 로펌에서 전문의로 활약하던 중진급 변호사들이 전문클리닉을 내고 독립한 것이다. 구체적으로는 ▲반덤핑 등 일반회사법 분야 ▲조세 ▲보험·해상 ▲기업 M&A ▲지적소유권 등 특정 분야에의 전문화를 내세웠다.

다만, 이들 또한 조직이 안정을 찾기 무섭게 외부 변호사를 속속 영입해 가며 기존 로펌과 마찬가지로 영역 확장에 나섰다. 진정한 의미의 부티크 펌은 90년대 후반에 가서야 그 가능성을 찾아보게 된다. 업계에선 90년대 들어 기존 로펌에 있다가 나와 독립한 이들 로펌들을 2세대 로펌, 차세대 로펌이라고 부르기도 한다.

가장 먼저 독립의 깃발을 높이 든 곳은 91년 4월 김&장 출신의 조문현, 임희택 변호사가 윤영각 미국변호사 등과 함께 설립한 삼정합동법률사무소다. 92년 우방에 있던 최원현, 동서의 한명환 변호사 등이 합류하면서 세를 불려나갔다. 삼정이 처음에 내세운 중점분야는 이들 초창기 멤버들의 전문분야라고 할 수 있는 일반회사·조세·반덤핑 등으로 요약된다.

조 변호사가 일반회사법 분야의 전문가이며, 임희택 변호사는 조세, 윤영각 변호사는 반덤핑 분야의 전문변호사로 이름이 높았다. 이후 김&장에서 활약하다가 특허법률사무소를 차리고 독립했던 지적재산권 전문의 김영철 변호사가 가세해 더욱 영역을 넓혔다.

그러나 이후 한, 두 차례 더 변화가 일어나며 조문현 변호사는 94년 9월 문을 연 율촌에 합류했다가 두우를 설립해 독립하고, 최원현, 임희택, 김영철 변호사가 중심이 된 삼정은 법무법인 KCL로 이름을 바꿔 발전을 거듭하고 있다. 윤영각 변호사는 삼정회계법인을 세우고 독립해 현재 삼정KPMG그룹 대표로 있다.

이 무렵 김·장·리에서 갈라져 나온 법무법인 충정의 설립도 주목할 사건이었다. 1993년 5월의 일이다. 그러나 충정의 설립은 김·장·리의 발전방향을 놓고 당시 경영권을 쥐고 있던 김홍한 변호사 등과 의견을 달리한 황주명 변호사 등 11명의 변호사가 별도의 로펌을 세워 독립한 측면이 강했다. 성격도 부티크펌이라기 보다는 일반 로펌으로 출발했다. 물론 충정이 처음에 자리를 잡는 데 황 변호사가 개척한 보험·해상분야 등이 적잖은 도움이 되었다. 충정은 이후 영역을 확대하며 10대 로펌 중 하나로 발전을 거듭하고 있다.

규모 6위의 국내 굴지의 로펌인 법무법인 율촌도 일종의 차세대 로펌으로 출발했다. 기존 로펌에서 경력을 쌓은 중견 변호사들이 한 데 모여 비약적인 발전을 이어왔다. 94년 9월 '법률가의 마을'이란 의미의 율촌(律村)이란 이름을 내 건 것부터 출발이 범상하지 않았다.

김&장에서 13년간 조세전문 변호사로 활약한 우창록 변호사를 시작으로, 마찬가지로 김&장 출신인 은창룡 변호사, 삼정 설립에 주도적인 역할을 했던 조문현 변호사, 나중에 제일국제특허로 합쳤다가 다시 제일광장 특허법률사무소가 된 아세아합동법률사무소 출신의 한봉희 변호사, 김&장 출신의 한만수, 강희철, 최정환 변호사 등이 잇따라 율촌으로 향하는 급행열차에 몸을 실었다.

　그러나 얼마 안 가 조문현, 은창용, 최정환 변호사 등은 97년 7월 두우합동법률사무소를 열어 독립했다. 율촌은 아예 법인을 구성하며 사무실을 서초동에서 대치동 섬유센터 빌딩으로 옮겨 재정비에 나섰다. 우창록, 한만수, 강희철, 한봉희 변호사 외에 우방을 탈퇴한 윤세리, 정영철 변호사와 김&장 출신의 한민 변호사가 법무법인 율촌의 초기멤버로 참여했다.

　한만수, 한민 변호사는 그 후 다시 김&장으로 되돌아갔다. 정영철 변호사도 얼마 전 연세대 교수로 자리를 옮기는 등 구성원에 변화가 없지 않으나, 율촌은 업계에서 가장 성공한 차세대 로펌 중 한 곳으로 평가받고 있다. 이미 메이저 로펌으로 성장해 기존의 로펌들과 함께 선두경쟁을 벌이고 있다.

6. 법률백화점과 전문점

보통 100명이 넘는 변호사가 포진하고 있는 대형 로펌들은 흔히 백화점에 비유된다. 분야별로 많게는 수십 명의 전문변호사들이 포진한 가운데 기업법무의 핵심 분야인 회사법과 금융을 중심으로 다양한 법률서비스를 제공하고 있다.

주요 로펌의 홈페이지엔 ▲기업 인수·합병(M&A) ▲정보통신 ▲공정거래 ▲노동 ▲지적재산권 ▲보험·해상 ▲환경 ▲국제무역 ▲전자상거래 ▲해외투자 ▲조세 ▲송무 ▲형사 등 수십 개의 업무분야가 길다랗게 이어지고 있다. 말 그대로 법률백화점이라고 해도 틀리지 않아 보인다.

그러나 변호사 업계엔 백화점만 있는 게 아니다. 일당백(一當百)의 전문변호사들로 팀을 꾸려 특정분야의 전문서비스를 제공하는 전문점들도 적지 않다. 통상 부티크(boutique)로 불리는 전문 로펌들이다. 대형 로펌보다 규모는 상대적으로 작지만, 높은 전문성과 발빠른 서비스를 내세워 대형 로펌에 도전장을 내밀고 있다.

인수금액만 3조 4000억원에 달했던 하이트맥주의 진로 인수 건은 2005년에 있었던 국내 M&A 중 가장 큰 딜로 꼽힌다. 하이트맥주는 산업은행 등 국내외 20개 금융기관으로부터 1조원의 돈을 빌려 인수자금을 조달했다. 법률자문을 제공한 곳은 금융 분야의 부티크로 유명한 법무법인 평산. 변호사 10여명의 비교적 작은 규모의 평산이 대주(貸主)쪽을 맡아 1조원의 인수금융(acquisition financing)을 성공적으로 마무리지었다.

평산은 2001년 3월 김수창 변호사가 설립했다. 법무법인 광장의 전신인 법무법인 한미에서 오랫동안 파트너 변호사로 활약한 그는 국내에서 몇 손가락 안에 드는 금융전문 변호사로 통한다. 2001년 한미가 광장과 합칠 때 합류하지 않고 한미를 나와 평산을 세우고 독립했다.

국내 최초의 민자유치사업인 인천신공항 제2연육교 사업에서도 금융 쪽을 맡아 활약한 평산은 홍콩의 법률잡지인 '아시아로(Asialaw)'가 분석한 국내 로펌 평가에서 선박금융(shipping) 분야 1위를 차지하는 등 금융전문 부티크로 발전을 거듭하고 있다. 평산은 얼마 전 법무법인 김·장·리와 합병을 선언, 법무법인 양헌(良軒)으로 다시 태어난다.

부티크는 김 변호사처럼 대형 로펌에서 전문변호사로 활약하던 중진급 변호사들이 기존의 로펌에서 나와 세운 곳이 많다. 종합병원·대학병원에서 활약하던 전문의가 전문클리닉을 내고 독립하는 비슷한 모습이 로펌업계에서도 시도되고 있는 것이다. 기존의 대형 로펌으로선 전혀 반길 일이 아니지만, 이런 핵분열을 통해 업계는 넓어지고 고객의 법률회사 선택의 폭은 더욱 확대되고 있다.

2006년 3월 컨테이너 화물을 잔뜩 싣고 홍해 부근을 항해하다가 화재가 발생한 현대 포춘호 폭발사건을 맡아 선주책임제한절차 개시결정을 이끌어 낸 법무법인 세경은 해상·보험·항공 분야가 텃밭이다. 1997년 1월 김&장 출신의 최종현 변호사와 법무법인 한미에서 활약한 김창준 변호사가 손을 맞잡고 창업의 깃발을 들었다. 두 사람 다 해상·보험 분야에서 잔뼈가 굵은 이 분야의 베테랑들로, 10년 넘게 한 우물만 파고 있다. 최종현 변호사는 얼마 전 연세대 법대 교수로 옮겨 세경엔 비상임 고문으로 이름을 올리고 있다.

또 2003년 2월 법무법인 세종 출신의 송현웅 변호사와 원태연 미국변호사 등 4명의 변호사로 출발한 에버그린 법률사무소는 회사법 전문으로 시작, 부동산, 도산법 등의 분야로 영역을 넓혀가고 있다. 변호사 수가 약 30명에 이를 만큼 빠른 속도로 성장하고 있다.

2006년 초 사외이사 선출방식을 놓고 맞붙은 KT&G의 경영권 분쟁에서 칼 아이칸은 에버그린이 맡고, KT&G는 에버그린 변호사들의 친정에 해당하는 세종이 대리하고 나서 세종과 세종 출신 변호사의 맞대결로 화제가 되기도 했다.

이외에 법무법인 한미와 김&장의 해상·보험파트에서 오랫동안 경력을 쌓은 서동희 변호사가 이끄는 해상·보험·항공 전문의 법무법인 정동국제와 6년 전 벤처기업에 대한 전문서비스를 표방하고 출범한 법무법인 우일, 조영길 변호사가 대표로 있는 노동전문의 I&S 법률사무소 등이 대형 로펌에서의 경험을 바탕으로 전문성을 더해 가고 있는 성공한 부티크들로 꼽힌다.

우일은 김&장 출신의 최영익 변호사가 설립했다. 서울 테헤란로에 벤처 붐이 한창 일었던 2000년 4월의 일로, 설립 당시의 이름은 IBC 법률사무소. 'IBC(Integrated Business Counsel)'란 통합된 기업법률서비스를 의미한다. 법무법인 우일과 합쳐 법무법인 우일IBC가 되었다가 최근 법무법인 우일로 이름을 바꿨다.

I&S 법률사무소는 IBC 보다 6개월 정도 뒤에 설립됐다. 최 변호사와 마찬가지로 김&장에서 경험을 쌓은 조영길 변호사가 주축이 돼 통합된 법률서비스를 내걸고 벤처기업, 중소기업을 파고 들었다. 특히 노동 분야의 전문성이 알려지며, 대기업의 노사 관련 자문을 많이 맡고 있다. 최근엔 노동은 물론 M&A와 전략소송, 기획소송 등의 분야로 영역을 넓히고 있다.

이에 비해 특허 전문으로 이름이 높은 법무법인 다래는 이들 로펌과는 달리 특허법원의 판사와 변리사들이 함께 법복을 벗고 나와 법률서비스를 시작한 경우다. 특허법원의 같은 재판부에서 좌, 우 배석판사를 지낸 박승문, 조용식 변호사와 특허법원 기술심리관과 특허심판원 심판관 등을 역임한 윤정열, 김정국 변리사가 주인공으로, 이쪽 업계에선 '특허 4인방'으로 잘 알려져 있다. 99년 8월 문을 연 이후 10년만에 변호사 13명, 변리사 12명이 포진한 중견 로펌으로 성장했으나, 여전히 특허 전문의 초심을 잃지 않은 채 전문성을 더욱 높여가고 있다.

90년대 이후 우후죽순처럼 생겨난 부티크들은 전문성 외에도 상대적으로 저렴한 변호사 비용과 신속한 서비스를 경쟁력으로 내세운다. 변호사들이 층층시하 포진하고 있는 대형 로펌과 달리 파트너 변호사가 사건을 틀어쥐고 고객을 직접 상대해 가며 순발력있게 대응하다보니 고객만족도도 높은 편이라고 한다. 한 대형 로펌의 경우 변호사들에게 '전화 빨리 받기 캠페인'을 벌일 정도로 로펌의 대고객 서비스는 갈수록 중요시되고 있는 게 요즈음이다.

"대형 로펌에서 엄청난 시간과 비용을 들여 갖가지 조사와 검토를 거친 끝에 고작 감기라고 결론지을 경우 고객이 과연 이를 납득할 수 있을까요."

대형 로펌에서 변호사 생활을 시작했으나, 지금은 부티크를 세워 직접 운영하고 있는 한 변호사는 "부티크는 소수의 전문가가 신속하게 사안을 분석해 곧바로 감기로 진단하고 처방을 내리는 발빠른 서비스가 강점"이라고 부티크 서비스의 이점을 강조했다.

7. 주식회사 한국의 경제 이면사

한국 최초의 국제변호사라고 할 수 있는 김흥한 변호사의 첫 고객은 1960년대 초 울산에 정유공장을 지으며 진출한 미국의 걸프 오일로 알려지고 있다. 이어 웨스팅 하우스, 코카콜라, IBM 등 내로라 하는 거대 기업들이 모두 김 변호사의 손을 거쳐 한국시장 진출을 위한 교두보를 마련했다.

은행도 뒤를 이었다. 가장 먼저 김 변호사의 사무실을 찾은 은행은 체이스 맨해턴 은행. 이어 시카고 은행(FNBC)과 BTC 등 세계 금융시장을 좌지우지하는 큰손들이 김 변호사의 손을 거쳐 국내에 상륙했다. 한창 때는 그가 뒤를 봐주는 외국계 은행만 10여 개에 이르렀다고 한다.

뱅크 오브 아메리카(BOA)도 60년대 중반 체이스 맨해턴과 비슷한 시기에 김 변호사의 사무실 문을 두드렸다. 그러나 김 변호사가 체이스 맨해턴을 맡자 김·신·유의 설립자인 김진억 변호사를 찾아갔다. BOA는 김진억 변호사의 첫 고객이 됐다. 경쟁관계에 있는 두 은행이 같은 변호사를 쓸 경우 기업 비밀이나 노하우 등이 새 나가는 것을 우려했기 때문이다.

국내 로펌이 싹을 틔워 모습을 갖춰가던 60년대 후반 김·

장·리나 김·신·유에 쏟아진 일거리는 이처럼 외국 기업의 직접투자 또는 은행 등의 국내 진출에 따른 관련 업무가 대부분이었다. 이렇다 할 산업기반이 없었던 당시 국제변호사 사무실을 찾는 국내 기업은 거의 없었다는 게 김흥한, 김진억 두 원로 변호사의 회고다.

주목할 것은 초창기의 로펌 고객 중 외국은행이 차지하는 비중이 적지 않았다는 점이다. 우선 은행 자체의 일이 만만치 않았다. 지점설립, 대출 관련 서류의 작성, 담보설정, 일반 계약 체결 대행 등 로펌이 도와야 할 일이 한, 두 가지가 아니었다.

여기에다 은행을 고객으로 확보함으로써 부수적으로 생기는 일감이 적지 않았다. 외국에 나가 사업을 하자면 은행을 찾지 않을 수 없는 이치인데, 어떤 은행을 주거래은행으로 정하면 고문 변호사도 이 은행이 소개하는 사람을 쓰는 게 보통이기 때문이다.

김진억 변호사는 "BOA가 김·신·유의 성장에 큰 도움을 주었다"며, "유니온 카바이드(UCC), 유니온 오일 오브 캘리포니아(UNOCO) 등이 모두 BOA를 통해 소개받은 고객들"이라고 말한 적이 있다.

이어 국내 경제의 성장과 함께 로펌의 중점분야도 달라지기 시작했다. 또 이런 변화에 순발력있게 대응해 가는 과정에서 로펌간 경쟁도 치열해질 수밖에 없어 업계 내의 판도 변화가 반복됐다.

70년대 중반 이후 10년간은 산업·외환은행 등 국책은행과 일부 우량기업을 중심으로 차관 도입이 봇물을 이루던 시기였다. 국내 기업이 하나 둘 설립되면서 외국기업의 직접투자가 아닌 차관 도입 등 금융 알선이 로펌의 주된 일거리로 등장했다.

조선업의 발달에 따른 선박금융, 수출입은행의 수출금융, 중동 건설경기에 따른 해외 건설공사 계약과 건설금융 등의 법률서비스가 주요 로펌에 의해 앞다퉈 개발됐다. 김·장·리, 김·신·유에 이어 73년 설립된 김&장이 76년 시티은행 고문을 맡은 이후 빠른 속도로 성장하며 업계의 다크호스로 등장한 것도 이 무렵이다.

77년 이태희 변호사가 설립한 한미는 한진을 배경으로 해상·보험·항공법 분야와 항공기·선박금융 분야에서 두각을 나타냈다. 당시는 모든 것이 처음으로 시도되던 초창기라 이때 만들어진 양식 등은 이후 업계의 모범계약서로 남아 지금도 활용되고 있다.

당시 한미의 금융팀에서 활약했던 김수창 변호사는 "1980년대 초 한미가 한국외환은행에서 국적취득조건부나용선(BBC) 방식에 의한 선박금융을 주선, 한라그룹에 제공한 이후 한국 해운업계 특유의 선박금융 양식의 모델이 됐다"고 소개했다. 또 80년대 중반엔 주요 로펌들의 이같은 노력에 힘입어 외국 로펌에 의존하던 외화금융 관련 각종 계약서류가 국산화된 것도 빼놓을 수 없는 커다란 수확으로 평가되고 있다.

로펌의 변호사들은 또 국내 기업들을 대리해 해외 선발기업으로부터 들여오는 기술도입 계약을 경쟁적으로 떠맡고 나섰다. 로펌의 한 중진 변호사는 "정부로부터 기술도입 허가를 받기 위해 로펌의 많은 변호사들이 거의 매일 경제기획원에 나가 살다시피 했다"는 말로 당시의 분위기를 전했다.

80년대 중반 이후는 한국경제의 발전과 함께 로펌 업계가 본격적인 도약의 발판을 마련한 시기라고 로펌의 변호사들은 입을 모은다. 국내 기업과 외국 기업의 국내 합작투자가 줄을 이었다. 또 국내 기업의 신용 증가에 따른 해외증권 발행 등 국제금융 조달과 국내 기업의 해외투자 상담도 꾸준히 로펌의 문을 두드렸다.

로펌 업계 내부적으로도 세종·태평양·동서·우방이 가세하는 등 경쟁이 한층 치열해졌다. 그러나 늘어나는 사건을 모두 처리할 만큼 포괄적인 규모를 갖추기에는 어느 로펌도 아직은 역부족이었다. 로펌마다 특정 분야의 사건에 주력하며 경쟁적으로 세 불리기에 나선 시기로 자리매김되고 있다.

김&장은 국내외 기업의 자문업무를 휩쓸며 선두로 부상하기 시작했다. 김·장·리와 김·신·유에 자문을 맡겼던 적잖은 외국 기업들이 외국 로펌 못지않은 체제를 갖추고 발전을 거듭하는 김&장으로 옮겨갔다. 국내 기업들도 단연 김&장의 수임이 돋보였다.

또 예일대 증권거래법 박사 출신인 신영무 변호사가 이끌고 있는 세종은 증권 분야의 특수를 누리며 성장을 거듭했다. 김인섭 변호사가 이끈 태평양은 6공 후반기 법정관리사건을 거의 독식했다. 또 송무에서 두각을 나타냈다.

이어 90년대에 들어서는 사건이 대형화되는 가운데 전에 없던 다양한 사건이 봇물을 이뤘다. 로펌간 경쟁도 더욱 치열해져 모든 역량을 동원한 무한경쟁이 한층 가속화되고 있다.

 정보통신산업의 발달에 따른 첨단 정보분야와 분쟁이 갈수록 복잡하게 전개되는 지적재산권 분야 등이 새롭게 각광받는 분야로 떠오르고 있다.

 특히 경제가 곤두박질치며 러시를 이뤘던 법정관리·화의 신청과 자본주의의 발달과 함께 활발하게 이어지고 있는 기업 M&A 거래 등은 규모도 초대형이지만, 엄청난 부가가치로 업계의 주목을 받았다. 기업과 기업인의 생사를 가를 수 있는 중대한 사건이라 다른 사건과는 비교할 수 없을 정도로 고액의 수임료가 오고 간 것으로 알려지고 있다. 보통 건당 억대를 호가하는 경우가 많았으며, 이 때부터 과다 수임료 시비가 종종 일기도 했다. M&A 거래는 이후 중,대형 로펌들이 가장 중시하는 중요사건이 되고 있다.

 반면 일반기업 등의 해외금융 조달이나 신규사업 진출에 따른 자문 등은 IMF 이후 뚝 끊어졌다가 최근 들어 조금씩 되살아나고 있다.

 요컨대 세계 12위의 경제 대국으로 부상한 주식회사 한국과 발전을 함께 해 온 게 한국 로펌업계의 반세기라고 할 수 있다.

 21세기를 맞은 한국의 로펌들은 중국, 베트남, 중앙아시아 지역 등에 잇따라 현지사무소를 개설하며 활발하게 해외로 진출하고 있다. 영, 미의 로펌들이 한국에 투자하는 자국 및 다국적 기업을 따라 한국시장의 문을 두드렸듯이 한국 기업들의 법률대리인이 돼 해외시장 개척에 적극 나서고 있다.

8. IMF 특수

최근 들어 로펌들 사이의 수임경쟁이 더 할 나위 없이 치열해지고 있다.

하지만 얼마 전까지만 해도 로펌을 중심으로 하는 기업법무 시장은 불황을 모르는 성장시장인 측면이 없지 않았다. 로펌 업계가 발판을 마련하는 기반이 된 5.16 이후 한국 경제가 빠르게 발전하면서 로펌 업계는 주가가 연일 상한가를 때렸다고 할 만큼 급성장을 이어왔다.

로펌은 규모를 키우고, 커진 규모는 또 더 많은 사건을 유치하는 선순환이 계속됐다. 신규 수요도 끊임없이 늘어났다. 상당한 경력이 쌓인 로펌의 변호사들 중엔 "새로운 법률서비스를 개발하자마자 일감이 쏟아져 들어오는 바람에 일손이 달리는 수요초과 현상이 상당기간 계속됐다"고 바쁘게 일했던 시절을 회고하는 사람들이 적지 않다. 신상품을 만들기 무섭게 팔려 나가는 초기 자본주의의 모습이 로펌 업계에서도 재현됐던 셈이다.

1990년 한국산업은행의 3억 달러 발행을 시작으로 지방자치단체까지 이용하고 있는 해외본드나 기업의 해외 전환사채(CB) 발행 용역 등이 모두 로펌이 처음 업무를 개발해 재미를 보고 있는 대표적인 거래에 해당된다. 로펌마다 경쟁적으로 서비스에 나서 비슷한 딜을 많이 처리하다 보니 업계에선 이미 정형화된 일로 자리를 잡았다. 대형 로펌뿐만 아니라 중견 로펌에서도 관련 업무를 적잖게 처리하고 있다. 수임료도 처음보다 많이 내려갔다.

김대중 정부 초기 부실기업 정리의 표준방식처럼 유행했던 화의제도도 태평양의 황의인 변호사와 김&장의 조대연 변호사에 의해 집중적으로 활용돼 비로소 법전 밖으로 되살아 나오게 된 것으로 알려지고 있다. 이전까지는 법정관리 신청이 주로 이용되고 화의에 관한 조항은 거의 사문화돼 있었다. 이후 대부분의 경영주들이 경영권이 보장되는 화의를 통한 회생을 도모하는 바람에 채권은행들과 마찰을 빚기도 했다. 정부는 2005년 3월 '채무자 회생 및 파산에 관한 법률'을 제정해 법정관리와 화의를 기업회생절차로 일원화했다.

최근 각광받고 있는 기업 M&A 사건도 로펌 초창기엔 생각도 못했던 새로운 일감이다. 각 로펌에서 사건을 따내려고 특별팀을 만들어 치열한 경쟁에 나설 만큼 가장 부가가치가 높은 분야로 자리를 잡았다.

경기가 좋을 때만 사건이 몰리는 것도 아니다. 기업회생, M&A 사건 등은 호황보다는 오히려 경기가 좋지 않을 때 늘어나는 이른바 '불황사건'으로도 유명하다. 경기가 좋으면 좋은 대로, 나쁘면 나쁜 대로 로펌엔 사건이 넘쳐났다고 해도 과언이 아니다. 도대체 경기를 타지 않아 왔다고 할 수 있다.

이와 관련, 꼭 짚고 넘어가야 할 대목은 1990년대 후반 불어닥친 외환위기 때 로펌들이 때아닌 특수를 누렸다는 사실이다. 로펌업계가 변호사를 늘리며 규모를 배가하고 나선 것도 이 무렵으로, 수백명에 이르는 대형 로펌의 탄생도 IMF를 거치며 본격화됐다. IMF 위기를 맞아 많은 기업들이 쓰러져 나가고 국민경제가 요동을 쳤지만, 로펌들은 넘쳐나는 불황사건으로 변호사를 충원하고, 엄청난 수임료를 챙겼다.

긴급 자금지원 여부 결정을 놓고 정부와 IMF(국제통화기금) 사이에 협상이 본격 시작되기 얼마 전인 1997년 가을.

국내의 한 로펌에 IMF로부터 기업의 퇴출제도에 대해 알려달라는 긴급 팩스가 한 장 날아들었다. 잘 알려진 얘기지만, 자금 지원의 조건으로 국내 기업들의 광범위한 구조조정을 요구했던 IMF로서는 그 한 방법이 될 수 있는 화의·법정관리제도 등에 대해 미리 알아둘 필요가 있었기 때문이다. 그리고는 IMF가 구조조정에 나서는 국내 기업들에게 화의 또는 법정관리 신청을 전제조건으로 요구한 것처럼 화의 또는 법정관리 신청을 문의하는 한계기업들의 '에스 오 에스(SOS)'가 주요 로펌에 줄을 이었다. '어렵다'는 얘기가 나돈 기업은 여지없이 '부도가 났다'는 기사가 신문지면을 장식했고, 이어 로펌에선 이들 기업의 화의와 법정관리를 준비하는 게 공식처럼 돼 버렸다.

김&장을 예로 들면, 한라, 삼미, 진로, 해태, 뉴코아 등 30대 그룹에 드는 대기업 그룹과 부산의 대선주조그룹, 수산그룹 등이 모두 담당 변호사의 손을 거쳐 법원의 수술실로 보내졌다.

중소기업을 많이 대리했던 세종도 정부가 IMF에 긴급 자금 지원을 신청한 97년 11월 중순 이후 20여 건의 문의를 받아 이 중 10여 건에 대해 화의나 법정관리를 신청했다. 이 중 아이넥스(Inex) 노트북 컴퓨터를 최초로 만들었고, GSM 핸드폰, 오폐수 처리 사업장, 쓰레기 처리기 등의 제조로 발전 가능성이 매우 높은 것으로 알려졌던 핵심텔레콤이 당시 세종의 법정관리·화의 팀장이었던 박용석 변호사의 지휘 아래 화의를 신청, 주위를 놀라게 하기도 했다. 세종은 특히 IMF 바람이 한차례 지나간 후라고 할 수 있는 99년 6월 말 삼성자동차에 대한 법정관리를 신청해 또 한 번 관련 업계의 주목을 받았다.

태평양은 96년 2월 건축자재 판매회사인 옥산트레이딩을 시작으로, 97년 진로그룹 4개사와 세모해운, 엘칸토그룹, 삼성제약, 동서화학, 베비라 등 30여 기업에 대해 화의를 신청했다. 99년 4월엔 성원건설, 성원산업개발에 대해 화의를 신청해 개시결정을 받아냈다.

특히 기아자동차, 아시아자동차의 경우 김&장, 세종, 태평양 등 3개 로펌이 모두 관여해 치열한 공방을 벌인 것으로 유명하다. 먼저 두 회사가 김&장을 통해 경영권이 보장되는 화의를 신청하자 채권단인 산업은행과 제일은행이 반발, 세종을 대리인으로 선임해 법정관리 신청으로 맞섰다. 이에 기아, 아시아 측은 태평양을 내세워 법정관리 신청에 대한 반대논리를 펴는 등 로펌끼리 물고 물리는 대리전을 펼쳤다. 기아차는 98년 12월 현대자동차에 인수된 후 경영이 호전돼 법정관리가 해제됐다.

IMF로 인해 로펌의 화의·법정관리팀은 전례없는 활황을 맞았다. 하루가 멀다 하고 쓰러져 나가는 기업들은 화의나 법정관리 또는 그 밖의 어떠한 형식으로든 법적인 뒤처리가 불가피해 로펌의 파산변호사(Bankruptcy Lawyer)들은 퇴근을 미룬 채 심야작업을 하기 일쑤였다. 충분한 경쟁력이 있음에도 불구하고 돈줄이 막혀 화의나 법정관리를 문의하는 흑자도산 기업도 속출했다.

특히 당시 관련 법에 따르면, 법정관리나 화의 개시결정이 내려지면 채무가 동결돼 일단 부도를 막고 재기를 노릴 수 있어 부도 위험에 빠진 기업체 사주들이 사재를 털어 만든 현찰을 싸들고 도산 관련 전문변호사를 찾아 다녔다는 얘기도 있다.

부도 위기를 맞은 한계기업만이 아니었다. 이들 기업과 연관이 있는 다른 기업이나 금융기관 등 채권자들로부터도 문의가 잇따랐다. 당시 은행 고문을 많이 맡고 있던 태평양이나 한미 등엔 금융기관 등으로부터 화의와 법정관리의 차이점과 각각의 구체적인 법리 등에 대해 알려달라는 질문이 쏟아졌다.

로펌의 한 변호사는 채권자로서 법정관리 신청에 동의하면 어떻게 되며, 화의조건이 마음에 안 드는데 동의하면 꼼짝없이 구속받게 되는지, 채권자가 권리를 지킬 수 있는 별도의 안전장치는 없는지 등 이들이 궁금해 하는 것은 하나 둘이 아니었다고 당시를 회고했다.

특히 평가를 앞두고 있는 금융기관들은 등급이 낮게 나오면 정리대상이 될 수 있어 부실채권 관리에 대한 문의도 적지 않았다. 화의나 법정관리에 들어갈 것으로 알려진 기업의 해외 채권자들도 CB(전환사채)·BW(신주인수권부증권) 등 해외 유가증권의 운명에 대해 앞다퉈 로펌에 자문을 구했다. 또 법정관리나 화의에 들어간 회사의 인수에 관심있는 회사에선 인수방법 등에 대해 물어오기도 했다고 이 분야에 정통한 한 변호사가 말했다.

이뿐만이 아니다. IMF를 맞아 각 기업들이 경쟁적으로 추진한 구조조정작업도 고스란히 로펌의 새로운 일감으로 쏟아져 들어왔다. 각 기업의 외자유치 협상엔 로펌의 전문 변호사들이 약방의 감초처럼 참여했다.

사업 또는 자산매각·영업양도 등 M&A 거래가 봇물 터진 듯 로펌에 쇄도했다. 바야흐로 'M&A 시대'가 도래했다고 부를 만 했다. M&A 사건은 법정관리·화의 못지않게 고가의 수임료를 챙길 수 있어 이를 따내기 위한 로펌들 사이의 경쟁도 치열했다. 로펌마다 스타급의 쟁쟁한 변호사들로 특별팀을 운영하는 등 이후 다른 어떤 사건보다도 뜨거운 수임 경쟁이 계속되고 있다. M&A 사건을 얼마나 많이 따내고 공격과 방어에 성공하느냐를 놓고 로펌을 평가할 만큼 시장에서 중요시되고 있다.

IMF 때 최초의 외자유치 사례는 98년 5월 21일 새벽 최종 서명을 마친 것으로 유명한 대상그룹의 라이신(lysine) 사업부문 매각. 97년 12월 말 협상이 시작돼 98년 3월 계약을 체결하고, 5월에 대금의 일부가 들어왔을 만큼 속전속결로 처리된 게 특징이다. 환율이 빠르게 올라가고 있었는데다 대상그룹의 악성

채무가 눈덩이처럼 불어나고 있어 딜의 타결이 한시가 급한 상황이었기 때문이다. 김&장이 대상그룹을 대리하고, 김·장·리가 인수자인 독일의 바스프(BASF)를 맡아 협상을 성공적으로 마무리했다. 바스프는 10년이 지난 2008년 1월 동물사료의 첨가제를 만드는 이 사업부문을 국내의 한 회사에 되팔았다.

　이 외에도 이전에는 담보를 유지한 채 기일을 연장해 주는 등 채권채무관계가 비교적 부드럽게 넘어가는 게 보통이었으나, IMF 때문인지 기일이 되면 즉각 담보권을 실행하거나 채무명의(債務名義)의 확보를 위해 소송을 내는 등 전에 없던 일감이 늘어났다. 경제는 불황이지만, 로펌은 떼돈 번다는 말이 나올 만도 했다.

　물론 단기적으론 기업의 해외 증권발행이나 해외건설·투자상담 등의 업무가 크게 위축된 것도 사실이다. 로펌에선 증권·합작투자 등 상대적으로 사건이 줄어든 부서의 변호사들을 M&A나 화의·법정관리팀 등 일손이 달리는 곳에 투입해 인력 수요를 맞추는 운영의 묘를 도모했다.

　기업의 사정이 좋지 않다 보니 아무래도 수임료 확보가 이전 같지 않은 측면도 없지 않았다. 로펌들은 대개 사건 해결에 투입된 변호사들의 총 근무시간에 시간급을 곱해 수임료를 청구하는 게 보통이나, IMF 이후 이를 깎아달라고 하는 고객이 부쩍 늘어난 것으로 알려지고 있다. 수임료를 받지 못한 로펌 중엔 자문해 준 고객을 상대로 소송을 내는 경우도 없지 않았다.

　IMF 위기는 로펌들에게 '불황특수'라는 단기적인 호황을 가져다 주었을 뿐만 아니라 이후 한국의 경제구조를 로펌 비즈니스에 유리한 방향으로 개선하는 계기가 됐다는 점에서 더욱 의미가 크다. 사회 전체가 국제화·개방화로 이어지며, 해외 기업의 국내 투자는 물론 국내 기업의 해외진출이 활발하게 이루어지고 있기 때문이다. 또 정부의 지속적인 규제완화 조치와 함께 공기업 민영화 등 로펌 업계가 탐내고 있는 신규 수요가 하나 둘이 아니다.

무엇보다도 법에 대한 일선 기업 등의 자세가 이전과는 몰라보게 달라지고 있다고 로펌의 변호사들은 고무적인 전망을 내놓는다. 전에는 분쟁이 생기더라도 송사로 번져 법원에 갈 지경이 돼야 비로소 변호사를 찾는 게 보통이었으나, 조금만 문제가 있어도 변호사에게 자문을 구할 만큼 법의식이 갈수록 높아지고 있다는 것이다.

중견기업에 이르기까지 기업체마다 법무팀이 속속 들어서고 있는 것만 보아도 기업의 법의식이 달라지고 있는 것을 피부로 느낄 수 있다. 로펌의 한 변호사는 "전에는 일이 터지면 일단 불부터 끄고 보자는 식으로 접근해 정치적인 방법을 동원해서라도 해결하는 것을 능사로 여겼으나, 이제는 10억원을 찾는 데 1억원이 초과한 11억원이 들더라도 '답을 얻어 선례를 남기자'는 적극적인 자세로 나오는 경우가 적지 않다"고 현장에서 느낀 분위기를 전했다.

로펌이 늘어나며 로펌들 사이의 수임경쟁은 더욱 치열해지고 있지만, 로펌 업계의 시장여건은 더욱 발전적으로 성숙하고 있다.

9. 국제변호사냐 기업변호사냐

　그 동안 로펌의 변호사들을 흔히 국제변호사로 불러왔지만 사법시험처럼 국제변호사가 되는 무슨 자격시험이 있는 것은 아니다. 일반적으로 국제 관련 사건을 주로 처리하는 변호사를 일컬을 뿐이다. 로펌의 많은 변호사들이 사법시험에 합격한 후 외국에 유학, 외국변호사 자격을 겸하고 있기도 하지만 외국변호사 또한 국제변호사의 필수요건은 아니다.

　외국변호사 자격이 없더라도 얼마든지 국제 관련 사건을 다룰 수 있다. 외국변호사 자격만으로 외국 법정에 설 수 있는 것도 아니다.

　더구나 외국 기업의 국내 투자 일감이 대부분이었던 1960년대 초반에는 영어를 유창하게 구사하는 것만으로도 충분했다. 외국법 보다도 한국법에 관한 자문이 대부분이어서 변호사에게 외국법에 관한 지식이 반드시 요구되지도 않았거니와 무엇보다도 국내에 투자하려는 외국 기업인 등과의 의사소통이 가장 필요한 자질이었기 때문이다.

　또 얼마 전까지는 미국에 유학하더라도 미국변호사 자격을 딸래야 딸 수가 없었다. 외국인은 법학석사 학위만으로는 변호사시험에 응시할 수 없었기 때문이다. 미국 학생들과 똑같이 3년간의 J.D.과정에 들어가는 것조차 여의치 않았다.

최초의 국제변호사라고 할 수 있는 김흥한 변호사가 1953년 미국 유학길에 올라 조지 워싱턴대에서 54년 비교법학석사(M.C.L.), 55년 법학석사(LL.M.) 학위를 받았으나, 김 변호사에겐 미국변호사 시험이 허용되지 않았다. 국제변호사 2호인 김진억 변호사도 67년 미국 미시건대에서 M.C.L.을 받았으나, 여전히 미국변호사 시험을 볼 수 없었다.

김&장을 설립한 김영무 변호사는 67년 시카고대 로스쿨에서 비교법학석사(M.C.L.)를 한 후 하버드로 옮겨 미국 학생들과 똑같이 3년간 로스쿨을 다녀 J.D.를 땄다. 이어 미국변호사 시험에 응시해 일리노이주 변호사가 됐다. 3년간 미국 로스쿨을 다녀 J.D.가 된 최초의 한국인이며, 한국인으로 미국변호사가 되기도 그가 처음인 것으로 알려져 있다.

이어 나중에 한미를 세운 이태희 변호사가 71년 하버드대 LL.M., 74년 하버드대 J.D.를 거쳐 76년 캘리포니아주 변호사 자격을 땄다. 우방종합법무법인을 세운 윤호일 변호사는 73년 노틀담대에서 J.D.를 취득한 데 이어 뉴욕주·일리노이주·워싱턴D.C.의 변호사 자격을 갖추고 있다.

3년간의 로스쿨을 다니지 않고 LL.M.만으로 시험응시 자격을 얻어 미국변호사가 되기는 법무법인 세종을 설립한 신영무 변호사가 처음이다. 예일대에서 76년 LL.M.에 이어 78년 법학박사(S.J.D.) 학위를 받은 신 변호사는 80년 뉴욕주 변호사 자격을 땄다. 신 변호사는 "박사학위를 마치고 뉴욕의 Coudert Brothers 법률사무소에서 실무수습 중이었는데, LL.M. 출신의 한 일본인이 미국변호사가 됐다는 얘기를 듣고 시험에 응시해 미국변호사 자격을 갖췄다"고 당시를 회상했다. 이후 로펌의 많은 변호사들이 1~2년의 유학길에 올라 LL.M.을 거쳐 미국변호사 자격 취득에 나서고 있다.

재미있는 것은 로펌이 크게 발달한 미국에선 국제변호사보다 기업변호사가 먼저 발달했다는 점이다. 미국변호사들은 먼저 기업에 관련된 사건을 주로 처리하다가 기업 활동의 범위가 국제적으로 넓어지면서 국제 관련 사건으로 영역을 넓혀왔다.

반면 한국 로펌의 변호사들은 당초 외국 기업의 국내 투자에 관련된 업무 등을 처리하는 국제변호사로 출발했다. 이어 국내 기업의 규모가 커지면서 이에 따른 법률수요가 늘어남에 따라 기업변호사로 변모하는 과정을 거쳤다고 할 수 있다. 최근에는 다시 한국 기업의 해외진출이 늘어남에 따라 미국의 변호사들처럼 국제 관련 일감이 늘어나고 있다. 국제변호사―기업 변호사―국제변호사로 그때그때의 법률수요에 따라 무게중심이 달라지고 있는 셈이다.

이런 사정으로 로펌의 변호사들 중엔 국제변호사보다 기업변호사란 말을 더욱 선호하는 사람이 적지 않다. 그러나 기업 관련 일만 처리하는 것도 아니라는 점에서 반대의견도 만만치 않다. 이 모두를 포괄하는 말로 '로펌변호사'로 부르자는 의견도 있으나, 아직 일반적으로 통용되고 있지는 않다.

Ⅳ 비즈니스

1. 대형화
2. 합병 바람
3. 전략제휴
4. 무한 법무법인, 유한 법무법인, 법무조합
5. 2위 경쟁
6. 이해관계 충돌(Conflict of Interests)
7. 전문화
8. 영역확대
9. 매출과 수익
10. 공익활동(Pro Bono)

1. 대형화

　1973년 설립돼 동양 최고의 로펌으로 발전한 김&장 법률사무소는 국내외 변호사가 약 400명에 이른다. 2008년 기준이다. 3800명의 변호사가 일하고 있는 세계 최대 로펌, 클리포드 챤스(Clifford Chance)에 비할 바는 아니지만, 한국에선 최대 규모의 법률회사다. 아시아지역에서도 김&장 만한 규모의 로펌은 흔치않다.

　2007년 1월 니시무라 & 파트너즈(Nishimura & Partners)와 아사히(Asahi) 국제파트의 합병을 통해 탄생한, 일본에서 제일 크다는 니시무라 & 아사히(Nishimura & Asahi)도 홈페이지에서 소개하고 있는 변호사 수는 2008년 8월 현재 외국변호사 포함 387명으로, 김&장보다 아직은 밀리는 수준이다.

　김&장 외에도 한국의 로펌 중엔 상당한 규모를 자랑하는 로펌이 적지 않다. 유한 법무법인으로 조직을 일신한 법무법인 태평양은 소속 변호사가 이미 200명을 넘어섰다. 광장도 200명이 넘는 변호사를 보유하고 있으며, 세종, 화우 등도 조만간 소속 변호사 200명 돌파를 눈 앞에 두고 있다.

약 반세기의 역사가 쌓이고 있는 한국 로펌업계를 얘기하면서 빼놓을 수 없는 대목 중 하나는 개별 로펌들의 규모가 지속적으로 커져 왔다는 점이다. 매년 신규 변호사를 영입, 전체 변호사의 수를 늘려가며 끊임없이 대형화를 추구해 왔다.

규모 자체가 중요한 것은 아니지만, 로펌들로서는 일단 변호사가 많아야 더욱 분야를 나눠가며 깊이있는 전문화를 도모할 수 있어 적극적으로 대형화 대열에 동참하고 있다. 또 로펌별 전문성을 가늠할 수 있는 객관적인 지표가 마땅치 않은 상황에서 대기업 등 로펌의 고객들 중엔 변호사 수로 대표되는 로펌의 규모를 로펌 선택의 중요 기준으로 활용하고 있는 곳이 적지 않아 이 점에서도 로펌들이 규모 확대에 신경을 쓰고 있다.

실제로 로펌의 관계자들은 "대기업 관계자들로부터 실력은 인정하겠는데, 규모가 적어 사건을 맡기기가 곤란하다는 말을 종종 듣는다. 대기업 사건을 맡으려면 변호사를 늘리지 않을 수 없다"고 공공연한 하소연을 늘어 놓는다. 로펌의 홍보 관계자 등이 언론 매체에 보도되는 로펌별 변호사 수 등에 민감한 반응을 보이는 것도 업계의 이런 사정과 무관하지 않아 보인다.

로펌의 대형화 전략은 언론 매체의 광고란에서도 어렵지 않게 확인할 수 있다. 로펌이 변호사를 새로 채용하는 리크루트 시즌이 되면, 주요 언론 매체의 변호사 광고란에 신입변호사의 명단을 실은 로펌의 리쿠르트 실적이 거의 똑같은 형식으로 연이어 실리는 것을 볼 수 있다. 새로 뽑은 화려한 경력의 새 식구를 소개하고, 그만큼 규모가 커졌다고, 경쟁력이 강화됐다고 홍보하고 있는 것이다.

판사 출신들의 로펌행이 특히 눈에 띄었던 2008년만 해도 주요 로펌들이 앞다퉈 새 식구를 맞아들였다. 1월 사법연수원을 수료한 새내기 변호사들의 채용에서부터 판, 검사 출신의 영입, 군법무관 전역자의 합류에 이르기까지 로펌별로 많게는 수십 명의 변호사가 해당 로펌 홈페이지의 구성원 소개란에 새로 이름을 올렸다.

대형 로펌만 그런게 아니라 중견 로펌들도 꾸준히 변호사를 충원하며 세를 늘리고 있다. 특히 중견 로펌 중엔 합병을 통해 단숨에 변호사 100명 이상의 대형 로펌으로 세를 키우고 나서는 곳이 없지 않아 업계가 긴장하고 있다. 로펌간 합병이 이어지며, 하루아침에 로펌들 사이의 규모의 순위가 뒤바뀌는 일이 빈번하게 일어나고 있다.

한마디로 대형 로펌은 대형 로펌대로, 중견 로펌은 중견 로펌대로 규모를 키우며 경쟁력을 높여가고 있는 게 한국 로펌업계의 현주소라고 할 수 있다. 업계 관계자들은 시장은 좀 더 팽창할 여유가 있다고 보고 있다.

주목할 것은 이런 활발한 세(勢)경쟁이 지속되면서 한국 로펌업계가 규모에 있어서 더욱 다양한 리그를 형성해가고 있다는 점이다. 소속변호사 400명, 200명, 100명, 수십 명 등의 여러 그룹으로 나뉘며, 경쟁구도가 더욱 복잡다단하게 전개되고 있다.

국내외 변호사 400명의 김&장을 필두로, 2위 그룹을 형성하고 있는 태평양, 광장, 세종, 화우, 율촌 등이 치열한 선두다툼을 벌이고 있다. 이어 얼마 전 합병을 선언한 법무법인 지평지성과 대륙·아주 등이 변호사 100명대에 진입하며 그 뒤를 바짝 쫓고 있다. 또 법무법인 바른, 로고스, 충정, KCL 등도 탄탄한 경쟁력으로 무장한 가운데 꾸준하게 세를 키워가고 있다. 물론 이는 외형상의 변호사 수를 기준으로 한 분류이며, 전문성으로 따지면, 로펌간 위상과 경쟁력은 규모와는 차이가 날 수 있다.

여기에다 10명, 20명 안팎의 전문변호사들이 모여 특정 분야에 대한 전문성을 내세우는 이른바 부티크 로펌들도 열심히 틈새시장을 개척하며 발전을 거듭하고 있을 만큼 한국 로펌업계는 갈수록 복합적인 구조를 띠어가고 있다.

업계에선 로펌들 사이의 이같은 분화와 다양한 경쟁 구도를 고무적으로 받아들이는 분위기다. 법률소비자인 기업과 개인 등에게 로펌 선택의 폭이 그만큼 넓어지는 것이기 때문이다.

또 법률소비자로서는 로펌끼리의 경쟁 결과 법률서비스의 향상, 수임료 인하 등의 이득도 예상할 수 있다. 로펌의 한 관계자는 "세계 12위권으로 도약한 우리의 경제규모나 실물경제계의 수많은 기업들을 감안할 때 로펌들도 더욱 다양한 규모와 서비스로 경제계의 니즈(needs)를 맞춰 나갈 필요가 있다"고 지적했다.

규모와 전문성을 둘러싼 이런 경쟁속에 로펌들 사이에선 상대적으로 앞섰던 로펌이 뒤처지고, 후발 로펌이 앞으로 나서는 로펌간 판도변화도 끊임없이 이어지고 있다.

비즈니스 | 125

2. 합병 바람

2008년 5월 22일 오전.

법무법인 지평과 지성이 서울 강남의 리츠칼튼 호텔에서 합병을 선언하고, 지평지성으로 새 출발하겠다고 발표했다. 합병 후 통합 로펌의 변호사 수는 125명. 지평지성은 합병 절차가 마무리되면 규모 7위의 대형 로펌으로 순위가 뛰어 오르게 된다. 변호사 약 60명의 중견 로펌 두 곳이 합쳐 소속변호사가 100명이 넘는 또 하나의 대형 로펌이 탄생하게 되는 것이다.

이로부터 1달여 지난 7월 7일 서울 광화문의 세안빌딩.

이번에는 법무법인 대륙과 아주가 합병을 선언했다. 두 로펌은 특히 그동안 해외 비즈니스를 활발하게 추진해 와 합병 후 이 분야에서의 높은 시너지가 기대되고 있다. 통합 후 해외사무소만 11개 나라에 12개소를 운영하게 된다. 합병으로 인한 규모 확대도 의미가 작지 않다. 합병 후 탄생하는 법무법인 대륙·아주의 변호사는 모두 105명으로, 규모 면에서 한국 8~9위의 로펌이 된다.

국내 로펌들이 일반 기업들처럼 다른 법률회사와의 인수·합병(M&A)을 활발하게 모색하고 있다. 두 로펌의 변호사와 전문인력 등이 하나로 합쳐 단숨에 덩치를 키우고, 시너지를 높이는 통합전략이 로펌의 발전전략으로 인기를 끌고 있는 것이다. 또 치열한 경쟁속에 일종의 생존전략으로 채택해 타 로펌과의 합병을 적극 타진하는 경우도 없지 않을 만큼 로펌간 M&A가 뜨거운 화두로 부상하고 있다.

국내 대형 로펌들의 성장과정을 따져보면, 김&장과 법무법인 태평양은 합병을 한 적이 없이 매년 신입변호사를 충원하며 발전해 왔다. 2008년 현재 변호사가 150명을 바라보는 법무법인 율촌도 법률회사간 합병을 한 적이 없다. 이에 비해 법무법인 세종, 광장, 화우는 한, 두 차례 합병을 거치며 규모를 키우고 시너지를 높여 왔다. 공교롭게도 주요 로펌 6곳이 정확히 반반씩 합병파와 비합병파로 갈리는 셈인데, 성장과정의 이런 차이만큼이나 이들 로펌의 경영방침과 발전전략도 적잖은 차이를 보이고 있다.

최근 들어서는 특히 중견 로펌들 사이에서 합병이 활발하게 모색되고 있는 게 로펌 M&A 시장의 새로운 모습이다. 법률시장 개방을 앞두고 경쟁력을 강화해야 하는데다 대기업 등 일부 의뢰인들이 규모를 기준으로 로펌을 선택해 사건을 맡기는 경향이 없지 않아 규모를 키워야 한다는 현실적인 필요성을 적잖이 느끼고 있는 것으로 분석되고 있다. 합병조인식장에서 만난 지평지성의 한 관계자는 "이제 더 이상 규모가 크지 않아 사건을 맡기기 곤란하다는 말은 나오지 않을 것"이라고 말하기도 했다.

2001년 1월 법무법인 세종과 열린합동법률사무소가 하나로 합치며 로펌 사이의 합병이 본격 시작됐다. 80년 전후 김&장이 김·장·리에 합병을 제의한 적이 있지만, 로펌간 합병이 성사된 것은 세종-열린이 처음이다.

그때만 해도 세종은 기업법무가 발달한 반면 열린은 송무전문 법률사무소로 유명해 자문과 송무의 환상적인 결합으로 화제가 됐다.

규모는 합병 결과 오히려 줄어들었다. 열린에서 주로 송무를 담당해 온 변호사 11명이 세종에 합류했으나, 세종의 기존 멤버 중 15명이 합병을 전후해 세종을 떠났기 때문이다. 로펌의 합병엔 이처럼 이탈자가 발생하는 경우가 없지 않다. 하지만 숫자상의 마이너스에도 불구하고 송무 분야의 시너지가 대단했다는 게 당시 합병을 주도한 세종 관계자들의 분석이다.

세종은 열린과의 합병 후 6년이 지난 2007년 초 이번에는 한때 세종에서 근무했던 세종 출신 변호사들이 주축을 이루고 있는 법무법인 지평에 합병을 제의하기도 했다. 또 최근에도 모 로펌과 합병 논의가 오갔다는 얘기가 주변에서 흘러 나오는 등 합병에 대해 개방적인 자세인 것으로 전해지고 있다.

열린이 세종으로 합친 지 6개월 뒤.

이번엔 법무법인 한미와 광장이 합병을 선언했다. 2001년 7월 지금의 법무법인 광장이 태어났다.

한미-광장의 합병도 송무와 자문의 짝짓기로 유명했다. 한미가 상대적으로 자문이 발달한 반면 합병 전 광장은 쟁쟁한 재조 출신들이 포진해 송무 분야가 더 강했다. 또 어느 한쪽으로의 흡수합병이 아니라 주요 로펌끼리의 1 대 1 합병으로 주목을 끌었다.

1년 반이 지난 2003년 2월.

이번에는 법무법인 화백과 법무법인 우방이 합쳤다. 법무법인 화우가 탄생했다. 화백은 송무 분야의 경쟁력으로 이름이 높았던 로펌이며, 미국계 로펌인 베이커 & 매킨지의 파트너 변호사 출신인 윤호일 변호사가 설립한 우방은 자문 분야가 유명했다.

당시 화백을 이끌었던 노경래 변호사는 "업무영역에 있어서 우리와 중복되는 쪽이 아니라 대칭되는 쪽을 찾아 합병을 모색했는데, 여기에 가장 적절한 곳이 우방이었던 셈"이라고 설명한 적이 있다. 화우는 약 3년 후인 2006년 1월 40년 전통의 법무법인 김·신·유와 또 한 번 합쳤다. 이번에도 자문이 발달한 로펌과의 합병이라는 공통점이 있다.

비슷한 무렵 중견 로펌들 사이에서도 합병이 활발하게 추진됐다. 2006년 1월 법무법인 우현과 지산이 합쳐 법무법인 우현지산이 되었다. 그 해 여름엔 법무법인 동인이 법무법인 휴먼, 법무법인 다인과 합병하며 규모를 키웠다.

2007년 들어서도 합병이 이어졌다. 중견 로펌인 법무법인 한결이 법무법인 내일과 합친데 이어 2007년 1월 말 도산법 분야의 전문가인 박용석 변호사가 이끄는 밝은미래 법률사무소가 기업법무가 발달한 에버그린 법률사무소와 합쳤다. 에버그린은 이후 기업 M&A, 부동산, 도산법, 구조화 금융, 펀드 자문 등의 분야에서 맹위를 떨치며 발전을 거듭하고 있다.

또 한국 로펌 1호인 법무법인 김·장·리는 금융전문인 법무법인 평산과 합쳐 법무법인 양헌(良軒)으로 새 출발한다. 2008년 7월 서울 소공동의 롯데호텔에서 합병조인식이 열렸다. 김의재 대표변호사는 "김·장·리와 평산의 합병은 각자 M&A와 금융 분야에서 국내 최고 수준의 전문성을 갖는 로펌의 결합"이라고 소개하고, "단순한 양적 확장이 아니라 전문분야의 확장을 통하여 의뢰인에게 더욱 양질의 종합적인 법률서비스 제공이 가능하게 됐다"고 의미를 부여했다.

법무법인 자하연도 법무법인 한빛, 법무법인 새길의 서울사무소와 합치기로 하고, 합병 절차를 밟고 있다. 법무법인 원으로 이름을 내건 통합로펌은 3개 로펌이 하나로 합치는 3자 합병이라는 의미도 있다. 47명의 국내외 변호사가 다시 진용을 갖춰 금융, M&A 등에서의 시너지를 기대하고 있다.

일반적으로 로펌끼리의 합병은 부족한 부분을 보완하며 단숨에 규모를 키울 수 있어 많은 로펌들이 관심을 가지고 있다. 그러나 '한 지붕 두 가족' 식으로 동거에 들어갔다가 결국 갈라서는 경우도 없지 않아 장미빛 미래가 반드시 보장되는 것만은 아니다. 2005년 초 합병을 선언했던 A로펌과 B로펌의 경우 강남과 강북으로 나뉜 사무실을 하나로 합치는 과정에서 이견이 도출돼 사실상 별개의 로펌으로 운영돼 오다가 3년이 지난 2008년 봄 문서상으로도 정리하며 불편한 관계를 청산했다.

또 합병에 반대하는 변호사들이 합병 로펌에 합류하지 않고 탈퇴해 다른 길을 가는 등 후유증도 없지 않다. 무엇보다도 이질적인 문화의 두 로펌이 합쳐 완전한 하나가 되는 화학적 결합이 전제돼야 시너지도 가능하다는 게 합병을 경험한 로펌 관계자들의 공통된 주문이다.

로펌간 M&A를 취재해 보면, 로펌을 인수하며 이 로펌이 지고 있는 금융권 부채 등을 모두 떠맡았다는 얘기며, 특정 로펌을 '얼마에 샀다' 는 등 일반 기업체들 사이의 M&A 뺨치는 뒷얘기도 흘러 나오고 있다. 로펌 사이의 합병에 상업적인 측면이 없지 않다는 반증이다.

로펌 업계에선 한국의 법률시장이 본격 열려 외국 로펌들이 진출하게 되면, 외국 로펌과의 제휴 및 합병과 이로 인한 국내외 로펌끼리의 합종연횡(合從連橫)이 더욱 활발해 질 것으로 점쳐지고 있다.

3. 전략제휴

　법률회사와 법률회사는 서로 뜻이 맞으면 합병을 통해 법률적으로 하나가 될 수 있다. 그러나 업종이 서로 다른 특허법인과는 원칙적으로 합병이 불가능하다고 한다. 현행법상 변호사와 변리사의 동업이 금지돼 있기 때문이다.

　이 때문에 지적재산권(IP) 분야를 강화하려는 로펌들 중엔 특허법인과의 제휴를 통해 시너지를 높이려 드는 곳이 적지 않다. 직접 변리사를 채용해 이 부분을 보완하는 게 여의치 않을 경우 합병에 버금가는 제휴를 통해 경쟁력을 제고하는 전략이다.

　광장과 율촌 등이 특허법인과의 제휴를 통해 IP 쪽을 강화하고 나선 대표적인 로펌들이다.

　2005년 6월 법무법인 광장은 당시 변리사 40명 규모의 제일국제 특허법률사무소와 전략적 제휴를 맺었다. 서울 반포의 메리어트 호텔에서 열린 기념행사는 합병조인식을 방불케 했다. 제일국제는 이후 제일광장 특허법률사무소로 이름을 바꿔 광장과의 시너지 제고를 도모하고 있다.

　2008년 2월. 이번엔 법무법인 율촌과 특허법인 리앤목이 전략적 제휴를 맺었다. 리앤목은 110명의 변리사가 포진한 국내 최대 규모의 특허법인으로, 삼성 관련 일을 많이 하는 것으로 알려져 왔다.

또 2006년 초 김·신·유를 흡수한 화우는 김·신·유의 특허부 구성원들을 중심으로 특허법인 화우를 출범시켰다. 법무법인 바른도 남호현 변리사 등을 영입해 바른국제 특허법률사무소를 발족시키는 등 로펌과 변리사 사무소와의 제휴 또는 사실상의 합병이 유행처럼 번지고 있다.

무엇보다도 로펌과 특허법인의 제휴는 특허 출원에서부터 분쟁 해결에 이르기까지 지적재산권에 관한 '원 스톱 토털서비스(One Stop Total Service)' 체제 구축에서 의미를 찾을 수 있다. 율촌의 IP 팀장인 유영일 변호사는 리앤목과의 제휴에 대해 "충분한 역량(full capacity)을 갖췄다는 자신감을 갖게 된 게 가장 큰 수확"이라며, "전략 제휴 이후 율촌의 변호사들과 리앤목의 변리사들 사이에 어떤 큰 일이라도 해낼 수 있다는 신뢰가 쌓여가고 있다"고 고무적으로 평가했다.

또 특허 출원 업무를 대리하다가 관련 분쟁으로 비화될 경우 로펌에서 이를 담당하고, 반대로 로펌의 고객들 중에 특허 출원 등 변리사의 도움이 필요한 일이 생기면 특허법인이 맡아 처리하는 식으로 사건을 주고받을 수 있어 현실적인 이익도 적지 않아 보인다. 율촌의 한 변호사는 "분쟁 해결 과정에서도 변호사와 변리사가 함께 참여해 처리해야 할 일이 적지 않다"고 덧붙였다.

로펌의 전략 제휴는 세무법인으로도 확산되고 있다.

합병, 제휴에 적극적인 광장이 먼저 테이프를 끊었다. 광장은 2008년 1월 세무법인 가덕과 업무제휴 협약을 맺고 조세분야의 시너지를 제고하고 나섰다. 광장과 가덕에 각각 국제조세 전담팀을 구성했으며, 각종 조사업무는 물론 심사와 심판, 소송, 세미나 등을 함께 진행하고 있다고 광장 관계자가 소개했다.

법무법인 김·장·리도 2008년 5월 세무법인 하나와 업무제휴를 맺어 조세분야를 강화했다. 하나 세무법인에서 자문하다가 법정 비화된 사건을 김·장·리가 맡아 처리하는 등 이미 적지 않은 시너지가 나타나고 있다고 한 관계자가 소개했다. 두 법인은 세무 영역에 대한 전문지식과 정보, 실무경험의 교환 등을 통해 시너지를 도모하고 있다.

로펌들은 이처럼 특허법인, 세무법인 등과도 손을 잡으며 연대의 범위를 넓혀가고 있다. 경쟁력 강화에 도움이 된다면, 일종의 '적과의 동침'도 서슴지 않는 적극적인 자세를 보이고 있다.

IP사건의 경우 법률회사와 특허법률사무소 사이에도 전선이 형성돼 오래 전부터 두 업종간에 치열한 경쟁이 전개돼 오고 있다. 변리사들은 특허침해로 인한 손해배상 청구소송에서의 소송대리권 인정을 줄기차게 요구하고 있으며, 변리사 사무실에서 근무하는 변호사들도 적지 않다.

하지만 광장-제일국제, 율촌-리앤목의 경우에서 확인할 수 있는 것처럼 한편에선 법무법인과 특허법률사무소가 서로 제휴관계를 맺고 또 다른 시너지를 도모하고 있다.

과연 로펌의 제휴가 어디까지 확산될 수 있을까.

특히 M&A 사건의 처리 등과 관련, 로펌의 직접적인 경쟁상대이기도 한 회계법인과의 제휴 여부 등이 관심을 끌고 있다. 회계법인들은 전통적으로 법률시장 진출에 관심이 많은 것으로 알려지고 있다. 회계법인에 근무하는 변호사들도 적지 않다. 로펌들이 오래전부터 회계법인의 법률시장 진출을 경계해 오고 있는 것도 이런 사정과 무관하지 않다.

이와 관련, 법무법인 아주와의 합병을 성사시킨 법무법인 대류의 경영담당 파트너인 김대희 변호사는 "회계법인, 컨설팅 회사와의 합병 또는 제휴도 염두에 두고 있다"고 주목할만한 얘기를 해 귀추가 주목되고 있다. 이를 통해 한 차원 높은 통합서비스를 추진하겠다고 강조하고 있다. 그에 따르면, 독일 등 대륙법계 나라에선 이런 형태의 종합적인 컨설팅 서비스가 이미 시작되었다고 한다. 대류이 제휴관계를 맺고 있는 독일 로펌 Röder & Partners가 대표적인 경우로, 이 로펌은 법무, 회계, 기술컨설팅 등을 포괄하는 종합서비스를 제공하고 있다.

4. 무한 법무법인, 유한 법무법인, 법무조합

　법률사무소의 규모가 커지면서 변호사법 상의 공동사무소 형태도 대형화를 지원하는 방향으로 변화를 거듭하고 있다. 변호사법은 변호사 사무실의 공동사무소 즉, 법률회사의 형태로 ▲무한 법무법인 ▲유한 법무법인 ▲법무조합의 세 가지 형태를 상정하고 있다.

　물론 로펌의 조직이 이같은 세 가지 형태에 한정되는 것은 아니다. 이들 세 가지 형태 외에 영국과 일본의 대형로펌들이 많이 채택하고 있는 민법상 조합(General Partnership)의 형태로 운영되는 로펌도 적지 않다. 김&장 법률사무소가 대표적인 경우로, 김&장과 같은 조합 형태의 로펌은 에버그린 법률사무소 등 전국적으로 80여개에 이른다. 변협에 '공동법률사무소'로 등록돼 있다.

　또 로펌의 조직 형태는 로펌마다의 연혁적인 이유와 문화 등에 관련된 선택의 문제로, 어느 제도가 좋다, 나쁘다고 우열을 가릴 일은 아닐 것이다. 국내 대다수의 로펌들이 무한 법무법인의 형태를 취하고 있지만, 법무법인의 조직을 구성하고 있으면서도 실질적으로는 개인변호사 사무실처럼 운영되는 곳도 상당

수 된다. 반면 법무법인이 아니면서 대형화에 성공한 로펌들도 없지 않다. 다만, 변호사법은 변호사법대로 관련 조항을 고쳐가며 한국 로펌의 대형화에 대비하고 있는 것이다.

무한 법무법인은 종래부터 이어지고 있는 공동사무소 형태다. 앞에서 소개한 것처럼 아직까지는 무한 법무법인이 로펌 조직의 절대다수를 차지하고 있다.

그러나 상법상 합명회사에 관한 규정이 준용되는 무한 법무법인은 법인의 운영과 관련, 구성원 변호사들이 무한 연대책임을 져야 하고, 주요 의사결정에 구성원 변호사 전원의 동의가 필요해 법인의 탄력적인 운영에 걸림돌이 된다는 지적이 적지 않았다. 법무부가 변호사법을 고쳐 유한 법무법인과 법무조합을 도입한 배경도 이런 지적에 따른 반성적 고려에서 출발한 것이다.

이에 비해 유한 법무법인과 법무조합은 구성원 변호사의 책임을 출자금과 조합재산의 범위 내로 제한하고 있다. 또 각각 상법상 유한회사와 민법상 조합에 관한 규정이 준용돼 무한 법무법인에서처럼 로펌의 의사결정에 구성원 전원의 동의를 요하지 않는다. 빠른 의사결정을 통해 시장의 변화에 유연하게 대처할 수 있는 이점이 있다.

물론 유한 법무법인, 법무조합도 일정한 요건을 갖춰야 설립할 수 있다. 유한 법무법인, 법무조합 공통적으로 10년 이상의 법조 경력자 2명을 포함해 구성원이 7명 이상이 돼야 한다. 유한 법무법인은 5억원 이상의 자본금도 마련해야 한다. 또 변호사법은 구성원 변호사가 무한책임을 지지 않는 대신 유한 법무법인, 법무조합으로 하여금 보험이나 공제기금에 가입하게 해 소속 변호사 등의 잘못으로 지게 되는 손해배상책임의 실효성을 보장하고 있다. 손해배상준비금을 적립해 보험 가입 등을 대신할 수도 있다.

그러나 2007년 7월 유한 법무법인으로 전환한 법무법인 태평양 외에 아직까지 유한 법무법인이나 법무조합으로의 조직변경 및 설립이 활발하게 이어지지 않고 있다. 요컨대 구성원의 무한연대책임과 합수성(合手性)의 원칙이 적용되는 무한 법무법인이 법률사무소의 대형화에 적절하지 못하다고 보아 변호사법에 유한 법무법인과 법무조합 제도를 도입한 것이나, 일선 로펌들은 여전히 관망하는 수준에 머물고 있는 것이다.

이는 기존의 무한 법무법인 형태를 선호해서라기 보다는 유한 법무법인, 법무조합으로의 조직변경에 따른 부담 등을 고려해 결정을 미루고 있는 것으로 알려지고 있다. 유한 법무법인과 법무조합이 운영에서의 탄력성을 제고하고, 구성원의 책임을 완화하는 등 무한 법무법인에 비해 진전을 이룬 것은 사실이지만, 유한 법무법인은 자본금을 마련해야 하고, 법무조합의 경우 손익분배에 관한 내용 등이 포함된 규약을 지방변호사회에 제출해야 하는 등 설립요건이 간단한 것만은 아니기 때문이다.

또 손해배상준비금을 적립하지 않을 경우 보험이나 공제기금에 가입해야 하는 부담도 있다. 여기에다 무한 법무법인이 법무조합으로 조직을 바꾸려면 청산절차를 거쳐야 하며, 이 과정에서 세금문제 등을 피할 수 없어 주저하고 있다는 것이다.

일선 로펌들은 법무부에 과세유예 등 조직변경을 촉진하는 여러 방안의 강구를 건의하고 있으나, 기획재정부 등의 입장이 얽혀 아직 시원한 대답은 나오지 않고 있다.

이런 가운데 법무부는 변호사법을 거듭 고쳐가며, 유한 법무법인과 법무조합 등 대형화에 유리한 공동사무소 형태의 제도적 기반 조성에 힘쓰고 있다. 2008년 9월부터 시행되는 새 변호사법도 이런 내용에 초점이 맞춰져 있다.

법무부는 의무로 돼 있는 법무조합의 공시 범위를 축소하고, 법무법인이 유한 법무법인 또는 법무조합으로 간편하게 조직을 변경할 수 있는 조직변경의 특례조항도 변호사법에 신설했다. 과세문제는 몰라도 조직변경 절차 등은 법무부 차원에서 최대한 배려하려 하고 있는 것이다.

시간이 걸리겠지만, 대형화와 함께 한국 로펌의 조직형태가 더욱 다양해 질 것은 분명해 보인다. 특히 법무조합은 영, 미의 대형 로펌들이 채택하고 있는 LLP(Limited Liability Partnership)와 가장 유사한 제도로 알려져 있어 국내 로펌들의 선택 여부가 주목되고 있다.

5. 2위 경쟁

 법무법인 세종의 대표를 맡고 있는 김두식 변호사는 2007년 1월 신년사에서 '확실한 2위 로펌으로서의 위치 구축'을 세종의 그 해 경영목표로 제시해 안팎의 주목을 받았다. 세종은 물론 장기적으로 업계 1위를 목표로 하고 있다. 김 대표는 필자와의 인터뷰에서 아시아의 최고 로펌이 되겠다고 밝힌 적도 있다. 그는 그러나 이런 장기적인 목표에 앞서 '확실한 2위'라는 현실적인 목표를 내걸고, 구성원들의 분발과 각오를 주문하고 나선 것이다.

 다양한 리그를 형성하며 경쟁이 갈수록 치열해지고 있는 한국 로펌업계에선 선두다툼 못지않게 2위, 3위 경쟁도 뜨겁게 펼쳐지고 있다. 특히 김&장에 이어 2위권을 형성하고 있는 광장, 세종, 율촌, 태평양, 화우 등을 중심으로 전개되는 2위 중 1위 다툼이 치열하다.

 일단 규모에 있어서 약 400명의 국내외 변호사가 포진한 김&장이 단연 앞서 나가고 있다. 이어 2008년 8월 현재 태평양, 광장, 세종, 화우, 율촌 순으로 변호사가 많지만, 변호사 200명 안팎의 규모로, 김&장과는 많은 차이가 난다. 언론 매체 등이 조사한 결과에 따르면, 사건 수임 등에 있어서도 김&장이 여러 분야에서 선두의 위치를 차지하고 있는 것으로 분석되고 있다.

 그러나 사건 수임으로 압축되는 법률시장의 특성상 2위, 3위도 시장에서 차지하는 의미가 작지 않아 2위, 3위를 둘러싼 경쟁 또한 중요시되고 있다.

 무슨 얘기냐 하면, 전통적인 형태의 법적 분쟁은 대개 원, 피고의 대립 당사자 구조로 이뤄지는 게 보통이다. 원고가 있으면, 피고가 있는 식으로 최소한 둘 이상의 당사자가 전제돼 있다. 최근 들어선 원고와 피고 외에 사실상 제3, 제4의 여러 당사자가 서로 얽힌 가운데 복잡한 구조로 전개되는 분쟁이 갈수록 늘어나고 있다.

 또 대형 로펌들이 주로 맡아 처리하는 이른바 빅 딜(big deal)의 경우에는 원, 피고의 개념을 떠나 관련 당사자가 이해관계인의 수만큼 따라 붙는 경우가 허다하다. 그럴듯한 기업이 M&A 시장의 매물로 나와 입찰을 보기라도 하면, 군침을 흘리는 여러 업체가 제각각 유명 법률회사를 앞세워 응찰에 나서는 법률대리전이 길게 펼쳐진다.

 올 가을 우선협상대상자가 정해질 것으로 예상되는 대우조선해양 매각건의 경우 법무법인 광장이 매각사인 대우조선해양을 맡아 자문을 제공하고 있다. 또 인수희망자 측에선 김&장이 GS를 대리하고, 법무법인 태평양이 포스코, 세종이 한화를 대리하는 등 이른바 '빅4 로펌'이 모두 참여해 치열한 법률대리전을 펼치고 있다. 인수전엔 현대중공업도 가세했다. 대우조선의 자산가치만 9조 4000억원에 이르는 빅딜이다.

검사와 피고인의 구도로 짜여지는 형사재판의 경우도 피고인 하나만을 생각할 것은 아니다. 대검 중수부가 칼을 빼든 2002년 제16대 대선 불법자금 사건의 경우 여러 기업체로 수사가 확대되면서 변호사 또는 법률회사가 커버해야 할 피의자, 피고인의 수가 그만큼 늘어나기도 했다.

주목해야 할 것은 이런 경우 특정 변호사나 법률회사는 원칙적으로 어느 한 당사자만을 맡을 수 밖에 없어 1위 로펌에 이어 2위, 3위 로펌도 시장에서 의미가 작지 않다는 점이다. 바꾸어 말하면, 2, 3등만 하더라도 1등이 대리하는 당사자를 제외한 나머지 당사자를 나누어 맡으며, 1등 못지않게 사건을 수임할 수 있어 선두다툼에 이어 2위, 3위 경쟁으로 전선이 확대되고 있는 것이다.

문제는 로펌간 순위 경쟁이 외형적인 규모를 둘러싼 그것에 집중된 감이 없지 않다는 점이다.

법률회사들을 취재하다 보면, 로펌들이 변호사 숫자로 대표되는 로펌의 규모와 순위에 매우 민감하게 반응하는 경우를 자주 경험하게 된다. 상대 로펌의 변호사 수가 부풀려졌다고 문제 제기를 해오기도 하고, 관련 기사에서 로펌을 거론하는 순서를 따지고 나오는 로펌도 없지 않다. 이는 물론 전문성 등 로펌의 경쟁력 순위를 매길 수 있는 객관적인 자료가 없는 상황에서 대기업 등에서 일단 규모를 기준으로 순위를 매겨 사건을 맡기고 있는 '규모 중시 분위기'와도 무관하지 않아 보인다.

영, 미의 로펌업계처럼 총 매출과 함께 파트너 변호사 1명당 수익 등 실질적으로 로펌의 순위나 성과를 매길 수 있는 더욱 객관적인 자료와 치밀한 분석이 준비되어야 하는 이유가 여기에 있다.

6. 이해관계 충돌 (Conflict of Interests)

나중에 현대로 넘어갔지만, 기아자동차가 국내외 자동차 메이커를 상대로 공개경쟁 입찰을 실시한 1998년 여름. 법무법인 세종은 모 자동차회사로부터 응찰 업무를 대리해 달라는 부탁을 받았다. 제법 짭짤한 딜이 될 수 있어 이를 맡는 방안을 놓고 시니어 변호사들이 논의를 벌이는 등 숙의를 거듭했다.

그러나 맡지 않는 것으로 결론을 냈다. 이미 발주자에 해당하는 기아자동차 측을 맡아 입찰조건 마련 등 온갖 일을 뒷바라지하고 있어 이 자동차회사마저 떠맡을 경우 두 회사 사이에 이해관계가 충돌할지 모른다는 우려가 제기됐기 때문이다.

이보다 앞선 그 해 초 김&장은 국내 증권사 등과의 분쟁에 연루된 JP모건으로부터 사건을 맡아 달라는 요청을 받았다. 결과는 역시 비슷한 이유로 수임을 거절했다.

사안은 역외펀드 운용에 따른 손실 부담을 놓고 JP모건과 SK증권, 한남투신, 보람은행, 주택은행, 현대투자신탁 등 다수의 국내 금융기관이 맞붙은 국제송사로, 다투는 금액만 2억 5000만 달러에 이르는 등 진전 여하에 따라선 상당한 장사가 될 수 있는 대형 사건이었다. 그러나 1년 전인 97년 초 말레이시아에 펀드를 설정할 때 김&장이 JP모건과 SK증권 등 거래 당사자들을 상대로 각종 법률자문을 제공한 터라 이제는 상대방이 된 SK증권 등과의 이해관계 충돌이 우려돼 맡지 않기로 한 것이다.

이미 이 펀드에 관련된 국내 금융기관 등을 하나씩 대리하고 있는 다른 로펌들도 김&장과 비슷한 이유로 JP모건을 맡지 않았다. JP모건은 결국 이같은 사정이 없는 열린합동법률사무소를 찾아갔고, 열린합동의 황상현 변호사 등이 JP모건을 맡아 소송을 진행했다.

JP모건 케이스는 이후에도 세종과 열린합동이 합병하는 데 걸림돌로 작용했다. 세종이 JP모건의 상대방인 현대투자신탁을 맡고 있어서 두 법률회사가 합칠 경우 원, 피고를 함께 대리하는 모순이 발생할 수 있었기 때문이다. 세종과 열린은 결국 JP 모건 사건에서 각각 사임한 후 2001년 초 합병을 성사시켰다.

로펌의 대형화와 관련, 컨플릭트(Conflict of Interests · 이해관계 충돌) 방지가 로펌 업계의 최우선 과제 중 하나로 대두되고 있다. 변호사가 늘면서 업무 역량은 그만큼 신장되고 있으나, 이해관계 충돌 여부를 따져 보아야 할 검색 범위도 변호사 수에 비례해 늘어나고 있기 때문이다.

최근 들어선 로펌간 합병이 이어지며 합병로펌에서 이 문제가 도마 위에 오르는 경우가 적지 않다. 별개의 로펌으로 각자의 고객을 대리할 땐 설령 두 로펌에서 대리하는 양 당사자 사이에 이해관계가 충돌해도 전혀 문제될 게 없었으나, 두 로펌이 하나로 합침에 따라 양 당사자를 동시에 대리하는 게 원칙적으로 곤란해졌기 때문이다.

이런 이유로 합병이 늦어지는 경우도 없지 않은 게 현실이다. 2003년 2월 법무법인 화백과 우방이 합칠 때도 10여 사건에서 이런 문제가 나타났다. 두 로펌은 대리인에서 사임하거나 고객에게 선택권을 주는 등의 방법으로 이를 해결했다는 후문이다.

당사자 사이에 이해관계가 충돌될 우려가 있는 경우 관련 당사자의 동의가 없는 한 원칙적으로 한 당사자 이외의 다른 당사자를 대리할 수 없다. 로펌은 특히 수십, 수백 명의 소속 변호사 전부를 상대로 조직 전체의 입장에서 이해관계 충돌 여부를 따져보아야 하기 때문에 개인변호사 사무실보다도 이 문제가 더욱 복잡미묘하게 제기된다.

극단적으로 표현하면, 어느 한 팀에서 A기업을 맡았다면 그 로펌 내의 다른 어떤 팀, 어느 변호사도 A기업과 이해관계 충돌의 우려가 있는 다른 기업을 맡을 수 없다. 대한변협도 97년 12월 이른바 신성무역사건에서 "조직의 외형에 관계없이 로펌일 경우 소속 변호사 모두를 상대로 이해관계 충돌 여부를 가려야 한다"고 이 점을 분명히 하고 있다.

또 로펌이 처리하는 사건은 대개 원·피고의 두 당사자로 구성되는 일반 소송사건과는 달리 여러 당사자가 관련된 가운데 복합적으로 전개되는 기업간 분쟁 등이 많아 이 점에서도 이해관계 충돌의 위험 및 회피의 범위가 확장되고 있다.

물론 당사자들 사이에 이해관계가 일치하는 경우도 없지 않다. 표면상으론 당사자가 여럿이나, 실질적으론 이해관계가 맞아떨어져 당사자들의 동의 아래 한 로펌에서 일을 매듭짓는 펀드 설정 등이 그렇다.

로펌의 한 변호사는 "외국 등으로부터 돈을 빌리는 경우 이자율이나 지급기한·조건 등은 국제상거래 관행 등에 따라 당사자들이 일괄타결한 후 후속절차 등을 한 로펌에 맡겨 일사천리로 처리하는 경우가 꽤 된다"며, "이 경우는 어느 한쪽의 당사자라기보다 거래관계 전체의 대리인으로서의 성격이 강하다"고 설명했다.

로펌들은 내부에 관련 위원회 등을 두어 컨플릭트의 우려가 있는 사건의 수임을 제한하는 등 문제 발생의 소지를 원천적으로 차단하고 있다. 앞의 예에서 알 수 있듯이 이해관계 충돌의 소지가 있는 사건 자체를 맡지 않는 것이다.

사정이 이렇다 보니 어차피 어느 한쪽만 맡을 수밖에 없는 로펌으로선 여러 당사자 중 일감이 많고, 수임료를 많이 받을 수 있는 쪽을 맡기 위해 상대적으로 덩치가 작은 다른 쪽 당사자의 수임을 일부러 회피하는 경우도 나타나고 있다. 컨플릭트 회피가 의뢰인의 변호사, 로펌 선택권을 제한하는 요인으로 작용하고 있는 셈인데, 사건 수임에 자신있는 일류 로펌일수록 보다 여유를 가지고 당사자를 가려 맡을 수 있음은 물론이다.

기업들도 컨플릭트 법리를 악용할 소지가 있다. 여러 로펌으로부터 법률자문 의견서를 받아 놓고 해당 로펌이 상대방을 대리하면 중복수임이라고 트집잡아 사건을 맡지 못하도록 방해하는 식이다. 로펌의 한 변호사는 "재력이 있는 의뢰인 중엔 아예 경쟁상대가 될 만한 로펌을 모두 선임해 상대방이 특정 로펌을 이용하지 못하도록 싹쓸이하는 경우도 없지 않다"고 귀띔했다. 이 경우 다른 기업에겐 로펌 선택의 범위가 축소되는 결과로 이어질 수 있다.

이에 따라 로펌 중엔 관련 당사자들에게 이해관계가 서로 얽힐 수도 있다는 점을 미리 설명한 후 동의를 받아 각기 다른 변호사·팀으로 하여금 각각의 당사자를 맡아 처리하도록 하는 경우도 꽤 되는 것으로 알려지고 있다. 피해가는 대신 동의로 마찰의 소지를 사전에 없애 버리는 것이다. 관련 당사자가 중복수임을 용인하는 것이므로 컨플릭트 문제는 발생하지 않는다.

컨플릭트 회피에 관한 경험이 많이 축적된 유럽 등에서도 이해관계 충돌의 우려와 관련, 로펌과 의뢰인 사이의 상업적 판단에 맡기는 등 탄력적인 기준을 마련하고 있는 것으로 알려지고 있다.

컨플릭트 회피의 범위를 확대하면, 당해 사건의 법률적인 이해관계를 떠나 일반적인 이해관계까지 고려해 사건 수임 여부를 결정해야 한다는 극단적인 경우도 예상할 수 있다. 즉, 모 기업을 대리한 적이 있다면, 이 기업과 경쟁관계에 있는 다른 기업은 어떠한 경우에도 맡지 말아야 한다는 식이다. 실제로 '저쪽 맡았던 너희 하고는 안한다'는 식으로 일종의 심리적인 컨플릭트(psychological conflict)까지 문제로 제기하는 기업이 없지 않다고 한 로펌 변호사가 지적했다.

비록 법률적인 이해관계는 충돌하지 않더라도 경제적·심리적 이해관계 충돌의 위험은 있을 수 있다는 발상인데, 이에 대해서는 로펌보다도 고객 기업 쪽의 문제로 보아야 한다는 시각이 많다. 일상적인 자문에서 분쟁 해결에 이르기까지 특정 로펌만 이용함으로써 자연스럽게 경쟁기업으로 하여금 다른 로펌을 이용하도록 고객 스스로 노력해야 한다는 것이다.

외국 기업들은 사건이 터질 때마다 로펌을 찾아다니지 않고 어느 한 로펌을 장기적으로, 고정적으로 이용하는 경향이 강해 이같은 문제가 잘 생기지 않는다고 한다. 세계적인 금융 그룹인 시티그룹의 경우 금융 분야가 특히 강한 뉴욕 맨해턴의 셔먼 & 스털링(Shearman & Sterling)과 오랜 고문관계를 유지하고 있는 것으로 유명하다.

반면 국내 기업들은 특정 로펌과 생사를 같이하기 보다는 사건이 생길 때마다 입찰 등의 방식으로 로펌을 선정하는 등 여러 개의 로펌을 돌아가며 이용하는 경향이 없지 않다. 이런 경우 기업으로선 로펌 간 경쟁을 유발시켜 수임료 인하 등의 덕을 볼 수 있을지 몰라도 로펌마다 관계를 맺고 나섬으로써 스스로 이해충돌을 자초하고, 정보 유출의 가능성을 높이게 된다. 사건 위임에 있어서의 순결성은 고객 쪽에서 이미 상당부분 빛이 바랜 감이 없지 않은 것이다.

7. 전문화

　대형화와 함께 로펌의 업무 스타일을 상징적으로 말해주는 또 하나의 특징으로 전문화를 꼽을 수 있다. 사실 전문화된 법률서비스가 아니라면, 로펌을 개인변호사 사무실보다 비교우위에 놓고 얘기하는 것 자체가 부적절할지 모른다. 발달된 로펌일수록 업무분야를 더욱 나눠 깊이있는 전문화를 추구하고 있으며, 전문화가 로펌 경쟁력의 척도라고 해도 전혀 틀린 말이 아니다.

　대형화도 업무 수행에 있어서의 전문화로 이어질 때 의미가 있지, 단순히 덩치만 크다면 개인변호사 사무실을 단순히 포개놓은 것과 크게 다르지 않다고 해야 할 것이다. 로펌들이 경쟁적으로 대형화를 추구하는 것도 실은 더욱 업무 전문성을 높이려는 전문화 추구의 노력에 다름 아닌 것이다.

　로펌들은 대형화와 함께 꾸준히 전문화를 추구하고 있다.

　매년 신입변호사를 뽑아 분야별로 배치하고, 고된 훈련과 외국 유학 등을 통해 해당 분야의 맹장으로 길러낸다. 또 기업체 등의 법무 수요를 분석해 새로운 전문분야를 개발하는 노력을 병행하고 있다.

　로펌의 홈페이지를 방문해 보면, 로펌마다 많게는 수십 개로 나뉜 업무분야를 확인할 수 있다. 그만큼 로펌은 분야를 나눠 업무를 수행하고 있으며, 분야별 전문변호사의 양성에 공을 들이고 있다.

로펌에 따라 차이가 없는 것은 아니지만, 로펌의 업무분야는 대개 회사법과 금융의 양대 축으로 나눌 수 있다. 그러나 지금은 두 분야 모두 시작을 알 수 없을 만큼 갈수록 세분화되고 있다.

금융의 경우 이미 증권이 갈라져 나간 데 이어 항공기금융·선박금융, 프로젝트 파이낸싱, 자산유동화, 구조화 금융 등으로 전문화가 진척되고 있다. 회사법 분야도 공정거래, 통상, 지적재산권, 조세, 노동, 정보통신, 부동산, 환경 등 업무의 내용과 관련 업종에 따라 분야가 갈라지고 있다.

얼마 전부터 비중이 늘어나고 있는 송무 분야도 로펌의 업무분야에서 빼놓을 수 없다. 송무 분야는 또 기업, 기업인 등이 관련된 기업 형사사건이 늘며 검찰 형사팀이 강화되고 있다. 송무팀엔 법원, 검찰 등에서 경력을 쌓은 재조 출신 변호사들이 포진하고 있으며, 특히 형사팀은 검사 출신 변호사들이 주축을 이루고 있다.

국내 로펌 중 가장 많은 변호사를 보유한 김&장을 예로 들면, 홈페이지에서 수십 개로 나눠지는 업무분야를 소개하고 있다.

금융의 경우 ▲구조화금융 ▲금융기관 ▲비은행 금융기관 ▲도산·기업회생 ▲리스금융 ▲선박금융 ▲항공기금융 ▲보험 ▲사모투자 ▲은행·금융지주회사 ▲인수·합병 금융 ▲자산운용 ▲증권 ▲자본시장 ▲증권규제 ▲파생상품 ▲프로젝트 파이낸싱으로 나눠 담당변호사와 함께 안내하고 있다.

또 회사법 분야라고 할 수 있는 기업일반의 경우 ▲건설 ▲공정거래 ▲관세 및 국제통상 ▲기업인수·합병 ▲기업지배구조 ▲도산·기업회생 ▲방송·통신 ▲부동산 ▲부패방지·준법감시 ▲사모투자 ▲에너지·자원 ▲엔터테인먼트 ▲외국인투자 ▲인사·노무 ▲제약·식품·의료 ▲해외투자 ▲환경으로 업무가 세분화되고 있다.

국내 로펌업계는 1950년대 후반부터 형성되기 시작했다. 그러나 전문화는 1980년대 들어 사법연수원을 수료한 젊은 변호사들이 대거 로펌으로 몰려들기 시작하면서 본격화됐다. 로펌의 식구가 늘면서 한 사건을 여러 사람이 나누어 함께 처리할 수 있는 여유가 생겼고, 논점을 나눠 분석한 후 이를 또 다시 종합하는 분업의 원리가 더욱 활발하게 추진됐다.

이후 분야는 더욱 세분화되고 전문화의 정도가 갈수록 깊어지고 있다. 또 그렇지 않고서는 고객의 요구를 충족할 수 없을 만큼 기업법무의 수준도 하루가 다르게 발전하고 있다. 사안이 복잡하고 문제되는 논점이 수십 개씩 얽혀 있는 기업 관련 사건의 경우 변호사 한, 두 사람이 해결하기에는 우선 물리적으로 불가능한 경우가 적지 않다. 또 분야별로 고도로 숙련된 전문변호사의 공동작업이 아니고서는 만족할 만한 해답을 찾아내는 것도 쉬운 일이 아니다.

로펌의 전문화와 관련, 변협 등에선 전문변호사 제도에 대한 논의가 활발하게 진행되고 있다. 전문변호사란 일정한 요건 하에 특정 분야에 대한 전문변호사 자격을 부여하고 이를 간판이나 명함·광고 등에 사용할 수 있도록 하는 제도로, 미국, 영국, 독일, 캐나다 등에선 이미 도입해 운영하고 있다. 우리는 아직 논의되는 단계에 불과하다.

특정 분야에 대한 높은 전문성을 갖추고 맹활약하고 있는 로펌의 변호사들을 가리켜 흔히 전문변호사라고 부르기도 하지만, 공인된 명칭은 아니다. 변협의 설문조사에 따르면, 일선 변호사의 절반 이상이 전문변호사 제도의 도입에 찬성하는 것으로 나타나고 있다.

8. 영역확대

1998년 1월.

IMF 위기가 정점에 달했을 때다. 한국 정부는 미국 뉴욕에 본사를 둔 국제적인 로펌 클리어리 고틀립(Cleary Gottlieb Steen & Hamilton)의 마크 워커(Mark A. Walker) 변호사를 법률고문으로 위촉했다. 워커는 미국 측 채권은행단으로부터도 변호사로 일해 달라는 요청을 받은 것으로 알려진 국제채무협상의 전문가로, 그는 우리 측을 대리해 채권단을 상대로 갖가지 전략을 동원해 가며 성공적으로 외채협상을 수행했다. 나중에 이런 공로를 인정받아 한국 정부로부터 수교훈장 홍인장을 받았다. 정부는 물론 워커 변호사에게 상당한 액수의 자문료를 지급했다.

변호사의 활동무대라고 하면 법원과 검찰을 생각하는 사람이 많다. 이들은 소송이 제기되거나 검찰의 수사가 시작되어야 비로소 변호사의 모습을 떠올리게 된다.

그러나 로펌의 기업자문 변호사들은 법정과 검사실 보다도 오히려 협상 테이블에서 활약하는 경우가 더 많다. 큰 딜(deal)의 막바지 협상에 이르면, 양측을 대리하는 변호사들이 호텔방에 마련된 협상장에서 햄버거로 식사를 해결하며, 날이 밝을 때까지 줄다리기를 계속하는 광경을 자주 목격할 수 있다. 딜은 대개 새벽에 타결되는 경우가 많다. 계약서 내용 중 거의 맨 뒷부분에 들어가는 분쟁해결 조항은 딜의 타결을 앞둔 새벽녘에 마무리되는 경우가 많아 '새벽 조항'이라는 별칭이 붙어있을 정도다.

로펌 변호사들의 활동영역은 더욱 넓어지고 있다. 법원과 검찰 중심의 전통적인 영역에서 M&A 딜 등의 협상 테이블을 거쳐 행정부처나 준(準)사법기관의 기능을 수행하는 정부의 각종 위원회, 국회, 국제기구 등으로 확대되고 있다.

1901년 뉴욕에서 비즈니스를 시작한 미국 로펌 화이트 & 케이스(White & Case)의 홈페이지에 들어가 보았다. 수십 개의 영역으로 나뉘어 소개되고 있는 업무분야(Practices) 중 Legislative/Law Reform 분야가 눈길을 끈다. 입법/법령 개폐 쯤으로 번역할 수 있는 이곳에 마우스를 갖다 대고 클릭해 보았다. 신흥시장 경제에서 필요한 법령 개폐와 관련된 자문을 제공한다는 말로 시작되는 기다란 설명이 실려 있다.

특히 회사법, 부동산, 독점금지, 파산 등과 관련된 법령에 대한 자문은 물론 새로운 자본시장에 관한 규제와 입법을 통해 의뢰인을 지원한다고 설명하고 있다. 화이트 & 케이스는 또 러시아 증권시장의 법적 시스템을 구축하는 일을 자문했다고 소개했다.

미국과 아시아, 유럽에 모두 1800명의 변호사가 포진하고 있는 국제로펌인 Mayer Brown도 Government라는 업무분야를 따로 두고, 관련 업무를 소개하고 있다. 노련한 정치적 경험과 첨단 법률지식을 이용해 미국과 유럽 등 주요 나라와 지역에서의 정책형성, 입법, 규제들과 관련해 자문을 제공하고 있다고 설명하고 있다. 또 고객들에게 관련 입법과 정책 등에 대한 적절한 위치 선정에 대해 자문을 제공함으로써 그들이 공공정책에 관한 목표들을 진척시키도록 돕고 있다고 안내하고 있다.

이에 관한 Mayer Brown의 부연 설명이 재미있다. Mayer Brown은 "우리 팀은 모든 범위의 정부기관에 대한 접근(access)을 즐기지만, 접근은 전략(strategy)이 아니라 기회(opportunity)' 즉, 빠르게 변화하는 글로벌 시장에서의 전반적인 규제와 입법 환경을 변화시키는 기회"라고 설명하고 있다. 법률잡지인 'Chambers USA'의 Mayer Brown에 대한 평가도 관심을 끈다. 'Chambers USA 2006'은 "Mayer Brown이 정치(politics)가 아닌 정책(policy)에 집중함으로써 대(對)정부 관련 업무를 발전시켜 왔다"고 소개했다.

하나 더 예를 들면, Chamber USA 등의 법률잡지에서 대정부(Government) 관련 업무분야에서 가장 높은 평가를 받고 있는 로펌 중 한 곳인 에이킨 검프(Akin Gump Strauss Hauer & Feld)의 활약이다. 에이킨 검프 역시 홈페이지에서 Policy and Regulation이라는 이름으로 정부 관련 업무를 소개하고 있다.

이에 따르면, 기업들이 점차 장기적인 관점에서 사업영역을 확장하고, 사업전략을 강구하기 위한 노력과 계획의 수립, 실행에 많은 인력과 비용을 투입하는 상황에서 정부의 각종 규제 또한 점점 복잡, 다양해지고 있기 때문에 정부의 입법이나 정책방향이 이런 장기적 사업목적에 미치는 영향에 대한 검토와 분석 또한 필수라고 강조하고 있다. 특히 에너지나 IT 분야처럼 정부의 정책방향 여하에 따라 커다란 영향을 받을 수 있는 산업의 경우 기업 현장에서 느끼는 불필요한 규제나 장래의 도약을 위한 필수적인 입법사항을 관련 기관에 전달하고 반영될 수 있도록 하는 통로가 있다는 것 자체가 사회적 인프라 아니냐고 덧붙이고 있다.

한국의 로펌들은 아직 행정부처 등 정부 관련 업무를 개척하고, 수행하는 데 있어서 영, 미의 로펌들처럼 활발해 보이지 않는다. 그러나 최근들어 로펌마다 이의 중요성을 인식하고, 관련 비즈니스를 확대하고 있어 고무적인 변화로 받아들여지고 있다. 로펌으로서는 시장의 확대이며, 기업 등 의뢰인의 입장에선 법률서비스의 향상으로 이해할 수 있기 때문이다.

의뢰인의 입장에서 보면, 사안의 해결이 중요한 것이지 법원이 되었든, 행정기관이 되었든, 아니면 국회가 되었든 사안이 관련된 영역을 구분해서 볼 일은 아닐 것이다. 또 가급적이면 마지막 수단이라고 할 수 있는 법원 단계에서 해법을 찾기 보다는 입법이나 행정기관 등 그 이전 단계에서 미리미리 분쟁을 예방하고, 목적을 달성하길 바랄 것이다. 파출소 단계에서 문제를 해결해야 비용이 가장 적게 든다는 말도 있지 않은가.

로펌들은 우선 행정처분에 불복해 행정소송을 내기에 앞서 제기하는 행정심판 사건을 맡아 상당한 활약을 펼치고 있다. 조세 부과에 대한 국세심판 청구도 그 중 하나로, 주요 로펌에 세무사 자격을 갖춘 국세청 직원 출신 등이 상당수 근무하고 있는 것도 이런 추세와 무관하지 않다.

준사법기관이라고 할 수 있는 공정거래위원회 업무와 관련해선 공정위 심사단계에 변호사들이 직접 나가 공무원들 앞에서 프리젠테이션과 변론을 하는 등 심사단계부터 관여하고 있다. 일종의 청문절차에서 법률적인 뒷바라지를 하는 셈인데, 나중에 과징금 부과나 민, 형사 제재로 이어질 경우 이들 사건을 대리해 본격적인 대응에 나서고 있음은 물론이다.

주요 로펌엔 공정위 공무원 출신의 전문가들이 포진해 변호사들과 함께 관련 업무를 수행하고 있다. 업무영역이 확대되며 로펌에 근무하는 전문가 구성이 다양해지고 있는 것이다. 그러나 이들의 로펌행에 대해서는 앞에서 지적한 것처럼 판, 검사 출신 변호사와 마찬가지로 전관예우 논란 등이 일고 있다. 또 공직자윤리법을 고쳐 일정기간 로펌행을 차단해야 한다는 의견도 나오고 있다.

금융감독원이나 정보통신부, 식품의약품안전청 등 인·허가 업무를 많이 취급하는 부처나 기관도 로펌의 변호사들이 중시하는 곳이다. 의뢰인의 부탁으로 관련 의견서를 제공한다든가, 직접 현장에 나가 검토한 내용을 설명하기도 한다고 로펌의 한 변호사가 얘기했다.

그러나 이런 진전에도 불구하고, 소송 등으로 비화되기 전 단계에서의 자문 등은 여전히 미흡하다는 게 여러 변호사들의 공통된 의견이다. 행정기관 등에서 이루어지는 청문절차가 형식적으로 진행되는 경우가 많아 변호사가 비집고 들어갈 여지가 많지 않다고 한다.

또 대 행정부처 관련 업무를 로비행위쯤으로 여기는 부정적인 인식도 이쪽 분야의 업무를 확대려는 로펌의 노력에 장애요인으로 지적되고 있다. 변호사들은 "공무원 만나서 밥 먹고 술 먹고 하자는 게 아니라 법적인 의견을 제시하고, 의뢰인의 입장과 관련 업종의 국내외 동향 등을 설명해 합리적인 결론을 도출해 보자는 것인데 색안경을 쓰고 보는 것 같아 안타깝다"는 입장을 보이고 있다.

외국 로펌의 예에서도 알 수 있듯이 많은 기업들이 행정기관의 결정이나 인·허가, 법령 개폐 등과 관련해 폭넓은 법률서비스의 수요를 느끼고 있다. 또 치료법무 보다는 예방법무, 전략법무의 중요성에 대한 인식이 갈수록 높아지고 있다. 이런 점에서도 로펌의 업무영역은 법원과 검찰을 넘어 행정기관 등 관련 분야로 적극 확대될 필요가 있을 것으로 보인다.

9. 매출과 수익

기업 관련 사건을 주로 대리하는 로펌들은 상당한 수익을 올리고 있다. 말 그대로 높은 이익을 창출하는 법률회사가 로펌이다. 매출 외형을 그대로 비교할 수는 없지만, 웬만한 기업 못지않은 매출과 이익을 내고 있다.

링컨 카플란이 세계적인 로펌 스캐든에 관해 쓴 책의 부제(Power, Money and the Rise of a Legal Empire)에서 '영향력'과 함께 '돈'을 강조한 것은 로펌의 실상을 제대로 꿰뚫어 본 탁견인 것이다. 로펌들은 첨단 법률서비스의 제공으로 기업 등에 대해 막강한 영향력을 행사하는 한편 이를 통해 상당한 돈을 벌어들이고 있다.

로펌의 수익은 어느 정도일까.

외국의 로펌들은 총 매출은 물론 파트너 변호사 1명당 수익, 변호사 1명당 수익 등 로펌의 수익성에 관한 여러 지표를 공개하고 있다.

영국계 로펌인 클리포드 챤스의 경우 2007-2008 회계연도에 26억 1800만 달러의 매출을 올렸다고 2008년 5월 잠정 집계결과를 공표했다. 1 달러=1000원의 환율로 환산하면, 우리 돈으로 2조 6180억원을 벌어들인 셈이다. 전체 변호사 3800명으로 나누면, 변호사 1명당 약 7억원의 매출을 올렸다는 계산이 나온다. 클리포드 챤스의 2007-2008 회계년도는 2007년 5월 1일부터 2008년 4월 30일까지다. 지분을 가지고 있는 파트너 변호사 1명당 수익(PEP)은 226만 7000 달러. 우리 돈으로 22억 6700만원이다.

국내 로펌들은 아직 이런 내용을 공개하지 않는다. 간접적으로 추측할 수 있을 뿐이다. 그러나 잘 나가는 로펌의 경우 외국 로펌 못지않은 수익성을 내고 있다고 많은 사람들이 얘기한다. 로펌에 주로 사건을 맡기고 있는 여러 기업체의 사내변호사의 얘기를 들어보면, 한국 로펌들은 사건당 수임료에 있어서도 결코 외국 로펌에 뒤지지 않는다고 한다.

한 중견 로펌의 대표변호사는 "시간당 700 달러를 청구한다"며, "의뢰인에게 부담이 될까 봐 가급적 후배들이 일을 많이 하도록 하고, 나는 청구시간을 줄이고 있다"고 필자에게 말한 적이 있다. 또 웬만한 연조의 파트너 변호사가 되면 시간당 500달러는 보통 청구하는 것으로 알려지고 있다.

로펌은 소송 사건 등의 경우 개인변호사들처럼 착수금 얼마에 승소 때의 성공보수 약정으로 수임료를 정해 받기도 하지만, 기업자문 사건 등은 변호사의 시간당 청구기준에 일한 시간을 곱해 보수를 청구하는 게 보통이다. 이를 위해 로펌에선 변호사들마다 업무시간을 적어 내게 하고 있다.

1시간을 10등분 해 6분 단위로 시간을 환산하는 경우가 많다.

예컨대 의견서를 작성하는 데 30분이 소요됐다면 0.5로 기재하는 식이다. 어떤 로펌은 1시간을 4등분해 계산하기도 한다.

전체 수임료도 규모가 상당하다. 건당 수십 억원하는 사건은 이미 흔한 일이 돼 버렸다. 일각에선 수임료로 100억원이 넘는 돈을 받았다는 얘기도 흘러 나오고 있다. 사건 하나하나에 걸린 기업의 이익을 생각하면 이해 못할 일도 아니다.

'우리은행'이란 상호의 사용을 둘러싸고 우리은행과 신한은행 등 9개 시중은행이 맞붙은 상호 분쟁만 해도 양측이 모두 상당한 액수의 변호사 비용을 들이고 있다는 후문이다. 그만큼 이 분쟁에 걸린 양측의 이해관계가 막중하기 때문이다. 우리은행이 '우리은행' 브랜드를 개발하는 데만 수백억원의 돈을 들인 것으로 알려지고 있다. 2005년 하이트맥주의 진로 인수 때도 상당한 액수의 수임료가 건네졌다는 소문이 업계에 나돌았다.

딜의 규모가 커지고, 기업의 사활이 걸린 사건이 잇따라 터지면서 이들 사건을 도맡아 처리하는 국내 로펌들의 매출도 비례해서 늘어나고 있다.

반면 로펌들 사이의 경쟁이 심화된 나머지 사안에 따라선 덤핑공세도 없지 않은 게 로펌업계의 현실이다. 로펌의 변호사들을 만나보면, 서로 상대방 로펌이 터무니 없이 낮은 수임료로 사건을 맡으려 들어 걱정이라는 불만을 자주 들을 수 있는데, 그만큼 로펌들 사이에 수임료 덤핑이 횡행하고 있다는 반증이다.

로펌의 수익을 얘기할 땐 무엇보다도 파트너 변호사 1명당 수익을 주목해야 한다. 총 매출 보다도 이 지표가 더욱 중요하게 취급된다. 인적 회사인 로펌의 특성상 배당까지 마친 파트너 변호사의 연 수익만큼 로펌의 수익성을 판가름하는 중요한 잣대가 없기 때문이다.

미국의 상위 10대 로펌의 경우 파트너 변호사 1명당 수익이 2007년 기준으로 연간 200만 달러가 넘는 것으로 나타나고 있다. 1위를 차지한 왁텔, 립튼은 파트너 변호사 1명당 연수익이 495만 달러로 집계됐다. 이어 Cravath Swaine & Moore 330만 달러, Sullivan & Cromwell 306만 달러의 순으로 나타났다.

엄청난 액수의 연봉이 보장되는 미 로펌의 파트너 변호사는 법학도와 어소시엣 변호사들이 꿈으로 일컫는 매력적인 자리로 꼽힌다. 그러나 파트너에 오르는 게 쉬운 것은 아니다. 많은 어소시엣들이 파트너가 안 돼 로펌을 떠난다고 한다.

국내 로펌의 경우 파트너가 되는 게 미국처럼 어려운 것은 아니다. 그러나 연봉은 그들 못지않게 높은 수준인 것으로 알려져 있다. 국내 로펌들은 "외부에서 생각하는 것처럼 그렇게 많이 받지 못한다"고 확대 해석을 경계하고 있으나, 일류 로펌의 경우 외국 로펌의 파트너 변호사 뺨치는 경우도 없지 않다고 한다.

지금부터 몇 년 전의 일이지만, 2004년의 로펌별 세금 신고 내역이 업계에 나돈 적이 있었다. 비공식 자료이긴 하지만, 각 로펌의 사정을 제대로 반영한 의미있는 자료로 여러 사람의 입에 오르내렸다.

이에 따르면, 수익성이 거의 최고인 한 로펌의 경우 대략 변호사 1명당 6억원 가량의 매출을 올린 것으로 나타났다. 이 로펌은 그렇게 규모가 큰 대형 로펌은 아니었다. 또 그때만 해도 자문 업무보다는 송무를 많이 해 온 이른바 송무 중심의 로펌이었다.

물론 대형 로펌 중에도 이 정도의 수익성을 낸 로펌이 있었다. 하지만 많은 로펌들은 변호사 1명당 매출이 이보다 떨어졌다. 변호사 1명당 6억원의 매출이 거의 최고 수준의 매출이었던 셈이다. 물론 이는 어소시엣 즉, 소속변호사 수를 포함해 집계한 통계였다.

무슨 얘기냐 하면 이 내용을 잘 분석하면 국내 로펌의 파트너 변호사의 평균 매출을 가늠할 수 있다는 것이다. 또 여기에 변호사 수를 곱해 로펌별 전체 매출을 추정하는 것도 가능해진다. 물론 수익성이 이보다 떨어지는 로펌은 총 매출도 줄어들 수밖에 없다.

파트너 변호사 대 어소시엣의 비율이 평균 1 대 2라고 치자. 파트너 변호사가 어소 2명을 지휘하니까 변호사 1명당 매출이 6억원이라면, 파트너 변호사 1명이 어소 2명을 지휘해 연간 18억원의 매출을 올렸다는 계산이 나온다. 여기서 고정급이 원칙인 어소 2명의 연봉과 사무원과 여직원 급여, 임대료 등 운영비 분담액을 빼면 파트너 변호사 1명의 순수한 연 매출을 알 수 있다는 것이다. 어소 2명의 연봉이 1인당 1억 2000만원씩 2억 4000만원이라고 하면, 기타 비용을 공제하더라도 줄잡아 십 수

억원이 파트너 변호사 차지라는 얘기가 된다. 여기서 세금을 뺀 나머지가 파트너 변호사에게 돌아가게 되는 것이다.

그러나 이는 어디까지나 평균이 그렇다는 얘기다. 파트너 변호사들은 변호사마다 지분이 다르다. 때문에 지분이 많은 고참변호사나 대표변호사 등의 경우는 돌아가는 몫이 이보다도 훨씬 많을 것이라는 사실을 쉽게 추정할 수 있다. 실제로도 로펌의 파트너 또는 대표변호사 중엔 꽤 많은 수익을 올리는 변호사가 적지 않은 것으로 알려져 있다.

일벌에 해당하는 로펌의 어소시엣 변호사들도 급여가 적지 않다. 로펌마다 다르지만, 일류 로펌에 입사한 신참변호사의 경우 초임이 거의 세전 1000만원에 육박한다고 한다. 이를 기준으로 파트너가 될 때까지 매년 급여가 인상되는 게 보통이다.

금융 관련 업무를 많이 처리하는 한 중소로펌은 2005년 말 사법연수생을 상대로 변호사 채용 공고를 내면서 초임을 공개했다. 세전 월 830만원. 3년간 군법무관 근무를 마치고 입사하는 3기수 위의 초임변호사에겐 월 960만원을 지급한다고 했다.

그러나 업무 성과에 따라 상당한 액수의 보너스를 지급하는 등 로펌에 따라 어소의 보수체계도 파트너 변호사의 그것과 비슷해지고 있다. 잘 나가는 로펌일수록 파트너에서 어소에 이르기까지 높은 매출에 이은 고배당, 고수익의 선순환이 이루어지고 있다고 하면, 틀린 말이 아니다.

10. 공익활동(Pro Bono)

얼마 전부터 로펌의 변호사들은 무료 법률상담이나 봉사활동 현장에도 자주 모습을 드러내고 있다. 이른바 공익활동에 적극 나서고 있다.

법무법인 율촌은 2008년 8월 서울복지재단과 '아름다운 이웃, 서울디딤돌' 참여협약을 맺고, 서울시내 37개 복지시설과 연계해 저소득층을 대상으로 온라인 무료법률 상담을 진행하기로 했다. 이보다 두 달 앞선 6월 법무법인 세종의 이병주 변호사 등은 한 외국인인권상담소를 방문해 임금체불 등에 대한 법률상담을 벌였다. 또 김&장의 변호사들은 오래 전부터 서울시청 등에서 무료 법률지원 활동을 해 오고 있다. 외국인 변호사들은 불우시설 아동을 대상으로 무료 영어강습도 진행하고 있다.

여러 로펌의 변호사와 직원들이 2007년 12월 충남 태안 앞바다에서 일어난 기름 유출 사고와 관련, 직접 태안 현장을 찾아 기름띠 제거 등의 봉사활동을 벌이며 구슬땀을 흘렸다는 사실도 알만한 사람들은 다 안다.

세상에 잘 알려져 있지는 않지만, 로펌들은 공익활동을 펼치는 사회단체 등에 적잖은 돈을 지원하고 있다. 또 이들 단체들은 이렇게 모은 기금을 바탕삼아 공익소송을 수행하고 있다. 관련 법의 입법을 지원하며, 사회적 약자 등에 대한 법률상담과 법률교육 등의 사업을 활발하게 펼치고 있다.

로펌의 공익활동 참가는 특히 일종의 사회 지도층의 공공적 책무를 의미하는 '노블레스 오블리주(noblesse oblige)'를 실천하려는 노력으로 발전하고 있어 더욱 주목되고 있다. 변호사법에 따르면, 변호사들은 연간 20시간의 공익활동 의무가 부과돼 있으나, 로펌과 로펌 변호사들의 공익활동 노력은 이런 의무시간을 채우는 차원을 뛰어넘어 보다 체계적·장기적으로 전개되고 있다.

로펌 변호사의 공익활동은 대개의 로펌에서 업무시간으로 인정되고 있다. 의뢰인에게 청구할 것은 아니지만, 로펌에선 업무시간으로 인정해 해당 변호사에게 보상하고 있다. 로펌마다 공익활동위원회 등 관련 조직도 속속 들어서고 있다. 공익활동위원회 등에선 로펌의 공익활동을 체계적으로 점검하며, 발전적인 여러 사회봉사 프로그램을 기획하고 있다.

물론 로펌의 공익활동이 한국 로펌에만 특유한 것은 아니다. 일찍이 로펌 제도를 발달시킨 영,미의 로펌들은 '프로 보노(Pro Bono)'라고 해서 우리보다 훨씬 오래전부터 활발하게 공익활동을 펼쳐오고 있다. 프로 보노(Pro Bono)란 라틴어의 '공익의 이익을 위하여(Pro Bono Publico)'에서 따 온 말로, 미국변호사협회(ABA)는 해마다 열리는 연차총회에서 공익활동을 활발하게 수행한 변호사에게 '올해의 프로보노' 상을 수여하며, 이를 장려하고 있다.

ABA는 매년 로펌의 공익활동 순위도 발표하고 있다. 미국 50대 로펌의 순위가 공익활동 순위와 상당부분 겹칠만큼 일류 로펌들이 활발하게 공익활동에 나서고 있다.

한국 로펌들의 공익활동은 크게 변협이나 사회단체를 지원해 이들 단체를 통해 간접적으로 사회봉사에 나서는 경우와 로펌 자체적으로 무료 법률상담이나 법률지원, 구호시설 등에서 봉사활동을 전개하는 경우로 크게 나눌 수 있다.

김&장과 법무법인 광장, 세종, 태평양, 율촌, 화우, KCL, 바른, 로고스 등 주요 로펌들은 2007년 8월 변협 산하 법률구조재단에 모두 14억 7000만원을 기부하기로 하는 내용의 기금전달 협약을 맺어 구조재단을 통한 공익활동에 뜻을 함께 하고 있다. 또 아름다운 재단 산하 공익변호사 그룹인 공감(共感)의 활동에 대해서도 김&장, 법무법인 충정, 지평, 태평양, 한결, 화우, 광장 등 많은 로펌에서 오래전부터 재정적 지원 등을 해오고 있다. 대학이나 사회복지단체 등을 후원하는 로펌도 적지 않다.

변협이나 사회단체를 통한 공익활동은 외부에 잘 드러나지는 않지만, 보다 체계적인 접근이 필요한 분야에 매우 효과적인 것으로 평가받고 있다. 또 이들 단체 등의 활동에 적잖은 힘이 되고 있는 것으로 알려지고 있다.

로펌들은 해외로도 눈을 돌리고 있다.

법무법인 화우는 2008년 6월 서울대교구 한마음한몸운동본부에 사이클론 나르기스의 피해를 입은 미얀마 이재민들을 위해 써 달라며 1000만원이 넘는 돈을 전달했다. 또 중국 쓰촨성 일대에서 지진이 났을 때 중국에 현지사무소를 운영하고 있는 법무법인 태평양, 광장, 세종, 지평과 김&장 법률사무소 등 여러 로펌에서 성금을 전달했다.

지평은 또 몇해 전부터 현지사무소를 두고 있는 상해 인근의 중국 화동정법대와 화동이공대 학생들에게 매년 장학금을 지원해 오고 있다. 베트남에 진출한 법무법인 로고스는 하노이 법대와 호치민 법대 학생들에게 장학금을 지급하고 있다.

갈수록 활발해지고 있는 로펌들의 적극적인 공익활동 참가에 대해 시민·사회단체 등에선 매우 반기는 분위기다. 풍부한 예산과 막강한 정보력을 갖추고 있는 로펌이 개인변호사 사무실 등에 비해 보다 효율적으로 공익활동을 펼칠 수 있다고 보기 때문이다. 시민단체의 한 관계자는 "단독개업 변호사나 소규모 합동법률사무소의 변호사들은 영업을 직접 담당하기 때문에 현실적으로 공익활동 등에 신경 쓸 여유가 없는 반면 대형 로펌의 경우 상당한 규모의 운용예산을 동원할 수 있고, 강력한 법률도서관과 정보를 축적하고 있는데다 변호사 숫자가 많아 효율적인 공익활동이 가능하다"고 지적했다.

로펌들도 공익활동 참가를 고무적으로 받아들이고 있다. 단순히 '돈 많이 버는 로펌' 쯤으로 여기는 사회의 따가운 시선을 의식해서라기 보다는 공익활동을 통해 나름대로의 보람을 추구하는 적극적인 방향을 모색하고 있다. 한 대형 로펌의 변호사는

"직업윤리를 확고히 하는 측면에서 로펌의 공익활동 강화는 의미가 적지 않다"고 강조했다. 또 다른 변호사는 "모든 단체나 조직은 돈을 버는 것 이상의 의미를 가질 때 진정한 가치를 느낄 수 있는 것"이라는 말로, 로펌의 공익활동 강화 움직임을 높게 평가했다.

그러나 공익활동의 구체적인 발전방향에 대해선 여전히 고민이 없지 않은 것으로 나타나고 있다. 로펌마다 공익활동위원회 등의 조직을 두고 공익활동의 발전적인 방향에 대해 연구하고 있는 것도 이런 고민과 무관하지 않다.

한 중소 로펌의 변호사는 "공익적인 노력을 해야 하긴 하겠는데 무엇을 어떻게 해야 할 지 모르겠다"고 솔직한 심정을 털어놓기도 했다. 로펌은 물론 시민·사회단체와 법률소비자들도 로펌의 공익활동 노력이 보다 체계적이고 장기적인 방향으로 이어지길 기대하고 있다.

V 시장개방

1. FTA와 외국법자문사법
2. 미국 로펌, 영국 로펌
3. 한국계 외국변호사
4. 업무제휴
5. 해외진출

1. FTA와 외국법자문사법

정부가 양국 국회의 비준을 거쳐 발효될 날만 잔뜩 기다리고 있는 한미FTA협정은 변호사들에게도 뜨거운 관심사가 아닐 수 없다. 한국 법률시장의 개방이라는 중차대한 이슈가 포함돼 있기 때문이다.

노무현 정부 때인 2007년 4월 타결된 한미FTA협정에 따르면, 한국 법률시장은 협정 발효 후 5년 내 3단계를 거쳐 미국 로펌과 미국변호사들에게 전면 개방된다.

협정 발효와 함께 미국 로펌의 한국 내 분사무소 설립이 가능해지며, 미국변호사들은 미국 로펌의 한국 내 분사무소 등에서 공식적으로 활동할 수 있게 된다. 물론 외국변호사들은 시장이 열리기 전인 지금도 국내 로펌 등에서 외국법에 관한 자문업무를 수행하고 있어 시장개방의 핵심은 거대 외국 로펌의 국내 상륙에 있다고 할 수 있다.

이어 협정 발효후 2년 내에 미국 로펌과 한국 로펌과의 업무제휴가 허용되며, 업무제휴가 허용되면, 미국 로펌은 한국 로펌과 공동으로 사건을 수임해 미국법 등에 관한 자문업무를 수행한 후 수익을 배분할 수 있게 된다.

협정 발효 뒤 5년 내 시행 예정인 3단계 개방시기에는 미국 로펌과 한국 로펌의 동업과 동업 로펌의 국내변호사 채용이 가능해진다. 시장이 사실상 완전개방되는 셈이다. 한국 로펌들이 영, 미계 로펌들과의 완전경쟁에 노출된다고 해도 과언이 아니다.

정부는 또 한·EU간 FTA협상을 진행 중에 있어 영국 로펌과 영국변호사들의 한국시장 진출도 멀지 않아 보인다. 아이슬란드, 리히텐슈타인, 노르웨이, 스위스 등 EFTA(유럽자유무역연합) 4개국과는 이미 단계적 개방을 내용으로 하는 수준의 FTA협정이 타결된 상태다.

로펌 등 변호사업계에선 미국과 영국 등 유럽나라의 로펌과 변호사들의 국내 법률시장 진출을 기정사실로 받아들이고 있다. 시간문제만 남았다고 보고 있다. 대형 로펌들이 계속해서 변호사를 늘리고, 중견 로펌들이 합병 등을 통해 몸집을 불리며 체제를 정비하는 배경엔 외국 로펌의 공습이라는 이같은 변화에 대한 대비가 중요 요인으로 자리잡고 있다.

과연 국내 법률시장이 개방되면, 한국의 토종 로펌들은 어떻게 될까. 시장엔 어떤 변화가 일어날까.

한, 두 로펌을 제외하면 기업자문 업무에 관한 한 전멸할 것이라는 의견이 있는가 하면, 전문성을 갖춘 중소 로펌 등에게 오히려 발전의 기회가 될 수 있다는 반론이 제기되는 등 전망이 엇갈리고 있다. 대형 로펌 중에도 시장개방을 호재로 받아들이며 공격적으로 접근하는 로펌이 없지 않다.

법무부는 한미FTA협정 체결 등 법률시장 개방과 관련, 국내의 근거법이라고 할 수 있는 외국법자문사법안을 마련, 17대 국회에 제출했으나, 자동폐기됐다. 18대 국회에서 재입법을 추진 중이다.

또 법률시장 개방은 종래의 WTO(세계무역기구) DDA(도하개발아젠다) 다자간 협상이 무산됨에 따라 FTA 등 양자간 협상을 통해 추진하는 방식으로 바뀌었다.

외국법자문사법안은 우리 정부가 FTA 협정 등을 통해 법률시장을 열기로 합의한 나라의 로펌과 변호사에 한 해 국내에서의 변호사 활동을 허용하도록 하고 있다. 국가간 합의를 국내 법률시장 개방의 전제조건으로 정해 외국법자문사법이 국회에서 통과돼 시행되더라도 무차별적인 개방이 되지 않도록 제한을 두고 있는 것이다.

한미FTA협정의 비준 등이 늦어지고 있어 아직 시간을 벌고 있다고 할 수 있을지 모르지만, 법률시장 개방은 사실상 초읽기에 들어간 상태라고 봐야 할 것이다. 한국 시장에 관심있는 영, 미의 로펌들도 이미 분석을 마치고, 비준이 이뤄질 날만 기다리고 있다.

막상 시장이 열려 외국 로펌들이 상륙하게 되면, 로펌 등 국내 변호사업계엔 전혀 경험하지 못한 엄청난 파장이 밀어닥칠 것으로 전망된다. 한국 로펌업계가 새로운 패러다임의 시기로 접어들게 되는 것이다.

2. 미국 로펌, 영국 로펌

  2007년 4월 한미FTA 협상이 타결된 지 얼마 안 지나 필자는 서울에 있는 미국변호사 등을 만나 한미FTA 타결의 파장과 영, 미의 로펌들이 한국 시장에 얼마나 관심을 갖고 있는 지 집중적으로 체크해 본 적이 있다.

  영, 미 로펌업계의 소식에 밝은 한 미국변호사는 그 때 "한국 관련 일을 많이 처리하는 미국 로펌인 클리어리 고틀립(Cleary Gottlieb Steen & Hamilton)의 경우 협정이 발효되면 곧바로 서울에 들어올 생각인 것 같다"고 분위기를 전했다. 그는 그러면서 '홍콩사무소에 나와 있는 클리어리의 한국계 변호사들이 일종의 마케팅을 위해 하루, 이틀 일정으로 서울을 방문하기도 한다'고 덧붙였다. 이미 국내 도시로 출장을 떠나듯 홍콩과 서울을 오가며 마케팅 활동을 벌이고 있다는 것이다. 한국 관련 사건을 적지않게 처리하고 있는 클리어리는 홈페이지에서 한국어 서비스도 내보내고 있다.

  당시 한 외신 보도에 따르면, Paul, Hastings, Janofsky & Walker의 한 한국계 변호사도 한 달에 두, 세 번씩 홍콩과 서울을 오가며 한국 관련 일에 성과를 내고 있었다. Paul Hastings

가 시장이 열리면 서울에 사무소를 낼 계획을 갖고 있음은 물론이다. Paul Hastings는 메릴 린치, 모건 스탠리, 월 마트 등 한국과 관련있는 미국 회사들에게 자문하고 있으며, SK텔레콤, 삼성 등을 위해서도 일하고 있다.

그런가 하면 론스타를 대리해 우리에게 더욱 유명해 진 스캐든, 압스의 한 한국계 변호사는 뉴욕에서 서울로 날아오고 있었다. 물론 국내 기업들을 상대로 하는 마케팅 활동이 주된 목적으로, 그는 길지 않은 일정을 내 수시로 태평양을 건너 서울을 찾고 있었다. 스캐든은 홍콩과 동경에도 해외사무소를 운영하고 있으나, 뉴욕 본사에 있는 변호사도 자주 서울을 오갈 만큼 한국 법률시장에 눈독을 들이고 있는 셈이다.

이리저리 탐문한 결과 미국 로펌 중에서도 클리어리 고틀립, 스캐든, Paul Hastings, 에이킨 검프(Akin Gump Strauss Hauer & Feld), DLA Piper 등이 서울사무소 개설에 매우 적극적인 것으로 나타났다.

이들 로펌들은 시장이 열리기 전부터 이미 한국 관련 일을 상당수 처리하고 있는 로펌들로, 대부분이 한국계 미국변호사 등이 중심이 된 한국팀도 운영하고 있다.

영국 로펌들도 한국 법률시장 진출에 높은 관심을 보이고 있다. 영국 로펌들은 특히 줄기차게 한국 법률시장의 개방을 요구해 온 것으로 유명하다. 미국 로펌보다도 서울사무소 개설에 더욱 적극적인 것으로 알려져 있다.

국내 로펌의 한 관계자는 "영국 로펌들은 미국 로펌들보다도 더욱 공격적으로 외국 법률시장에 진출하는 측면이 강하다"며, "한국 법률시장에 대한 관심도 대단히 높다"고 분위기를 전했다. 또 다른 관계자는 "영국 로펌들은 한국에서의 분사무소 설립은 물론 한국 로펌과의 제휴나 특히 합병 등에 관심이 많다"며, "제국주의 시절부터 식민지 개척에 앞장서 온 문화적 전통과도 무관하지 않다"고 지적했다.

세계 최대 로펌인 클리포드 챤스(Clifford Chance) 등은 이미 오래전에 홍콩사무소에 한국팀을 발족시킨 가운데 한국 법률시장 진출을 준비해 왔다. 또 이상훈 미국변호사가 홍콩사무소의 한국팀을 이끌고 있는 링크레이터스(Linklaters)도 한국시장 진출에 관심이 큰 것으로 전해지고 있다.

영, 미의 로펌들은 현재 홍콩과 일본의 동경까지 진출해 서울이 열리기만 기다리고 있다. 홍콩은 특히 서울 비즈니스의 전초기지로 불리며 중시되고 있다. 한국계 외국변호사들도 많은 수가 외국 로펌 소속으로 홍콩에서 활동하고 있다. 홍콩~서울이 동경~서울보다 항공기와 시내 호텔까지의 교통 편 등이 보다 유리해 홍콩이 도쿄보다 선호되고 있다고 한다.

외국 로펌 관계자 중엔 시장이 열리면, 서울까지의 출장비나 호텔 체제비 등을 절약할 수 있어 그만큼 수임료가 내려갈 것이라는 전망을 내놓는 사람도 있다.

그러나 시장이 열려 외국의 로펌들이 한국에 사무소를 열게 되면, 외국 로펌 관계자들의 예견대로 과연 수임료가 내려갈까. 한국 내에선 수임료 인하를 회의적으로 생각하는 의견이 많다.

변협이 산업연구원에 의뢰해 분석한 보고서(2006)는 단순하고 정형화된 국제거래업무의 경우 외국 로펌의 진출이라는 공급증가로 법률비용의 인하를 기대할 수 있으나, M&A 등과 같이 기업의 운명을 좌우할 수 있는 복잡한 국제법무사건에선 그렇지 않다는 전망을 내놓았다. 오히려 외국의 일류 로펌들이 관심을 갖고 있는 고급시장에선 외국 로펌들이 높은 보수를 제시하면서 한국의 능력있는 변호사를 스카웃하려 들 것이기 때문에 결과적으로 법률비용의 증가로 이어질 수 있다고 이 보고서는 우려했다.

법무부 관계자도 비슷한 지적을 했다. 이 관계자는 "독일의 경우 시장개방 후 독일 로펌들을 사실상 해체시켜 버린 영국 로펌 등에 의해 독과점이 형성된 후 수임료가 다시 올라갔다"며, "시장개방에 따른 수임료 인하는 불투명하다"고 주장했다.

3. 한국계 외국변호사

한국 법률시장 개방과 관련해 주목해야 할 대목 중 하나는 미국과 영국 등에서 자격을 딴 수천 명의 한국계 외국변호사들이다. 많은 수의 한국계 외국변호사들이 영, 미의 로펌 등에서 활동하고 있으며, 이들 중엔 현지인도 되기 어렵다는 파트너 변호사의 반열까지 올라간 사람도 적지 않다.

클리어리 고틀립(Cleary Gottlieb Steen & Hamilton) 홍콩사무소의 한진덕, 이용국 변호사와 뉴욕사무소의 한상진 변호사, 베이커 & 매켄지 홍콩사무소의 이원 변호사, 링크레이터스 홍콩사무소의 한국팀장을 맡고 있는 이상훈 미국변호사, 심슨 대처(Simpson Thacher & Bartlett) 홍콩사무소의 박진혁 변호사, Paul Hastings 홍콩사무소에서 한국 관련 업무를 주관하는 김종한 변호사 등이 영미 로펌에서 파트너로 활약하고 있는 대표적인 한국인 변호사들이다. 유명 대학의 로스쿨을 우수한 성적으로 졸업한 이들은 해당 로펌에서 미국인 변호사들 못지않게 중요한 역할을 수행하고 있다. 고정적으로 자문하고 있는 고객사들도 상당한 것으로 전해지고 있다.

개인사정 등에 따른 차이가 있겠지만, 해외에서 활동하고 있는 한국계 외국변호사의 상당수가 한국에서 변호사로 활동할 날을 손꼽아 기다리고 있는 것으로 전해지고 있다.

주지하다시피 한국의 가정에선 부모들이 전통적으로 자녀가 법률가가 되기를 선호하는 경향이 강하다. 이민 가정의 자녀들이 로스쿨에 진학해 변호사가 된 사람이 많은 것은 이런 문화적 전통과도 무관하지 않다.

또 외교관이나 회사의 해외주재원 등의 자녀 중에도 외국변호사로 성공한 사람이 적지 않다. 얼마 전부턴 상당수의 학생들이 한국에서 대학을 마친 후 외국 로스쿨로 유학을 떠나 외국변호사 자격에 도전하는 등 대학가에도 외국변호사 취득 붐이 일고 있다.

물론 시장이 열리더라도 영, 미의 개인변호사들이 무조건 국내에 들어와 간판을 내걸고 영업할 수 있는 것은 아니다.

법무부가 17대 국회에 제출했던 외국법자문사법안에 따르면, 원자격국 예컨대 미국에서의 3년 이상 업무경력이 요구되며, 미국변호사의 국내에서의 활동 유형도 제한된다. 기존의 미국 로펌의 분사무소 형태로 개설될 외국법자문사무소에서 일하거나 지금처럼 한국변호사의 사무실 또는 한국 로펌에 취업할 수 있을 뿐, 혼자 개인변호사 사무실을 열 수는 없다.

또 외국 로펌의 분사무소가 아니면, 미국변호사 몇 명이 모여 외국법자문사무소를 내는 것도 안된다. 여기에는 자격취득국에서 인정받지 못한 역량 미달의 외국변호사들의 유입을 방지하고, 신뢰성을 갖춘 외국 로펌에 한해 국내 진출을 유도하겠다는 뜻이 들어 있다. 시안대로라면, 외국변호사들은 국내외 로펌이나 한국변호사 사무실에 취업하는 형태로만 국내 진출이 가능하다.

그러나 이런 제한에도 불구하고 시장이 열릴 경우 한국계 외국변호사들의 국내 유입이 늘어날 것은 어렵지 않게 예상할 수 있는 일이다. 외국 로펌들도 한국시장에의 진출 및 공략을 위해 의사소통에 별 지장이 없는 이들 한국계 외국변호사들을 적극적으로 한국에 파견할 것으로 예상된다.

법무법인 율촌의 대표를 맡고 있는 우창록 변호사는 또 '양(量)이 질(質)을 결정할 수 있다'는 논리로 외국변호사의 국내 유입과 이에 따른 국내 변호사업계의 분발을 촉구했다. 그는 "해마다 미국에서 엄청난 수의 한국계 미국변호사가 쏟아져 나오고 있다"고 소개하고, "한국의 법률시장이 열리면 이들이 일종의 삼투현상처럼 국내로 밀고 들어오지 않겠느냐"고 갈파했다. 변호사가 수적으로 밀리는 한국으로선 삼투현상과 같은 외국변호사의 유입을 걱정해야 한다는 것이다. 그는 법조 전체의 경쟁력 향상을 위해 로스쿨을 도입하고, 변호사를 더 많이 뽑아야 한다는 의견을 피력하기도 했다.

한국계 외국변호사들의 국내 진출은 또 고국에서의 취업 이상의 의미를 지니는 측면도 없지 않아 한국행의 또 다른 유인으로 작용하고 있다. 외국에서 활동하고 있는 한 한국계 외국변호사는 "어서 한국시장이 열려 서울에 가서 취직도 하고, 결혼도 해야 한다"고 반 농담삼아 얘기하기도 했다.

"시장이 열리면 무조건 (서울에) 들어올 겁니다."

한미FTA협상이 타결된 지 얼마 안 지나 서울을 방문한 한 한국계 미국변호사는 서울에 있는 로펌에 근무하고 있는 선배 미국변호사에게 이렇게 말했다고 한다. 필자에겐 이 말이 '(서울에 진출하는 외에) 더 이상 선택의 여지가 없다'는 비장한 의미로 들렸다.

4. 업무제휴

　법률시장 개방에 대한 국내 로펌들의 대응책은 한마디로 대형화와 전문화를 통한 경쟁력 강화로 요약할 수 있다. 많은 로펌들이 변호사를 새로 채용해 규모를 늘리고, 업무처리의 전문성을 더욱 높여가고 있다.

　이와 관련, 업계에선 3단계 개방일정 중 2단계 개방시기에 허용되는 미국 로펌의 국내 분사무소와 국내 로펌과의 업무제휴가 뜨거운 화두로 급부상하고 있다. 법무부의 설명에 따르면, 업무제휴란 국내법 사무와 외국법 자문사무가 혼재된 사건에 대한 ▲공동수임 ▲공동사무처리 ▲수익분배가 허용된다는 것을 의미한다.

　물론 시장이 열리기 전인 지금도 대형 프로젝트 등의 경우 국내 로펌과 외국 로펌이 공동자문사(co-counsel)로 함께 일을 처리할 수 있는데다 실제로도 그렇게 하고 있어 업무제휴가 허용된다고 크게 달라질 게 무엇이냐고 의문을 제기할 수 있다. 실제로 국내 로펌들은 외국법 관련 사무가 생기면 외국 로펌에 사건을 소개(refer)하고, 외국 로펌들도 클라이언트의 일을 처리하다가 한국법 관련 업무수요가 있으면, 한국 로펌에 넘기는 등의 방법으로 서로 업무협조를 하고 있다.

그러나 업무제휴의 허용이 내포하는 의미는 이런 표면적인 설명을 뛰어 넘는다고 봐야 한다. 한국 로펌과 미국 로펌과의 업무제휴가 이뤄질 경우 해당 두 로펌의 비즈니스에 엄청난 변화가 예상되고, 그 결과 국내 자문시장의 판도 변화에도 적잖은 영향을 미칠 수 있어 로펌마다 분주하게 업무제휴의 주판알을 튕기고 있다.

특히 업무제휴는 3단계 개방시기에 허용되는 두 로펌의 동업관계로 발전할 수 있다는 점에 유의해야 한다. 시간적으로 제휴 후 3년쯤 지나면 가능한 일로, 업무제휴가 한미 합작로펌의 전신 쯤에 해당하는 역할을 할 수 있다는 것이다.

업무제휴는 이런 점에서도 한국 법률시장에 참여하는 국내외 로펌이라면 관심을 놓을 수 없는 시장개방의 뜨거운 감자가 되고 있다. 한미FTA가 타결된 후 로펌마다 파트너 회의를 열어 외국 로펌과의 업무제휴에 대한 내부 의견 수렴 등에 나선 것도 업무제휴가 가지는 이런 미묘한 측면과 무관하지 않아 보인다.

취재 결과를 종합해 보면, 한국을 대표하는 토종로펌으로서 이미 독자생존의 방침을 세운 김&장을 비롯해 변호사 수가 200명 안팎에 이르는 대형 로펌들은 대부분 미국 로펌 또는 FTA협상이 진행 중인 유럽의 영국계 로펌 등과의 업무제휴에 소극적인 것으로 나타나고 있다.

법무법인 광장의 경우 한미FTA협상이 타결된 후 얼마 안 지나 파트너 회의를 열어 외국 로펌과의 업무제휴 등 시장개방

대응전략 등에 대해 논의했으나, 업무제휴는 하지 않는 방향으로 의견을 모았다. 법무법인 세종의 관계자도 "외국의 유명 로펌들과 더욱 공고한 네트워크를 구축하되, 조직의 통합이나 계약상 제휴 등은 추진하지 않는다는 입장"이라고 분명하게 선을 그어 말한 적이 있다. 태평양도 비슷한 입장인 것으로 전해지고 있다.

무엇보다도 외국의 유명 로펌들과 사건별로 협조하고 있는 대형 로펌들로서는 특정 외국 로펌과 공식적인 업무제휴 관계를 맺으면, 이 로펌을 제외한 다른 외국 로펌과의 협조관계에 금이 갈 수 있어 득(得)보다 실(失)이 많다는 분석이 유력하다. 공식적인 업무제휴 보다는 지금처럼 보다 느슨한 관계를 유지하는 가운데 '케이스 바이 케이스(case by case)'로 사건을 주고 받으며, 협조하는 게 보다 효과적일 수 있다는 설명이다.

외국 로펌의 입장에선 또 국내 대형 로펌들이 이미 상당한 규모로 덩치가 커져 장차 동업관계로의 발전 가능성 등을 생각할 때 업무제휴의 적절한 상대가 아니라는 현실론도 제기되고 있다. 국내에서 활동하는 한 영국변호사는 "규모가 그리 크지 않았던 IMF 이전이라면 모를까, 지금은 한국 로펌들이 워낙 규모가 커져 조인트 벤처(동업관계)는 물론 업무제휴의 상대로 삼기에도 버거운 측면이 없지 않다"고 한국 로펌업계의 달라진 사정을 얘기했다.

영국계의 한 대형 로펌이 규모는 크지 않지만, 기업자문 분야에서 전문성을 자랑하는 법무법인 김·장·리를 제휴 대상 1호로 선정했다는 애기도 이런 분석과 맥락을 같이한다.

실제로 국내 로펌업계에서도 외국 로펌과의 업무제휴는 규모가 상대적으로 작은 중소 로펌, 그 중에서도 특정 분야의 전문성을 자랑하는 부티크들 사이에서 더 많이 화제에 오르고 있다.

중소 로펌으로선 시장개방으로 더욱 치열해질 국내외 경쟁에서 살아남기 위해 외국 로펌과의 업무제휴를 적극 모색해야 할지 모르는데다 그것이 시장점유율(market share)을 키우는 한 방법이 될 수 있기 때문이다. 실제로 중소 로펌 관계자 중엔 한미FTA타결 후 외국 로펌과의 업무제휴 가능성을 공공연히 애기하는 변호사들도 없지 않다.

한 중견 로펌의 관계자는 "외국 로펌의 입장에선 우리 정도의 전문성과 우리 정도의 규모를 가진 로펌이 업무제휴의 상대로 딱일 것"이라며, "시장이 열려 업무제휴가 허용되면 어떻게 해야 할 지 따져보고 있다"고 말했다. 또 다른 부티크 관계자도 "업무제휴는 당연히 생각하고 있다"며, "외국 로펌들로부터도 이전부터 제의를 많이 받아 왔다"고 분위기를 전했다.

반면 국내 로펌과의 업무제휴에 나서는 외국 로펌은 대형 로펌일 가능성이 높다고 봐야 한다. 우선 대형이 아닐 경우 특별히 한국 시장에 관심을 갖고 있는 경우가 아니라면, 규모상 직접 진출이 여의치 않을 수 있기 때문이다.

서울에서 만난 영국 로펌 Davenport Lyons의 한 파트너 변호사는 한국 시장 진출계획을 묻는 필자에게 "직접 진출할 계획이 없다"며, "지금처럼 'Globalaw Group'을 통해 한국 로펌과

협조할 것"이라고 분명하게 얘기했다. Globalaw Group은 전세계 50개가 넘는 나라의 76개 로펌이 네트워크를 형성해 긴밀한 협력관계를 유지하고 있는 국제적인 법률회사 조직으로, 한국에선 법무법인 아람과 합친 법무법인 화현이 Globalaw Group의 일원으로 활동하고 있다. Davenport Lyons엔 약 200명의 변호사가 포진하고 있다.

또 전세계 주요 지역에 변호사가 나가 있고, 고객 기반이 두터운 외국의 대형 로펌이라야 업무제휴에 나서는 한국 로펌의 입장에서 보다 많은 이익을 기대할 수 있을 것이란 의견도 나오고 있다. 물론 규모가 상대적으로 작은 외국 로펌이라도 특정 분야의 전문성 등을 내세워 한국의 부티크 등과 업무제휴에 나설 가능성을 배제할 수는 없을 것이다.

유념해야 할 것은 업무제휴는 시장개방 후 2년, 동업은 5년 내로 허용시기가 나뉘어 있지만, 시장개방 원년(元年)부터 구조적인 변화가 전개될 것이란 점이다.

대형 로펌의 한 대표변호사는 "일단 시장이 열리면, 공식적인 업무제휴 이전이라도 다대다(多對多)의 관계로 표현할 수 있는 현재의 국내외 로펌간 업무협조 관계에 변화가 일어날 수 밖에 없을 것"이라고 전망했다.

외국의 로펌이 외국에 있으면서 한국의 로펌들과 사건별로 업무협조하는 것과 외국 로펌이 한국에 분사무소를 열어 진출한 가운데 업무협조하는 것은 같은 '케이스 바이 케이스' 식 구도라고 해도 종전과는 내용이 달라질 수 있다는 것이다.

한 중견 로펌의 대표변호사는 또 이렇게 말했다.

"우리 사무실 위층에 미국의 한 대형 로펌이 사무실을 내고 서울에 진출해 사건별로 우리와 업무협조를 한다고 가정해 볼까요. 밖에서 어떻게 생각할까요."

막상 시장이 열리면 변화는 생각보다 훨씬 빨리 올 수 있다.

5. 해외진출

　2002년 4월 법무법인 태평양이 일본 동경에 동경사무소를 개설했다. 비슷한 무렵 법무법인 대륙은 중국 상해에 상해사무소를 열었다. 한국 로펌의 해외진출이 시작된 것이다.

　이로부터 6년이 지난 2008년 6월 법무법인 로고스는 우랄산맥 서쪽 모스크바에 사무소를 열고, 러시아와 중앙아시아 지역에 진출하는 한국 기업 등에 대한 밀착 서비스를 다짐하고 나섰다.

　한국 로펌들이 해외사무소를 잇따라 개설하며 해외시장에 적극 진출하고 있다. 중국과 베트남, 캄보디아는 물론 러시아의 블라디보스톡에서 중앙아시아를 넘어 오스트리아의 빈, 두바이, 영국의 런던에 이르기까지 한국 로펌의 현지사무소가 들어서고 있다. 한마디로 한국 기업이 가는 곳이라면 어디서든 한국 로펌, 한국변호사들을 만날 수 있다고 해도 과언이 아니다. 로펌 입장에서 보면, 거의 대부분의 로펌이 한, 두 곳의 해외사무소를 운영하고 있을 만큼 로펌업계에 해외진출 붐이 일고 있다.

　특히 국내 법률시장의 개방에 따른 영, 미 로펌의 한국 진출이 임박한 상황에서 한국 로펌들이 한 발 앞서 해외시장 개척에 나서고 있어 더욱 고무적인 현상으로 받아들여지고 있다. 법무법인 아주, 지평 등은 아예 해외전문 로펌을 발전방향으로 내걸고 있다. 여러 로펌이 한국을 넘어 아시아의 명문 로펌이 되겠다며 국제화를 지향하고 있다.

한국 로펌들이 가장 먼저 개척에 나선 지역은 중국 시장이다. 얼마 전 아주와 합병을 선언한 법무법인 대륙이 2002년 4월 상해사무소를 열어 첫 테이프를 끊었다. 이어 2005년 4월 태평양을 시작으로 광장, 세종이 북경에 사무소를 열어 활발하게 관련 비즈니스를 개척하고 있다.

대륙은 2007년 말 상해 인근의 소주(蘇州)에 또 하나의 사무소를 열었다. 상해엔 2007년 11월 법무법인 지평이 현지사무소를 열고 가세했다. 북경에서의 비즈니스가 상당한 수준에 오른 법무법인 태평양도 상해사무소 개설을 준비 중에 있다. 또 청도엔 굿모닝코리아의 현지사무소가 있다.

이들 한국 로펌의 중국사무소에선 우선 서울 본사와의 연계 아래 중국에 진출하는 한국 기업들에 대한 법률 지원 업무를 수행하고 있다. 현지에서 직접 수임하는 사건도 상당한 것으로 전해지고 있다. 중국 기업의 한국 진출과 관련된 자문업무도 적지 않게 수행하고 있다. 한 로펌의 변호사는 "다른 지역의 현지사무소에서도 대개 이런 식으로 업무를 수행하고 있을 것"이라며, "현지에서 개발된 업무 비중이 차츰 높아가는 등 해외 비즈니스가 자리를 잡아가고 있다"고 해외 현지사무소의 비즈니스 실태에 대해 설명했다.

중국에 이어 한국 로펌의 현지사무소 개설이 잇따르고 있는 지역은 한국 기업들이 경쟁적으로 진출하고 있는 베트남과 캄보디아, 중앙아시아 지역 등이다.

베트남의 경우 호치민에만 한국 로펌 4곳이 진출해 있다. 법무법인 로고스, 정평, 율촌, 지평이 주인공이다. 법무법인 세화도 조만간 하노이 사무소 개설을 준비 중이다. 2006년 여름부터 2007년 가을 사이에 사무소 개설이 집중적으로 이루어졌다.

2006년 여름 한국 로펌 중 최초로 호치민에 현지사무소를 개설한 로고스는 2007년 12월 베트남의 수도인 하노이에도 사무소를 개설했다. 호치민과 하노이 두 곳에 현지사무소를 운영하며, 투 톱(Two Top) 체제로 베트남 시장을 공략하고 있다. 법무법인 아주는 2008년 1월 하노이에 사무소를 열었다. 정평도 얼마 전 하노이 사무소를 추가했다.

캄보디아도 한국 기업 등의 투자가 이어지면서 법률회사들이 잇따라 진출하고 있는 신흥시장으로 꼽힌다. 법무법인 세화, 로고스, 아주 등이 현지사무소 또는 연락사무소를 운영하고 있다.

베트남, 캄보디아 모두 한국이 투자규모 1위인 나라로, 한국 로펌이 많이 진출하고 있는 것은 어찌보면 당연한 수순이라고 할 수 있다. 또 영, 미계 로펌들이 이들 지역에의 진출에 소극적인 것도 한국 로펌들의 큰 활약을 예고하고 있다. 미국계인 베이커 & 매켄지(Baker & Mckenzie), 호주계의 AAR, 영국계의 Freshfields Bruckhaus Deringer가 베트남에 진출해 있는 정도다.

비슷한 무렵 중앙아시아 지역에도 한국 로펌들이 맹렬하게 깃발을 올리기 시작했다.

가장 먼저 이 지역에 눈독을 들인 법무법인 아주는 특히 남들이 중국을 중시하고 있을 때 전략적으로 만리장성을 뛰어넘어 중앙아시아로 달려간 것으로 유명하다. 2007년 봄부터 극동의 블라디보스톡에서 카자흐스탄의 알마티, 우즈베키스탄의 타쉬켄트, 오스트리아의 빈으로 이어지는 유라시아 벨트를 구축했다. 또 몽골의 울란바토르와 두바이에도 사무소를 운영하고 있다. '로펌의 코트라'를 지향한다는 김진한 대표는 이와관련, "중국에는 우리말 통·번역이 되는 조선족이 있으나, 중앙아시아에 거주하는 고려인들은 우리말이 서툴러 중국 대신 중앙아시아 쪽으로 방향을 잡았다"고 중앙아에 먼저 진출하게 된 배경을 설명했다.

이어 법무법인 화우가 2008년 1월 타쉬켄트에 현지사무소를 열어 김한칠 러시아 변호사가 상주하고 있다. 로고스는 2008년 6월 우랄산맥을 넘어 한국 로펌 최초로 모스크바에 사무소를 열었다. 법무법인 율촌, 지평 등도 중앙아 지역에 현지사무소 개설을 검토 중인 것으로 알려지고 있다.

영국 런던엔 대륙이 2007년 3월 사무소를 열었다. 동경도 화우가 2007년 4월 현지사무소를 열어 태평양의 동경사무소와 함께 한국 로펌의 사무소가 두 곳으로 늘었다.

5.16 이후 한국 경제가 발전하면서 영, 미의 로펌들이 외국기업과 함께 들어왔다. 이제는 한국 기업의 해외 투자가 이어지면

서 한국 로펌들이 해외로 진출하고 있다. 변협과 서울지방변호사회 등 변호사단체들도 외국의 변호사단체와 활발하게 교류하면서 한국 로펌의 해외진출을 적극 지원하고 있다. 한마디로 한국의 재야법조계가 역발상의 자세로 시장개방의 파고를 돌파하려 한다고 해도 과언이 아니다.

"굳이 국내 시장에만 집착할 필요가 있을까요. 넓은 세계로 나가야지요."

회원 변호사가 6000명이 넘는 서울지방변호사회를 이끌고 있는 하창우 회장의 주문대로 한국의 로펌들은 전세계를 무대로 뛰고 있다.

Ⅵ 한국의 로펌들

1. 법무법인 광장
2. 김&장 법률사무소
3. 법무법인 김·장·리
4. 법무법인 남산
5. 법무법인 다래
6. 법무법인 대륙
7. 법무법인 로고스
8. 법무법인 바른
9. 법무법인 서정
10. 법무법인 세종
11. 법무법인 세창
12. 법무법인 세화
13. I&S 법률사무소
14. 법무법인 아주
15. 에버그린 법률사무소
16. 법무법인 우일
17. 법무법인 율촌
18. 법무법인 자하연
19. 법무법인 정동국제
20. 법무법인 정평
21. 법무법인 조율
22. 법무법인 지평지성
23. 법무법인 충정
24. 법무법인 KCL
25. 법무법인 태평양
26. 법무법인 한강
27. 법무법인 해마루
28. 법무법인 화우

1. 법무법인 광장

www.leeko.com

　법무법인 광장은 1977년 12월 이태희 변호사가 세운 한미합동법률사무소를 모태로 한다. 이후 줄곧 2위권을 지키며 발전을 거듭하고 있다.

　설립 초기 김·장·리와 김·신·유가 앞서 나갈 때는 4년 먼저 문을 연 김&장과 함께 두 선발주자를 바짝 뒤쫓았는가 하면, 지금은 김&장에 이어 태평양, 세종, 화우, 율촌 등과 함께 리딩(leading) 로펌으로서의 위상을 더해가고 있다.

　2008년 8월 현재 변호사 수는 외국변호사를 합쳐 200명이 넘는다. 국내 두, 세 번째쯤 되는 규모다. 특히 광장은 다른 로펌과의 합병 또는 전략제휴를 통해 전문화와 대형화의 전기를 마련한 로펌으로 유명하다.

　또 다른 합병로펌인 세종, 화우와 공통점이 있다. 독자적으로 규모를 늘려 온 김&장, 태평양, 율촌 등과는 성장 경로가 다르다.

　광장이라는 이름을 쓰게 된 것도 2001년 7월 합병 이후부터다. 77년 설립 이후 25년째 한미란 이름을 써 왔으나, 당시 송무가 발달했던 구(舊) 광장과 합치며 광장으로 이름을 바꿨다. 이에 비해 한미는 기업 자문 분야의 기반이 탄탄해 합병 당시

'송무 신랑'과 '섭외 신부'의 이상적인 짝짓기로 불리며 단연 화제가 됐다.

지금도 업계에선 서로 부족한 부분을 채워 줄 나머지 반을 찾아 시너지 제고를 도모한 성공적인 합병모델로 자주 얘기된다. 영어식 이름은 합병 이후에도 설립자인 이태희 변호사의 성이 들어간 'LEE & KO'를 그대로 쓰고 있다. 한미에 상대적으로 외국 기업 고객이 많았기 때문이다.

구 광장과의 합병과 관련, 이태희 변호사는 이렇게 말한 적이 있다.

"합병 전의 한미는 자문 특히 국제관계 일을 많이 했는데, 자문으로 시작한 사건이 커져 송사화되면 한미는 송무가 약하지 않느냐고 하며 고객들이 다른 법률회사로 빠져 나가는 일이 꽤 있었어요. 마음이 아팠지요. 반대로 광장은 송무는 잘 하는데 섭외 일을 많이 하지 못해서 이 점을 아쉬워하며 보완의 필요를 느꼈다고 해요. '과부 사정은 홀아비가 잘 안다'고 궁합이 잘 맞는 상대를 찾아 합병을 이루게 된 겁니다."

2005년 여름 성사된 제일국제 특허법률사무소와의 전략제휴도 이런 공식 아래 추진됐다. 제일국제는 광장과의 제휴 후 이름을 제일광장 특허법률사무소로 바꿨다. 2008년 8월 현재 약 50명의 변리사가 활동하고 있다.

광장에 따르면, 제일국제특허와의 전략제휴 이후 광장엔 변리사가 근무하지 않으며, 반대로 제일엔 더 이상 변호사가 상주하지 않는다. 전략제휴 이전 제일국제특허엔 IP 전문 변호사들이 꽤 활동하고 있었다. 광장에도 변리사가 적지 않았다. 일종의 분업형태로 업무를 수행, IP 분야의 시너지를 높이고 있는 것이다.

2006년 9월 6일 특허법원이 특허심판원의 심결을 뒤엎고, 미국 P&G의 손을 들어 준 이른바 '일회용 기저귀 등의 흡수 부재 특허분쟁'에서 광장이 P&G를 대리하게 된 것도 제일광장이 P&G의 특허등록을 맡으면서 비롯됐다고 한다. P&G의 특허등록을 맡은 제일광장은 등록이 거절되자 특허심판원에 이를 취소해 달라고 청구했으나, 이마저 거절되자 광장의 지적재산권팀이 나서 특허법원에 소를 내 승소한 것이다. 특허청은 P&G의 특허 출원에 대해 피고 보조참가한 유한킴벌리의 특허와 비교해 진보성이 없다는 이유로 특허등록을 거절했으며, 특허심판원도 이를 그대로 유지했었다.

두 차례의 성공적인 합병 및 전략제휴가 가져온 광장의 시너지는 객관적인 평가를 통해서도 입증되고 있다고 한다. 언론 매체 등이 실시한 기업체 법무팀 등의 평가에서 거의 모든 부분에서 광장이 상위에 랭크되고 있는 게 한 예다.

광장의 한 관계자는 "두 차례의 합병을 거치면서 ▲기업법무 ▲금융 ▲IP ▲송무와 중재 등 4개 분야의 전문화가 완성됐다"며, "이어 분야별로 수십 개의 전문팀으로 나눠 업무를 처리하고 있다"고 전문화가 더욱 깊어진 광장의 업무처리 시스템을 설명했다.

송무와 중재 분야의 경우 박준서, 이규홍 전 대법관을 정점으로 대법원 수석재판연구관 출신의 서정우 변호사, 권광중 전 사법연수원장, 김인수 전 서울행정법원장 등 재조 시절 화려한 경력을 자랑하는 중량급 변호사들이 포진한 가운데 높은 경쟁력을 자랑한다. 법원 기자실에 대형 소송사건에 관련된 보도자료를 자주 제공할 만큼 주목할 사건들을 많이 맡고 있다.

2008년 2월 대법원 최종판결이 내려진 유한킴벌리, 킴벌리클라크와 LG화학, LG생활건강 등 LG 3사와의 이른바 기저귀 특허 분쟁에선 화우와 함께 LG 측을 대리해 승소판결을 이끌어 내 또 한번 주목을 받았다. 원고 측은 김&장 법률사무소와 법무법인 로고스가 맡아 로펌간 대리전으로도 관심을 모았던 사건이다. 2008년 들어 홍경식 전 서울고검장을 영입하는 등 검찰 형사팀도 보강하고 있다.

또 2008년 상반기 M&A 시장의 최대 매물로 꼽히는 대우조선해양의 매각 자문사로 선정되는 등 M&A 분야에서도 광장의 이름이 자주 나온다.

특히 해상법과 항공법, 보험법 분야는 광장이 전통적으로 강한 분야. 이태희 변호사가 한진그룹을 창업한 고 조중훈 회장의 사위로, 오래전부터 대한항공과 한진해운 등 운송업이 발달한 한진그룹 일을 많이 해 왔다.

한미가 발전하는 데 한진그룹의 배경이 도움이 됐다는 것은 광장 사람들도 부인하지 않는 업계의 공공연한 사실이다. 이 변호사가 처음 법률사무소를 연 곳도 서울 남대문로 2가의 한진빌딩(구 KAL빌딩) 16층이며, 광장은 지금도 이 건물 여러 층에 사무실을 두고 있다.

2. 김&장 법률사무소

www.kimchang.com

김&장 법률사무소는 한국을 대표하는 로펌이다.

1973년 1월 김영무 변호사에 의해 설립돼 한국을 넘어 동양 최고의 로펌으로 발전을 이어가고 있다. 국내는 물론 외국에서도 김&장 하면 알아줄 만큼 국내외 로펌업계에서 높은 경쟁력을 자랑하고 있다.

2008년 8월 현재 김&장의 변호사는 외국변호사를 합쳐 약 400명. 여기에다 변리사, 공인회계사, 세무사 등 전문인력을 더하면 모두 650명이 넘는 전문가들이 수십 개의 분야로 나뉘어 국내 최고 수준의 서비스를 제공하고 있다. 국내의 다른 대형 로펌들과 비교해 보아도 약 2배 이상 되는 규모이며, 일본, 홍콩 등에도 이만한 크기의 로펌이 드물다.

때로는 공격적으로 접근하는 김&장의 깔끔한 법률서비스는 외국에서도 정평이 나 있다. 미국 뉴욕의 월 스트리트에 자리잡고 있는 세계적인 로펌들도 김&장이 상대방의 대리인으로 선정되었다고 하면 부담을 느낄 정도라고 한다. 그만큼 김&장은 한국은 물론 세계무대에서 이름을 날리고 있다.

무엇보다도 영, 미의 발달된 로펌시스템을 도입해 전문화와 대형화를 꾸준히 추구해 온 게 오늘의 성공신화를 일궈낸 원동력으로 이야기된다. 김&장의 한 변호사는 이를 가리켜 '동도서기(東道西器)'라는 말로 표현했다. 영, 미에서 발달된 로펌 제도를 들여다가 한국 문화, 한국 실정에 맞는 법률회사로 키워왔다는 것이다.

실제로 김&장은 국내 로펌 중 영, 미 로펌과 가장 흡사한 조직 형태를 띠고 있다. 다수의 세계적인 로펌들과 마찬가지로 조합 형태로 구성돼 있다. 김&장 관계자는 "이같은 형태가 법률회사의 대형화와 전문화에 가장 유리한 것으로 알고 있다"며, "대한변협 회칙 39조에 따라 변협에 공동법률사무소로 신고돼 있어 사건의 수임이나 세금 납부 등 대외적인 측면에선 다른 로펌들과 차이가 없다"고 설명했다.

김&장은 우선 인재에 대한 투자에 정성을 기울였다. 설립 이후 끊임없이 후배변호사를 뽑아 세를 키워가며 전문화를 추구했다.

김&장이 출범할 당시만 해도 국제변호사 하면 김·장·리의 김흥한 변호사, 중앙국제의 이병호 변호사, 김·신·유의 김진억 변호사, 그리고 김&장을 세운 김영무 변호사처럼 으레 외국 유학을 먼저 다녀오는 게 필수요건처럼 돼 있었다. 그런데 김&장은 사법연수원을 마친 젊은 변호사들을 채용해 직접 기업에 관련된 법률 업무 등을 가르치며 회사 형태의 미국식 로펌을 지향한 것이다.

76년 연수원 6기의 정계성 변호사를 시작으로, 우수한 성적의 연수원 출신 변호사들이 속속 김&장에 합류하며 김&장이 국내 최고의 로펌으로 발전하는 밑바탕이 마련됐다는 것은 로펌업계에선 잘 알려져 있는 사실이다. 길게는 30년 넘게 경력이 쌓인 이들 초창기 멤버들은 각기 전문분야별로 후배들을 이끌며, 김&장의 지휘부를 구성하고 있다.

맏형 격인 정계성 변호사는 국내 최고의 금융전문 변호사로 이름이 높다. 그동안 수많은 거래에 관여했다. IMF 위기 때도 같은 사무소의 허익렬 변호사 등과 함께 갖가지 방법의 외자유치를 성사시킨 숨은 공로자로 알려져 있다. 허 변호사는 81년에 입사했다.

또 79년에 합류한 조대연 변호사는 IMF 위기 때 법전속에 잠자고 있던 법정관리·화의제도를 실무에 적극 활용한 주인공 중 한 사람으로, 프로젝트 파이낸싱, 국제중재 분야에서도 높은 전문성을 자랑한다. 2007년 가을 서울대 법대 교수로 자리를 옮긴 박 준 변호사는 82년에 합류해 25년간 증권 분야의 간판 스타로 활약했다.

회사법 분야에서도 80년 전후해 입사한 연수원 출신의 쟁쟁한 맹장들이 김&장의 발전을 이끌었다. 정계성 변호사와 연수원 동기로, 79년에 입사한 김용갑 변호사는 일본통으로 유명하다. 한 해 뒤인 80년에 합류한 정경택 변호사는 국내외 기업간 합작투자와 M&A 분야에서 두각을 나타내고 있다.

또 2007년 가을 서울대 법대 교수가 된 신희택 변호사도 회사법 분야의 이름난 대가로, 김&장에서의 역할이 적지 않았다.

군법무관을 마치고 80년에 입사했다.

82년에 합류한 현천욱 변호사는 노동전문 변호사로 이름을 날리고 있다. 또 81년에 합류한 양영준 변호사는 IP전문이다. 김&장의 IP팀을 이끌고 있다. 양 변호사와 같은 해 입사한 정병석 변호사는 해상법의 전문가로 활약하고 있다.

말하자면 우수한 인재들을 뽑아 규모를 키우는 한편 업무에 있어서는 더욱 깊게 들어가는 전문화를 통해 끊임없이 경쟁력을 높여 왔다고 할 수 있는 셈이다.

얼마 전 내용을 더욱 보완한 김&장의 홈페이지에 접속해 보면, 전문화가 어느 수준까지 이루어지고 있는지 잘 알 수 있다. 수십 개의 분야로 나눠 업무내역을 소개하고 있다. 특히 일응 업무분야를 나누되 그때그때 탄력적으로 팀을 꾸려 사안의 해결에 나서고 있다고 한 관계자가 소개했다. 그만큼 전문가의 층이 두텁다는 뜻으로, 400명의 변호사 군단이 이를 뒷받침하고 있다. 김&장은 규모도 크지만, 거의 전 분야에서 국내 최고 수준의 전문성을 자랑하는 것으로 정평이 나 있다.

리쿠르트에서 잇따라 성공한 김&장은 빠른 속도로 발전해 나갔다. 80년대 중반 김·장·리의 첫 고객이었던 체이스 맨해턴 은행이 김&장으로 차를 갈아 탔으며, 씨티은행도 일찌감치 김&장의 단골고객이 됐다. 이쪽 업계를 잘 아는 변호사들에 따르면 이 무렵부터 김&장이 업계 선두로 올라서기 시작했다고 한다.

한국에 진출한 외국 기업의 상당수를 김&장이 대리하고 있다는 것은 로펌업계에선 공공연한 사실이다. 또 사안별로 그때그때 로펌을 선택해 쓰는 경향이 강한 국내 기업들도 이해관계가 크게 걸린 중요사건은 단연 김&장에게 맡기는 경우가 많다.

　김&장은 외국기업과 외국기업간 분쟁이나 외국기업이 외국에 진출하는 경우의 이른바 3국간 거래에서도 오래전부터 법률대리인이 돼 활약하고 있다. 한국 로펌이 개발한 법률서비스를 외국에 수출하는 것으로, 김&장의 뛰어난 전문성이 뒷받침된 결과임은 물론이다.

　대개의 로펌들이 그랬듯이 김&장도 기업자문 분야에서의 경쟁력을 바탕으로 송무분야로 영역을 넓혀왔다. 인재 영입도 사법연수원 출신에서 법원과 검찰로 이어지고 있다.

　해마다 여러 명의 판, 검사 출신 변호사들을 영입하고 있는 김&장은 다른 어느 로펌보다도 막강한 송무군단을 확보하고 있다. 물론 우수한 성적과 상당한 경력의 엘리트 법조인이 아니면 김&장에 명함을 내밀지 못한다. 전직 대법관과 법무장관, 검찰총장에서 일선 판, 검사에 이르기까지 다양한 경력의 재조출신 변호사들이 김&장 송무팀에 포진하고 있다.

　다른 로펌과 다른 점이 있다면, 판사 출신의 경우 지법부장 이하 실무 판사들을 선호하는 반면 법원장이나 고법부장 등 고위직 법관은 잘 뽑지 않는다는 것이다. 2008년에 합류한 김수형 전 서울고법 부장이 거의 유일한 예외적인 경우다.

　이런 맨파워와 노하우를 갖춘 김&장 송무팀은 대기업 등이 관련된 소송 사건 등에서 혁혁한 전과를 올리고 있다. 법원에 접수되는 소장이나 판결문을 보면, 원고나 피고대리인 난에 김&장 변호사들의 이름이 올라 있는 경우를 어렵지 않게 발견할 수 있다.

특히 대기업 총수가 관련된 대형 형사사건의 경우 김&장이 단골 변호인으로 참여하고 있다. 얼마 전 집행유예 판결이 확정된 정몽구 현대차 회장을 법무법인 바른과 함께 변호했으며, 김우중 전 대우그룹 회장도 변호했다. 두산그룹 비자금 사건에선 박용성 회장을 변호했다. 또 김승연 한화 회장, 구본무 LG 회장, 최태원 SK그룹 회장도 변호한 적이 있을 만큼 김&장의 변호사들이 중요사건의 변호인으로 맹활약하고 있다.

김&장의 발전과 관련, 또 하나 지적하고 넘어갈 게 있다면, 김&장이란 상호를 탄생시킨 김영무, 장수길 변호사와 대외적으로 김&장을 많이 대표하는 이재후 변호사 등 지휘부의 비상한 리더십이다.

설립자인 김 변호사는 수많은 인재를 끌어들여 오늘의 김&장을 일궈 낸 주인공으로, 변호사, 회계사, 변리사 등 전문인력만 650명이 넘는 두뇌집단 김&장을 무리없이 이끌어 왔다는 평가를 받고 있다. 겸손하고, 대외적으로 잘 나서지 않는 성격의 그는 절대 사람을 내치지 않는 것으로 유명하며, 여러 사람에게 권한을 분장시켜 거대 조직 김&장을 매우 효율적으로 운영하는 것으로 알려져 있다. 그는 로펌 경영의 요체를 이렇게 얘기한 적이 있다.

"모든 면에서 뛰어난 완벽한 사람은 단 한 사람도 없습니다.

반대로 어디에도 쓸모없는 전혀 무가치한 사람도 없습니다. 이들 인재들의 장단점을 서로 보완시켜 로펌 전체적으로 조화를 이루도록 하는 데 가장 신경을 쓰고 있습니다."

그는 이런 뛰어난 리더십으로 김&장을 동양 최고의 로펌으로 발전시켜 왔다. 법조 인재들의 대부라는 말을 들을 만큼 후배들로부터 두터운 존경을 받고 있다.

김 변호사가 법률사무소를 연 지 1년쯤 지나 합류한 장 변호사는 송무와 중재, 해상법, IP 등의 분야에서 김&장이 기틀을 닦는데 큰 역할을 했다. 그에게는 법률가로서 탁월한 판단력을 갖췄다는 평가가 별명처럼 따라다닌다. 요즈음도 밤 늦게까지 젊은 변호사들과 함께 어울리며 김&장 발전의 한 축을 담당하고 있다.

또 79년 대법원 재판연구관을 끝으로 김&장에 합류한 이재후 변호사는 송무 분야를 이끌며, 특히 국내 최대 로펌인 김&장을 대외적으로 대표하는 역할을 오래전부터 해 오고 있다. 문교부 차관, 홍익대 총장을 지낸 이항녕 박사의 아들로, 서울지방변호사회 부회장, 4월회 회장, 한국법학원장, 서울법대 총동창회장을 역임하는 등 법조인으로서 폭넓은 대외활동을 해오고 있다.

김&장의 한 젊은 변호사는 "세 사람의 역할분담이 그렇게 잘 맞아 떨어질 수가 없다"며, "이런 리더십이 김&장의 발전에 큰 힘이 됐다"고 말했다.

3. 법무법인 김·장·리
www.kimchanglee.co.kr

　다른 업종도 그렇지만, 국내 로펌업계엔 실제의 경쟁력이나 전문성에 비해 일반에 덜 알려진 로펌들이 적지 않다. 서울 종로구 원서동에 자리잡고 있는 법무법인 김·장·리도 그 중 하나라고 할 수 있다.
　한미FTA협상이 타결된 2007년 봄.
　법률시장 개방이 가시화되면서 국내 로펌업계 관계자들을 중심으로 시장개방을 둘러싼 여러 논의가 꽃을 피웠다. 한미 양국의 비준절차를 남겨놓고 있는 FTA협정이 발효되면, 미국 법률회사들도 국내에 분사무소 설치가 가능하며, 협정 발효후 2년 내에 국내 로펌과의 제휴가 허용된다. 또 협정 발효후 5년 내엔 국내 로펌과의 동업 및 동업 로펌의 국내변호사 고용이 허용된다.
　관심은 한국 법률시장 진출을 노리는 영, 미의 대형 법률회사들이 국내의 어느 로펌, 어떤 규모의 로펌과 제휴나 합병을 희망할 것인가라는 데까지 이어졌다. 영, 미 로펌이 외국 법률시장에 적극 진출할 때는 어떤 형태로든 현지 로펌과 제휴 등을 추진하는 게 일반적인 수순이기 때문이다.

규모가 그리 크지 않으면서 경쟁력이 탄탄한 중견 로펌들이 외국 로펌의 1차적인 선호대상일 것이라는 분석에 여러 사람들이 공감을 나타냈다. 외국 로펌들로서는 이런 로펌들이어야 제휴가 가능하고, 제휴의 이익이 있을 것이라고 보았기 때문이다. 이런 분석엔 또 규모가 큰 국내의 대형로펌들이 일찌감치 독자 생존 방침을 정한 가운데 제각각 경쟁력 강화 프로그램을 가동하고 있는 점도 참고가 됐다.

이 무렵 홍콩까지 진출한 영, 미 로펌들 사이에서도 비슷한 논의가 뜨겁게 타올랐다. 얘기가 길어졌는데, 당시 필자가 취재한 바에 따르면, 영국계의 한 대형 로펌이 이미 한국 법률시장에 대한 분석을 마치고, 법무법인 김·장·리를 제휴 대상 1호로 선정해 놓고 있었다. 물론 이 영국계 로펌 나름대로의 한국 진출 전략이 뒷받침된 분석 결과일 것이다. 그러나 이 얘기를 들은 많은 사람들은 김·장·리가 외국 로펌들이 손잡고 싶어하는, 작지만 경쟁력이 탄탄한 로펌이라는 데 이의를 제기하지 않았다.

김·장·리는 얼마 전 미국계 로펌으로부터도 제휴하자는 제의를 받았다. 김·장·리 관계자는 아직 법률시장이 본격 열리기 전이라 상대국 법에 대한 자문이 필요한 경우 서로 사건을 주고받자는 수준 이상은 아닐 것이라고 조심스럽게 말하고 있다. 하지만 이 또한 김·장·리에 대한 높은 평가가 뒷받침된 협력 제의임은 두말 할 필요도 없다.

도대체 김·장·리가 어떤 로펌이기에 외국 로펌들이 앞다퉈 손을 잡고 싶어할까. 1958년 후반 지금은 고인이 된 김흥한 변호사가 문을 연 한국 최초의 로펌이기 때문일까.

50년 역사가 이어지며 축적된 노하우와 여전히 김·장·리의 문을 두드리는 두터운 고객층도 그 중 한 요인이겠지만, 최경준 변호사가 이끄는 김·장·리 변호사들의 높은 경쟁력을 제쳐놓고 얘기하기는 어려워 보인다.

사법연수원(14기)을 수석으로 마치고, 미국 뉴욕대(NYU)에서 J.D.를 한 최경준 변호사가 이끌고 있는 김·장·리의 변호사는 약 25명. 규모는 그리 크지 않지만, 일당백(一當百)의 전문변호사들이 자문과 송무 분야로 나뉘어 기업법무 일선에서 맹활약하고 있다.

우선은 최 변호사를 좌장으로 하는 기업자문 분야의 경쟁력이다. 이 분야 만큼은 대형 로펌들도 전문성을 앞세운 김·장·리의 변호사들에게 두 손 들기 일쑤란다. 김·장·리 전체의 업무 비중에 있어서도 송무 보다는 자문 분야의 비중이 월등히 높다.

김·장·리가 수행한 거래 내역을 들춰보면, 자문 분야에서 김·장·리가 차지하는 위상을 실감할 수 있다. 특히 IMF 금융위기 이후 최근까지 김·장·리의 변호사들이 수많은 M&A 딜에 참여해 국내외 기업의 구조조정 업무를 뒷바라지해 왔다는 사실을 알만한 사람은 다 안다.

1998년 5월 21일 새벽 최종 서명을 마친 대상그룹의 라이신(lysine) 사업부문 매각은 IMF 이후 최초의 외자유치 성공사례로 기록되고 있다. 환율이 하루가 다르게 올라가던 당시 김·

장·리가 매수자인 독일의 바스프(BASF)를 맡아 대상을 대리한 김&장의 변호사들과 함께 밤을 새워가며 쉬지 않고 협상을 진행, 초스피드로 딜을 성사시킨 것으로 유명하다.

10년이 지난 올 1월. 바스프는 동물사료의 첨가제를 만드는 이 사업부문을 국내의 B사에 되팔았다. 김·장·리의 변호사들이 또 다시 바스프를 대리해 딜에 참여했다.

두 번의 딜을 진두지휘한 최경준 변호사에 따르면, 김·장·리가 바스프를 대리하게 된 배경도 눈길을 끈다. 얘기는 96년 고합그룹이 독일에 공장이 있는 바스프의 마그네틱 사업부문을 인수할 때로 거슬러 올라간다. 최 변호사는 고합을 대리해 독일 현지로 날아가서 협상을 벌였다. 이 때만 해도 바스프는 최 변호사가 대리하고 있는 의뢰인의 상대방 회사에 불과했다. 바스프로부터 최대한 유리한 협상을 이끌어 내는 게 최 변호사의 임무였다.

바스프는 그러나 1년여 지난 97년 말 대상그룹의 라이신 사업부문을 매입하면서 한 때 상대방 측 대리인으로 협상장에 나왔던 최 변호사에게 자문을 의뢰했다. 최 변호사는 "마그네틱 사업부분 매각 협상 때 바스프의 사내변호사가 고합의 대리인으로 협상에 참가한 나를 눈여겨 보았었나 보다"며, "대상그룹의 라이신 사업부문을 사는 거래에서 대리인이 돼 달라고 요청해 와 놀랐다"고 당시를 회고했다. 라이신 사업부문을 인수한 바스프는 이후 국내에서의 비즈니스와 관련된 크고 작은 일을 김·장·리에 의뢰해 해결했음은 물론 라이신 사업부문을 B사에 되팔 때도 김·장·리 변호사들에게 일을 맡겼다.

수십 년째 뒤를 봐주고 있는 코카콜라도 김·장·리의 단골 고객으로 소개된다. 최 변호사의 장인인 김흥한 변호사가 72년 한국코카콜라를 국내에 설립할 때 관여한 이후 지금까지 김·장·리의 자문을 받고 있다. 72년 한국 진출 당시 '코카콜라' 라는 이름이 상호에 들어가선 안된다는 게 정부의 인가조건이어 한국음료주식회사로 이름을 달았다는 유명한 이야기가 있다.

최 변호사 등은 96~97년 코카콜라가 두산식품 등 국내 4개사(社)의 보틀링 사업을 인수하는 대형 거래 때 코카콜라 측을 대리했다. 보틀링 사업이란 코카콜라 원액을 구매하여 일정한 제조공정을 거친 후 이를 병에 담아 소비자에게 공급하는 사업으로, 한국코카콜라에선 원액을 만들고, 브랜드 마케팅 등의 사업만 담당해 왔으나, 코카콜라 본사의 결정으로 한국에 보틀링 회사를 직접 세워 4개사가 수행하고 있던 관련 사업을 인수하고 나선 것이다.

이른바 'IMF 이전의 M&A(Pre IMF M&A) 거래'로 분류되는 이 거래는 이후 봇물처럼 터진 M&A거래의 선례로 자주 인용된다. 거래 규모가 5000억원 이상으로, 당시까지만 해도 최대 규모의 M&A 딜이었다.

이 외에도 김·장·리는 2000년에 있은 KT의 한솔엠닷컴 지분 인수 때 KT를 대리하고, 2003년 이른바 SK글로벌사태 때 스탠다드 차터드 은행 등 40개가 넘는 외국 은행으로 구성된 외국 채권단을 대리해 나중에 SK네트웍스로 이름이 바뀐 SK글로벌의 구조조정에 참여하는 등 수많은 딜을 성사시켰다.

김·장·리 변호사들의 활약에서도 알 수 있듯이 김·장·리는 고객 기반이 탄탄한 것으로 정평이 나 있다. 창업주로 국제변호사 시장을 독점했던 김흥한 변호사 시절 인연을 맺은 기업이 몇십 년째 자문을 의뢰해 오고 있는데다 최근 들어선 최경준 변호사 등이 일을 도와주며 발굴해 낸 고객들이 적지 않다고 한다.

'김·장·리'라는 이름을 탄생시킨 김흥한, 장대영, 이태영 변호사 등 초기 멤버들은 물론 수많은 선배변호사들이 거쳐 간 김·장·리의 자문팀엔 최 변호사 외에도 사법시험 16회의 제강호 변호사와 심영식, 한문영, 임석진 미국변호사 등이 파트너 변호사로 포진한 가운데 후배들을 지휘하고 있다.

서울대 법대 출신의 제 변호사는 뉴욕대 LL.M.을 거쳐 뉴욕주 변호사 자격을 취득했다. 금융사건 처리로 유명한 Shearman & Sterling 뉴욕사무소에서도 근무했다. 금융 분야에 특히 밝다. 통일부와 대북경수로지원기획단의 법률고문을 역임했다.

91년부터 김·장·리에서 활약하고 있는 심영식 변호사도 자문팀의 빼놓을 수 없는 멤버. UC Davis에서 J.D.를 했으며, 시애틀에 있는 미국 로펌에서 근무한 경력도 있다. 워싱턴주 변호사이며, 국제소송, M&A, 외국인 투자 등이 전문분야다.

최 변호사와 함께 주요 딜에 자주 참여하는 한문영 미국변호사는 지금은 다른 법률사무소에 합병된 Coudert Brothers 뉴욕사무소에 있다가 2000년 6월 합류했다. 서울대 법대를 수석 입학해 차석으로 졸업한 수재로, 일찌감치 유학을 떠나 예일대(LL.M.)를 거쳐 콜럼비아대에서 J.D.를 한 미국통이다. 뉴욕주 변호사로, 국제 상사거래, M&A, 국제금융이 텃밭이다.

또 최근 합류한 임석진 미국변호사도 두터운 클라이언트 기반과 함께 전문성을 내세워 맹활약하고 있다. 세계 최대 로펌인 클리포드 챤스 홍콩사무소와 법무법인 세종에서 다년간 국제변호사로 활약했다. 얼마 전까지 기업법무의 부티크라고 할 수 있는 법무법인 한승의 SL 파트너즈를 이끌었다. 미 브라운대와 콜럼비아 대학원, 보스톤 칼리지 로스쿨(J.D.)과 런던대 킹스 칼리지 로스쿨 등 여러 대학에서 공부했다. 금융과 국내외 투자, M&A 관련 일을 많이 한다.

창립자인 김홍한 변호사의 손아래 동서로, 대표를 맡고 있는 김의재 변호사도 자문분야에서 오랫동안 활약한 이 분야의 전문가다. 외국인투자와 기술이전 관련 일을 많이 처리했다. 고시 사법과 10회에 합격해 서울민,형사지법 판사 등을 역임했다. 미국의 Southern Methodist 대학에서 LL.M.과 J.D.를 했다.

기업법무와 관련된 중요 소송을 특히 많이 처리하는 송무팀엔 사법연수원장을 지낸 홍일표 변호사와 법원행정처 사법정책연구심의관을 역임한 이건웅 전 부장판사, 김기정 전 부장판사 등이 포진하고 있다. 김기정 변호사는 "자문 분야의 일을 처리하다가 법정비화되는 송무 일감이 적지 않다"며, "해마다 송무 분야의 변호사를 늘려야 할 만큼 이 분야의 일이 늘어나고 있다"고 송무팀 분위기를 전했다. 특히 특허, 공정거래, 조세관련 분야에서 소송이 많이 생긴다는 게 그의 설명이다.

또 김·장·리 송무팀의 탄탄한 경쟁력이 알려지며, 송무팀 자체적으로도 수임하는 사건이 적지 않다고 한다. 얼마 전부턴 송무 중에서도 형사 분야를 강화하고 있으며, 재조 출신의 경력 변호사를 상대로 활발한 영입 노력을 기울이고 있다.

송무팀에서 처리한 분쟁으론 ▲코카콜라와 롯데칠성의 'Sprite' 상표권 분쟁 ▲컴퓨터어소시에이트의 수입 소프트웨어 관세부과 관련 분쟁 ▲제일은행을 상대로 한 소액주주들의 대표 소송 ▲서태지 퍼블리시티권 분쟁 ▲두루넷, 삼보컴퓨터, 엔터프라이즈네트웍스 등의 회사정리절차 개시신청 ▲㈜진로와 진로홍콩 사이의 진로재팬 주식 소유권 분쟁 ▲삼보컴퓨터 재산보전처분 및 상장폐지 등 금지가처분 신청 ▲한국산업은행 등의 대우자동차에 대한 대출금 반환청구 분쟁 등이 있다.

김·장·리는 설립 50년이 되는 2008년 7월 금융 전문의 부티크인 법무법인 평산과 합병을 선언했다. 통합 로펌의 이름은 '법무법인 양헌(良軒)'. 어질고 좋은 사람들이 모여 있는 곳이란 의미를 담았다고 한다. 한국 1호 로펌 김·장·리는 양헌의 영어식 이름인 'KIM, CHANG, LEE'에 그대로 남게 된다.

합병 결과 양헌은 변호사 약 40명의 규모를 갖추게 돼 중견 로펌의 위상을 더욱 공고히 하게 된다. 기업법무의 양대 축이라고 할 수 있는 금융과 M&A 등 회사법 분야에서 시너지가 기대되고 있다.

평산은 법무법인 광장의 전신인 법무법인 한미의 금융팀을 이끌었던 김수창 변호사가 2001년 한미에서 독립해 설립한 금융전문 로펌이다. SOC 등 인프라 사업에 대한 금융 조달, 프로젝트 파이낸싱 등 금융 분야에서 빼어난 업무성과를 이어오고 있다.

인수금액만 3조 4000억원에 달했던 하이트맥주의 진로 인수 때 산업은행 등 20개 금융기관 쪽을 맡아 1조원의 인수금융(acquisition financing)을 성공적으로 마무리지은 것으로 유명하다. 또 국내 최초의 민자유치 사업인 인천신공항 제2연육교 사업에서도 금융 쪽을 맡아 활약했다.

양헌은 김의재, 김수창, 최경준 변호사가 공동대표를 맡아 함께 지휘하게 된다.

4. 법무법인 남산

www.namsanlaw.com

1980년 임동진 변호사가 설립한 법무법인 남산은 28년의 역사를 자랑한다.

국내 최초의 로펌인 김·장·리 법률사무소, 법무법인 화우와 합친 김·신·유 법률사무소, 김&장 법률사무소, 법무법인 광장과 합병한 한미합동법률사무소 정도가 남산보다 역사가 앞서며, 83년에 문을 연 세종도 남산보다 출발이 늦다.

그러나 남산은 이런 짧지 않은 역사에 비해 상대적으로 적은 수의 변호사로 신속하면서도 기동성 있는 법률서비스를 추구해 온 게 특징이다. 보통 100명 이상의 변호사가 포진하고 있는 대형 로펌들과는 규모나 성장전략에 있어 뚜렷한 차이를 보이고 있다.

2008년 들어 이창구 전 대구고법원장 등이 합류한 남산의 변호사 수는 14명. 대형화에 실패했다기 보다도 스스로 적정하다고 생각하는 변호사 수를 유지하며, 이른바 '강소(强小)로펌'의 전략을 채택해 왔다고 하는 게 보다 적절한 해석일 것이다.

남산의 변호사들은 "기업과 고객에 진정으로 도움이 되는 개별적이고도 충실한 맞춤형 법률서비스가 중요하다"며, 로펌업계에 일반화 되다시피 한 대형화 추세에 선을 그었다. 홈페이지에서도 "변호사의 숫자는 무의미하며, 주어진 사건에 질적으로 충실하게 임하는 것이 좀 더 고객의 요구에 부응하는 길이라고 자부하고 있다"고 이런 철학을 분명하게 밝히고 있다.

실제로 남산을 찾는 고객기업들의 말을 들어보면, 규모보다도 전문성을 앞세우는 남산의 이런 설명이 그냥 하는 말이 아님을 알 수 있다. 경쟁력과 함께 상당한 평가를 받고 있다.

우선 남산이 가장 역점을 두어 강화하고 있는 건설 및 부동산 분야에서의 경쟁력이다. 남산의 변호사들은 이 분야에 관한 한 어느 로펌에도 뒤지지 않을 자신이 있다고 강조한다.

경기 수원·용인시 일대의 1127만여㎡ 토지를 대상으로 진행 중인 광교신도시 개발사업만 해도 남산의 변호사들이 대표간사를 맡고 있는 H건설과 J건설에 법률자문을 제공하고 있다. 주상복합 아파트와 각종 상업건물, 컨벤션 센터 등을 개발해 6만 명의 인구를 수용하는 역사(役事)로, 사업규모가 1조원대에 이르는 대규모 사업이다.

남산의 부동산팀을 이끌고 있는 양원석 변호사는 "다른 로펌의 도움을 받다가 남산의 자문을 받아본 후 남산에 관련 업무를 의뢰하는 건설사도 없지 않다"고 귀띔했다.

또 관련 분쟁이 적지 않은 재개발·재건축 사업 분야도 남산의 변호사들이 자주 뛰어드는 단골 텃밭. 선례가 되는 판결을 이끌어 낸 경우도 없지 않다.

대법원은 2008년 초 조합원이 재개발조합에 신탁한 토지 중 일반분양자에게 귀속된 토지에 대해 취득세를 매기는 것은 잘못이라는 내용의 판결을 내렸다. 그러나 이 판결이 이런 내용의 최초의 판결은 아니다. 벌써 오래 전에 남산의 변호사들이 당사자를 대리해 똑같은 취지의 판결을 가장 먼저 이끌어 냈다는 게 남산 측의 설명이다. 남산은 이후 비슷한 내용의 사건을 20여건 맡아 처리하는 등 선례를 이끌어 낸 법률회사답게 관련 분쟁의 해결에 두각을 나타내고 있다.

금융과 보험, 정보통신(IT) 등의 분야도 남산이 이름을 날리는 주력분야 중 하나로 꼽힌다. 2008년 초 남산은 S정보통신업체로부터 다급한 요청을 받았다. 이 회사는 당시 교육부가 추진 중인 지방행·재정통합시스템을 구축하는 우선협상대상자로 선정됐다. 그러나 교육부가 이를 박탈하고 L사에 그 지위를 넘겨주는 바람에 비상이 걸린 것이다.

S사로부터 사건을 맡은 남산은 우선협상대상자의 지위를 보전해 달라는 내용의 가처분을 제기해 2008년 2월 말 법원으로부터 신청한 내용대로 가처분을 받아냈다. 하마터면 날릴 뻔한 600억원 규모의 사업을 일단 유지하는 비상조치에 성공한 것이다. 남산의 정미화 변호사는 "낙찰자나 우선협상대상자 지정에 따른 지위보전 가처분 또는 이의신청 등의 사건 수행에 약 30년간 쌓인 노하우가 이어지고 있다"고 이 분야의 경쟁력을 소개했다.

이 외에 ▲기업 M&A ▲조세 ▲노동 ▲공정거래 ▲엔터테인먼트 ▲프랜차이즈 등 기업법무 전반에 걸쳐 특화된 법률서비스를 제공하고 있는 남산은 업무처리에 있어서도 독특한 방침으로 고객기업들의 호응을 사고 있다. 홈페이지에서 '사무실의 모토(motto)'로 제시하고 있는 신속, 정확, 정성의 철학이 그것이다. 공동대표를 맡고 있는 하민호 변호사는 "로펌이 대형화·관료화되면 신속하면서도 책임있는 답변이 여의치 않을 수 있다"며, "남산의 신속한 의견서를 받아 본 고객들의 반응이 예상외로 좋다"고 분위기를 전했다.

또 너무 당연한 이야기 같지만, '정확한 법률서비스'를 제공하겠다는 남산 변호사들의 다짐도 로펌업계와 기업체 법무팀 등 법률서비스의 수요자들 사이에서 화제가 되고 있다.

"이럴 수도 있고, 저럴 수도 있다는 식의 의견서는 피하라고 후배들에게 교육하고 있지요. 차라리 법률교과서를 복사해 주라고 얘기합니다. 그런 식의 의견서는 의견서라고 할 수 없다는 게 저희들의 생각입니다."

하 대표는 "그런 수준의 의견서를 가지고 고객이 과연 의미있는 경영판단을 내릴 수 있겠느냐"며, "'이런 저런 가능성이 있겠지만, 이쪽으로 가야 한다'고 조언의 최종적인 결론을 제시하는 게 남산이 제공하는 의견서의 특징"이라고 역설했다. 물론 고객기업들의 호응이 상당하다고 한다. 그는 "우리가 내린 결론이 틀릴 수도 있지만, 고객들이 좋아한다"며, "중요한 것은 정성껏 책임있는 답변을 드리려는 자세"라고 다시한번 강조했다.

원칙을 중시하는 남산의 이런 업무처리 방침은 사건을 유치하는 일종의 마케팅 전략이나 수임료 책정, 변호사를 채용하는 리쿠르트 방침 등 로펌 운영과 관련된 여러 분야로 확대되고 있다. 마치 동전의 앞, 뒷면처럼 업무부서와 지원부서가 호흡을 맞춰가며, 강소로펌 남산의 독특한 모습을 이뤄가고 있다.

남산의 마케팅 정책부터 그렇다. 하 대표에 따르면, 오직 일 잘해서 고객의 평가를 받자는 게 마케팅 전략이라면 전략이라고 한다. 그의 설명이 이어졌다.

"변호사들 중에 골프치는 변호사가 거의 없습니다. 사건을 따내기 위해 골프치며 교제한다는가, 술 사고 밥 산다는 생각을 해 본 적이 없습니다."

그는 "네트워크나 교제 등을 통해 수임한 사건은 사람이 바뀌거나 하면 금방 끊어진다"며, "일 잘하는 게 영업이라고 생각하고, 명운을 걸고 해왔다"고 말했다. 또 "종종 '촌스럽다'는 말까지 들어가며 고객의 경영판단에 실질적인 도움이 되는 깊이있는 의견서를 써 내려고 하는 것도 일로서 승부하려는 남산의 마케팅 전략과 무관하지 않다"고 덧붙였다.

그러나 이런 보수적인 방침에도 불구하고 28년의 역사를 자랑하는 남산엔 정기적으로 자문을 받고 있는 고객기업들이 수두룩하다고 한다. 수십 개의 기업이 고문계약을 맺어 남산의 변호사들로부터 자문을 받고 있으며, 고문계약을 정식으로 맺지는 않았지만, 문제가 생길 때마다 남산에 자문을 의뢰하는 단골기업들도 상당하다고 남산의 관계자가 전했다.

얼마 전 새로 만든 남산의 브로셔에 보면, 수십 개의 주요 자문회사가 업종별로 소개되고 있다. 건설과 부동산 분야가 강한 법률회사답게 SK건설, 중앙건설, 동양메이저, 한일건설 등 건설사들이 특히 많다. 또 SK C&C, 롯데정보통신 등 정보통신회사와 CNH캐피탈, SPC캐피탈, 농협 중앙회, 동양종합금융증권, 미래에셋생명보험, 서울보증보험, 외환캐피탈 등 금융 및 증권회사들도 남산으로부터 자문을 받는 단골고객으로 브로셔에 이름이 올라 있다.

홈페이지에서 공개적으로 밝히고 있는 변호사 보수 책정기준도 고지식하다고 할 만큼 독특한 구조로 돼 있다. 불공정거래라는 이유로 지금은 폐지되었지만, 1993년 6월 17일 제정된 서울지방변호사회의 보수 기준을 그대로 따르고 있는 것이다. 변호사회가 만든 기준이니만큼 비교적 저렴하게 책정돼 있음은 물론이다. 홈페이지를 보면, "비록 서울변호사회에선 이를 폐지했지만, 상한선에 관한 한 매우 합리적인 자율규제에 해당된다고 판단돼 이를 보수기준으로 계속 유지하고 있다"고 93년에 만들어진 보수기준을 그대로 채택하고 있는 배경을 설명하고 있다.

하 대표는 홈페이지에서 밝힌 그대로의 기준을 적용하고 있다고 분명하게 이야기했다.

신입변호사의 영입에 있어서도 남산은 고유의 방침을 고수하고 있다. 법원과 검찰에서 경력을 쌓은 이른바 전관 출신의 영입을 지양하고 사법연수원을 마친 초임변호사를 뽑아 도제식으로 교육해 가며 변호사를 충원하고 있다.

판사 출신이라면 2007년 2선으로 물러난 임동진 고문변호사와 얼마 전 합류한 이창구 고문변호사 2명에 불과하다. 나머지 12명의 변호사 대부분이 사법연수원을 나와 남산에서 직접 일을 배워가며 경력을 쌓은 순수 혈통이다. 검사 출신은 단 한사람도 없다.

하 대표는 "도제식 교육이야말로 법조인 양성의 이상적인 모델"이라며, "외부 영입을 지양하고, 처음부터 남산의 업무방침과 모토에 공감하는 변호사를 뽑아 하나씩 가르치며 결속력을 높여왔다"고 소개했다.

이런 '변호사 양성 시스템' 덕택인지 남산엔 그동안 도중에 다른 로펌으로 옮기거나 이탈하는 변호사가 거의 없었다고 한다.

28년 전 남산이 바라보이는 대우빌딩에 자리를 잡아 '남산'이란 이름을 내걸었다는 남산은 2007년 12월 대우빌딩이 리모델링에 들어가며, 충무로의 고려대연각타워로 사무실을 옮겼다.

5. 법무법인 다래

www.daraelaw.co.kr

#1 국내의 C사는 일본의 유명 제약사인 J사를 상대로 J사가 보유하고 있는 백혈병 치료제인 G-CSF의 특허권에 대해 무효심판을 청구, 특허법원으로부터 무효판결을 받아냈다. 제조에 필요한 미생물 확보 방법을 명시하지 않는 등 특허에 여러 결함이 있다는 점을 집중적으로 문제삼은 결과다. G-CSF의 국내 시장 규모는 150억원에 이르는 것으로 추산되고 있다. 이 판결로 국내 제약업체들도 1g당 11억원에 이르는 이 치료제를 자유롭게 생산, 판매할 수 있게 됐다.

#2 얼마 전까지 안경 등 렌즈의 원료가 되는 수지 조성물은 100% 일본의 S사로부터 수입해 썼다. 국내 D사가 2년여에 걸친 연구 끝에 물성치를 현저하게 개량한 제품을 개발, 국내뿐만 아니라 중국과 아시아 여러 나라에 수출하게 되자 일본 S사가 이를 문제삼았다. D사를 상대로 특허권침해금지 가처분을 신청했으나 D사는 이에 맞서 가처분신청을 기각하는 결정을 얻어냈다. D사는 이에 대한 S사의 불복사건에서도 승소했다. 국내에 안경 렌즈가 저렴하게 공급될 수 있게 된 데는 이런 곡절이 숨어있는 것이다.

#3 가정용 진공포장기를 생산하는 Z사는 미국의 다국적기업인 T사로부터 이에 대한 특허권침해금지 가처분신청과 특허권침해금지소송 및 미국으로의 수출금지 가처분신청 등 일련의 특허공세에 휘말렸다. 그러나 결과는 Z사의 승리였다. 미국 T사의 특허권 무효, 특허권침해금지 가처분에서의 Z사 승소, 미국 수출에서의 특허 비(非)침해 예비판정 등을 받아냈다. 국내 생산은 물론 미국 수출에도 아무런 장애가 없게 되었다.

법무법인 다래가 '브로슈어'에서 소개하고 있는 성공사례를 보면 국내 기업을 대리해 외국 기업과 맞서 싸워 이긴 케이스가 많다. 워낙 많은 국내 기업의 뒤를 봐주고 있어 특허 관련 사무소가 밀집해 있는 서울 강남의 테헤란로 주변에선 다래가 '국내 기업의 특허 파수꾼' 쯤으로 알려져 있다.

서울 역삼동의 한국지식재산센터 10층에 자리잡고 있는 다래하면 특허 문제로 어려움을 겪어 본 기업들에겐 이미 정평이 나 있다. 특허 분쟁에 관한 한 웬만한 대형 로펌들도 부담을 느낄 만큼 국내 최고 수준의 경쟁력을 자랑한다.

전문성 때문이다.

몇해 전에 있었던 한 일화가 이를 잘 말해준다.

타이어의 산화방지제를 둘러싸고 국내 업체와 외국 업체가 맞붙은 특허침해금지소송에서 다래가 국내 업체를 대리하게 되었다. 이 국내 업체는 대형 로펌을 포함해 어느 법률사무소에 사건을 맡길 것인가를 놓고 고심하다가 결국 다래를 대리인으로 선정했다는 후문이다.

휴대폰 등에 들어가는 LED(발광 다이오드) 기술을 놓고 일본 회사와 국내사가 맞붙은 특허 분쟁에서도 국내사는 다래가 대리했다. 최근엔 반도체용 테스트 핸들러와 관련된 특허권침해금지 가처분 사건을 성공적으로 대리했다. 또 우리은행의 상호 관련 다툼, P2P 서비스의 적법성 여부와 관련해 세간의 이목이 집중됐던 '소리바다'를 대상으로 한 저작권침해금지 가처분 사건도 맡아서 처리했다.

다래의 박승문 대표변호사는 "다른 분쟁도 많이 다루고 있지만, 특히 특허침해금지소송은 다래가 대형 로펌들에 뒤지지 않을 정도로 많은 사건을 처리하고 있다"고 말했다.

다래가 2005년부터 3년간 특허법원에서 진행한 특허다툼 등 당사자를 상대로 한 사건만 150건 이상. 특허심판원의 특허·실용신안 등록무효, 권리심판 사건도 110여건 처리했다.

변호사 13명에 변리사 12명이 포진하고 있는 다래는 특허 분쟁 처리를 전문으로 하는 일종의 부티크펌이라고 할 수 있다. 1999년 8월 특허 전문 부티크로 설립된 이후 이 분야의 전문성을 지속적으로 높여 왔다. 외국에서 발행되는 법률잡지들도 다래의 이러한 전문성을 높게 평가하고 있다.

다래는 99년 창립 때부터 법조계 안팎의 주목을 받았다.

다래가 창립되기 1년 6개월 전인 1998년 3월 1일 출범한 특허법원의 1기 재판부 출신인 박승문, 조용식 변호사와 특허법원 기술심리관과 특허심판원 심판관, 특허청 심사관을 역임한 윤정열, 김정국 변리사 등 이른바 '특허 4인방'이 비슷한 시기에 법복을 벗고 다래란 간판아래 다시 뭉치고 나섰기 때문이다. 당시 특허법원의 3개 재판부 중 1개 재판부가 다래로 옮겨 왔다는 말이 나돌 정도였다.

이후의 발전에서도 전문성을 최우선시 하는 창립 때의 마음가짐이 그대로 이어졌다. 박승문, 조용식 두 대표변호사는 물론 나중에 합류한 변호사들도 모두 특허 또는 지적재산권을 전공한 이 분야의 전문가들이다.

박석민 변호사는 서울 과학고와 서울대 식품영양학과 출신이며, 민현아 변호사는 이화여대 컴퓨터학과를 나와 포스데이타에 근무하기도 했다. 최근엔 특허법원 판사, 대법원 재판연구관 등 지적재산권 분야에서의 근무 경력만 10년에 이르는 이명규 전 부장판사가 합류해 박, 조 두 변호사와 후배들의 가교 역할을 맡고 있다.

다래는 2003년 4월 법무법인 다래, 특허법인 다래로 두개의 법인을 출범시키며 조직을 일신, 또 한 차례 발전의 계기를 맞고 있다. 특허법인 다래는 창립 멤버인 윤정열 변리사가 기계 분야를, 또 한 사람의 창립멤버인 김정국 변리사가 전기·전자 분야를 맡는 등 분야를 나누어 전문화의 깊이를 더해가고 있다.

2003년 8월엔 특허청 서울사무소가 입주해 있는 한국지식재산센터 빌딩으로 사무실을 옮겨 '원 스톱 서비스(one stop service)'에 이은 이른바 '원 루프 서비스(one roof service)'를 표방하고 나섰다. 출원에서 분쟁 해결에 이르기까지 고객이 원하는 바를 한 건물 안에서 모두 처리함으로써 그만큼 고객에 대한 서비스를 높이자는 취지다.

2005년 시작한 기술조사 · 기술평가 서비스도 신기술 개발을 추진 중인 일선 기업들로부터 상당한 인기를 얻고 있다. 특허정보원, 한국전자통신연구원, 한국RFID협회, 각종 기업체들로부터 기술조사 등의 업무를 의뢰받아 성공적으로 처리하는 등 이 분야의 매출이 갈수록 늘어나고 있다고 한다. 기술조사 · 기술평가 서비스는 외국기업 등이 특허를 보유하고 있거나 특허를 추진 중인 기술을 국내에서 개발했다가 나중에 특허침해 시비 등에 휘말려 낭패를 보는 일이 없도록 특허 유무나 특허 출원 준비상황 등을 미리 조사하고 평가하는 새로운 서비스다.

박승문 대표는 "고객들이 강한 특허를 창출하고 보유할 수 있도록 하는 것이 다래의 존재 이유라고 할 수 있다"며, "전문성을 더욱 강화하는 한편, 국제화를 통해 고객에 대한 서비스를 높여 나가겠다"고 포부를 밝혔다.

이와함께 다래는 특허 관련 사건의 인접 분야라고 할 수 있는 저작권법과 제조물책임법, 세법, 기업 M&A, 금융 등 기업법무 쪽으로 서비스 영역을 확대해 나가고 있다.

조용식 대표변호사는 "기업의 특허 관련 업무를 처리하다 보면 저작권이나 회사 경영 일반, 세법, 금융 등에 관련된 자문까지 함께 처리해 달라는 요청을 받는 경우가 많다"며, "고객의 이런 수요를 한꺼번에 처리해 주자는 생각에서 이 분야에 대한 서비스를 강화하고 있다"고 설명했다.

6. 법무법인 대륙

www.deryooklaw.com

언론중재위원회는 2008년 4월 헌법재판관을 지낸 권성 변호사를 차기 언론중재위원장으로 선임했다. 언론중재위원장 자리는 비상임직으로, 권 변호사는 2007년 헌재 재판관을 그만둔 후 법무법인 대륙에서 고문으로 활동하고 있다. 권 변호사가 후배들의 뒤를 봐주고 있는 대륙엔 또 헌재 재판관과 감사원장을 역임한 이시윤 변호사와 서울고검장과 법무연수원장을 역임한 정진규 변호사도 함께 지휘부를 형성하고 있다.

중량급의 판, 검사 출신들이 포진하고 있는 대륙은 어떤 로펌일까.

재조 출신들의 면면을 보면, 송무 분야의 경쟁력은 쉽게 수긍이 간다. 권 전 재판관과 이 전 감사원장, 정 전 법무연수원장이 모두 법조계에서 존경을 받고 있는 재조 출신 변호사들이다. 대륙엔 또 이들 세 사람 외에도 부장판사 출신의 심재돈, 여상조, 김기동 변호사와 조두영, 최정진 전 검사 등이 송무분야의 맹장으로 의뢰인들을 만나고 있다.

그러나 대륙을 송무 전문 로펌으로 이해했다간 큰 오산이다. 오히려 송무 보다도 기업자문 분야에서 더 유명한 로펌이다. 대류 관계자에 따르면, 자문 분야의 업무가 송무의 3배에 이를 만큼 이 분야의 비중이 월등하게 높다.

2008년 3월 16주년을 맞은 대륙의 역사를 되짚어 보아도 기업자문을 중심으로 성장을 계속해 온 로펌임을 잘 알 수 있다. 길지 않은 역사지만, 대륙엔 대략 두, 세 차례의 발전의 계기가 있었다.

대륙의 실질적인 설립자라고 할 수 있는 김대희 변호사가 서울 서초동에 법률사무소를 낸 때는 1992년 3월.

사법연수원을 18기로 마친 김 변호사가 군법무관 복무를 마치고 개인법률사무소로 시작한 '김대희 변호사 법률사무소'가 대륙의 모태라고 할 수 있다. 김 변호사는 특히 서울대 경제학과를 나온 경제학도 출신으로, 법학이 아니라 경제학을 전공한 그의 이력은 이후 대륙이 기업법무에 특화한 로펌으로 발전하는 밑바탕이 됐다.

김 변호사의 회고에 따르면, 16년 전인 그 때만 해도 변호사가 지금처럼 많지 않은 시절이라 개인변호사 사무실 운영은 꽤 괜찮았다고 한다. 개업 바로 다음해인 93년 한 기수 아래의 연수원 출신 후배변호사를 고용변호사로 채용할 만큼 사건이 적지 않았다.

발전의 첫 기회는 함승희 변호사가 합류하면서 찾아왔다. 94년 9월 서산지청장을 끝으로 검찰을 떠난 함승희 변호사가 합류하면서 기업법무에 특화한 법률사무소로 기틀을 닦기 시작했다. 이때의 이름이 '함&김'. 당시 특수부 검사와 경제학도 출신 변호사의 결합으로 더욱 유명했다.

김 변호사는 "함 변호사가 가세하면서 대기업과 중견기업, 금융기관 등의 일을 많이 하기 시작했다"며, "함 변호사를 영입한 이유도 기업법무 쪽에 특화하기 위한 측면이 강했다"고 당시를 회고했다.

'함&김'은 빠른 속도로 발전했다. 96년 4월 법무법인을 구성하며, 대륙이란 이름을 내걸었다. 법무법인 대륙이 공식 출범한 것이다. 법인을 구성할 수 있는 최소한의 인원인 5명의 변호사와 1명의 외국변호사가 전부였지만, 성장가도에 올라 선 대륙의 기세는 6명의 변호사 숫자로 평가할 게 아니었다.

12년이 지난 2008년 현재 대륙의 변호사는 외국변호사를 합쳐 50명이 넘는 규모. 법무법인 출범 당시와 비교해 전체 변호사가 약 10배로 늘어나며, 초고속 성장을 이어가고 있다.

경영을 총괄하고 있는 김대희 변호사는 우선 기업관련 형사사건의 경쟁력을 내세웠다. 지금은 여러 로펌에서 경쟁적으로 이런 사건을 처리하고 있지만, 대륙이 '함&김' 시절 개척하는 자세로 시도한 새로운 영역이란 게 김 변호사의 설명이다. 그는 "형사사건도 논리와 명분을 개발하고, 입체적·종합적으로 접근해야 한다"며, "단순히 수사진을 잘 아는 변호사를 선임해 선처를 호소하는 정도로는 좋은 성과를 내는 데 한계가 있다"고 지적했다.

이에 비해 특수부 검사 출신이 포진한 '함&김'은 컨트롤 타워를 구축, 외부의 형사전문 변호사를 연계해 가며 조직적으로 변호에 나서 상당한 호응을 얻었다는 것이다. 그에 따르면, '함&김'은 전두환·노태우 두 전직대통령 비자금 사건 때 대우와 한양을 변호했다.

금융 분야도 대륙이 전통적으로 강한 분야로 손꼽힌다. 김대희 변호사는 특히 IMF 금융위기를 극복하는 과정에서 대륙이 맹활약했다고 자랑삼아 얘기했다.

99년 초 자산관리공사를 대리해 담보부 부실채권 1조 3000억원 어치를 국제입찰을 통해 매각한 게 대표적인 경우. 김 변호사는 "미국 로펌 Brown & Wood와 함께 자문을 맡았다"며, "당시만 해도 처음 시도하는 딜을 대륙이 자문했다는 데 자부심을 갖고 있다"고 말했다.

또 CRC(Corporate Restructuring Company)로 알려진 기업구조조정 전문회사를 탄생시키는데도 대륙의 변호사들이 크게 기여했다는 게 대륙 관계자의 전언이다. 그는 "'CRC'라는 단어도 사실상 대륙의 변호사들이 만들어 낸 신조어(新造語)"라고 소개했다.

대륙의 활약은 부동산투자신탁(REITs) 분야로도 이어졌다. 대륙의 한 변호사는 국내 1호 리츠도 대륙의 손을 거쳐 탄생했다고 말했다.

대륙이 금융에 이어 전문성을 강조하는 또 다른 분야는 해외에서의 소송 수행. 97년 8월 대한항공(KAL) 801편의 괌 추락사고 피해자를 대리해 미국 정부로부터 약 340억원의 합의금을 받아냈다. 2000년 3월 합의가 이루어져 그 해 5월 미 정부의 최종승인을 받아 확정됐다. 부상자와 사망자 유족 등 13명을 대리한 이 소송은 특히 해외에서의 소송 수행도 별 것 아니라는 자신감을 얻은 사례라고 대륙의 변호사들은 입을 모은다.

역시 '함&김' 시절부터 축적돼 온 조직화(organization) 전략이 주효했다. ▲미국의 항공기 사고 전문 로펌 ▲미 유명 대학의 항공학 교수 ▲미 연방정부를 상대로 하는 소송 및 협상 전문 로펌 등과 연계해 미국 현지에 가서 미 정부를 상대로 소송을 진행했다. 피해자들을 미국에 데려가 법정에 세우고, 미국에 있는 병원에서 진단서를 끊어 제출했다. 승소 가능성을 확인한 노스웨스트 항공사와 병원, 호텔 등에서 재판이 끝난 후 받기로 하고 항공편과 호텔 투숙 등 관련 서비스를 제공했다고 한다. 이 소송에 참가했던 대륙의 한 변호사는 "항공사, 병원 등의 담당자와 만나 나중에 비용을 정산하기로 하고 계약을 체결했다"며, "미국의 법률시장이 크다는 것을 실감했다"고 당시를 회상했다.

이때의 경험이 이어져 대륙은 파생상품 투자 손실의 처리와 관련, 대한생명을 대리해 미국의 JP 모건을 상대로 미 현지에서 소송을 수행하기도 했다. 1심에서 승소했다.

대륙은 특히 2002년 4월 중국 상해에 현지사무소를 개설하는 등 해외진출도 활발하게 추진하고 있다. 최원탁 변호사가 상주하고 있는 상해사무소의 경우 국내 로펌이 개설한 최초의 중국 내 현지사무소로 자주 이야기된다. 북경에 사무소를 두고 있는 법무법인 태평양, 세종, 광장 보다도 시기적으로 앞섰다.

상해의 성공에 힘입은 대륙은 2007년 말 상해 인근의 소주(蘇州)에 또 하나의 사무소를 냈다. 이보다 앞선 2007년 3월엔 영국 런던에 사무소를 오픈했다. 박광규 영국변호사가 대륙 소속으로, 조선업체 등에 대한 자문을 제공하고 있다.

김대희 변호사가 지휘하는 기업 M&A 분야와 공정거래위 송무담당관 출신의 김성묵 변호사가 팀장인 공정거래 분야 등도 대륙이 많은 사건을 처리하는 주요 업무분야로 소개된다.

대륙은 2006년 12월 금호산업에 팔린 대우건설 매각 딜에서 매도인인 자산관리공사를 대리했다. 금호산업은 국내 최대 로펌인 김&장 법률사무소가 대리인으로 나섰다. 매각 규모가 6조원을 넘는 초대형 M&A 딜이었다.

또 2004년 1월 CJ가 인수한 신동방 매각 때 매도인인 우리은행을 대리하고, 대우통신 매각 때도 매도인인 우리은행을 대리했다. 인수인 쪽을 맡았던 M&A 딜로는 삼성석유화학 주식을 BP(영국석유회사)로부터 매입한 케이스가 있다. 대륙 관계자는 특히 "이 딜은 대륙이 런던사무소를 설립한 이후 런던사무소와 협력해 성사시켜 더욱 의미가 크다"고 말했다.

송무 쪽에서도 대륙이 활약한 사건이 적지 않다. 2007년 12월 서울 역삼동의 '스타타워 빌딩'에 부과된 등록세 252억원을 둘러싼 론스타와 서울시와의 항소심 재판에서 서울시의 대리인으로 참가해 승소판결을 이끌어 냈다.

또 군비행장 소음으로 피해를 입었다고 주장하는 3만 2000여명의 피해자를 대리해 수원지법과 대구지법에서 각각 국가를 상대로 소송을 진행 중에 있다.

  2005년 6월 삼성그룹이 독점규제 및 공정거래에 관한 법률 조항에 대해 낸 헌법소원에선 공정거래위원회를 대리했다. 삼성이 나중에 이 헌법소원을 취하하는 바람에 최종 판단을 받지는 못했지만, 사람 키의 절반 정도에 이르는 분량의 서류를 헌법재판소에 제출하며 치열한 공방을 준비했다고 대륙 관계자가 당시의 분위기를 전했다. 대륙은 삼성전자와 삼성석유화학, 삼성화재 등 삼성 관련 회사의 고문을 맡고 있었으나, 공정위에서 요청이 와 삼성 측에 먼저 양해를 구하고 사건을 맡았다는 후문이다.

  법무법인 대륙은 2008년 7월 법무법인 아주와 합병을 선언했다. 합병 법인의 이름은 '법무법인 대륙·아주'. 정진규 변호사가 대표를 맡는다. 합병 법인의 변호사는 외국변호사 25명을 합쳐 105명. 국내 10위권의 로펌으로 규모가 커진다.

7. 법무법인 로고스

www.lawlogos.com

　법무법인 로고스는 당초 기독교 법률가들이 중심이 된 일종의 기독 법무법인으로 출발했다. 2000년 9월 기독변호사 12명이 서울 역삼동에서 법무법인 로고스란 이름을 내걸고 업무를 시작했다. 지금은 삼성동의 도심공항타워에 위치하고 있다.

　로고스에 따르면, 로고스란 헬라어로 법칙, 이성, 준칙 등을 뜻하지만, 성경적으로는 예수를 의미한다고 한다. 로고스 측은 이어 "로고스에는 고객의 입장을 충분히 헤아리고 대변하는 중개자, 중보자(Mediator), 대리인(Messenger), 사건의 내용을 잘 파악하여 이를 사법기관과 상대방에게 잘 알리고 설명하는 계시자, 설명자, 법률적인 문제 뿐만 아니라 영혼의 문제까지도 상담하는 상담자, 위로자라는 의미가 포함되어 있다"며, "로고스의 변호사가 해야 할 역할을 잘 나타낸다"고 설명하고 있다.

　로고스의 한 관계자는 "법무법인으로서 이익이 안 나면 안되겠지만, 윤리성을 중시하자는 의미로 이해해 달라"고 주문했다. 실제로 로고스는 홈페이지에서 '로고스의 가치'라는 이름 아래 ▲성실성 ▲전문성 ▲창의성 ▲국제성 ▲윤리성의 다섯 가지 덕목을 제시하고 있다.

설립에 나선 12명의 면면도 간단하지 않았다.

대부분이 재조 시절 또는 이미 변호사로서 상당한 이름을 날리던 중견 변호사들로, 양인평 전 부산고법원장과 전용태 전 대구지검장을 비롯해 당시 법조 실무 경력이 최하 10년 이상씩 되는 사법연수원 20기 이상의 변호사들이 뜻을 함께했다.

지분은 12명이 동등하게 나눠 갖기로 하는 등 '초대 교회(first church)'의 정신을 지켜 나가려 했다고 한다. 12명 전원이 구성원 변호사로 출발, 이후 소속변호사를 영입하며 성장을 계속하고 있다. 오세창 변호사는 "경험이 많은 구성원 변호사가 사건을 지휘하며 직접 일선에서 사건 처리에 나서고 있는 게 큰 장점"이라며, "의뢰인들이 이런 시스템을 무척 마음 든든해 하고 있으며, 만족도가 높다"고 소개했다.

8년이 지난 지금 로고스는 한국 10대 로펌 중 한 곳으로 성장했다. 2008년 현재 국내외 변호사만 80여명에 이른다. ▲소송 및 중재 ▲기업 법무 ▲부동산/건설 ▲지적재산권/정보통신 ▲베트남 등 해외 법률자문 등 5대 업무분야를 내걸고 관련 서비스를 강화하고 있다.

특히 얼마 전부터 해외 여러 곳에 현지사무소를 잇따라 개설하며, 해외 관련 업무에서 맹렬한 기세로 두각을 나타내고 있다. 로고스의 모스크바 사무소장을 맡고 있는 정노중 러시아 변호사는 로고스의 적극적인 해외진출과 관련, "기독교적인 개척자 정신을 보는 것 같다"고 평가하기도 했다.

2008년 8월 현재 로고스가 해외 현지사무소를 운영하는 곳은 모두 5곳. 베트남의 호치민과 하노이, 캄보디아의 프놈펜을 거쳐 러시아의 모스크바까지 로고스의 변호사가 상주하고 있다. 중국 베이징에도 사무소를 두고 있다.

특히 호치민, 하노이, 모스크바 등은 로고스가 국내 로펌 중 사실상 처음으로 사무실을 열었을 만큼 일찌감치 진출했다. 프놈펜도 법무법인 세화와 함께 2007년 12월 선발주자로 현지사무소를 열었다.

베트남 지역의 경우 호치민과 하노이를 중심으로 현지법인 설립에서 부동산 개발, 조세, 노무, 청산에 이르기까지 베트남 투자 전반에 관한 '원 스톱 법률서비스'를 제공하고 있다. 전자랜드, (주)부영, 한국투자신탁, 현대증권 등이 베트남 비즈니스와 관련, 로고스의 법률자문을 받은 기업들이다.

또 백무열 변호사가 상주하고 있는 프놈펜 사무소도 개설 이후 연우건설, 신한크메르은행 등 현지 한국업체들에 법률자문을 제공하는 등 관련 업무가 활기를 띠고 있다.

전통적으로 강하다는 평을 듣고 있는 송무분야도 꾸준한 신장세가 이어지고 있다. 특히 기업이나 기업인이 관련된 사건을 많이 처리하고 있다. 대검 중수부에서 진행한 공적자금비리사건에서 수많은 기업인들을 대리해 성공적인 결과를 이끌어 냈다. 김운용 국제올림픽위원회(IOC) 부위원장 사건도 변호인으로 참가했다.

세간에 화제가 됐던 이른바 '도롱뇽 사건'도 로고스가 활약한 사건으로 꼽힌다. 환경단체와 사찰 등이 도롱뇽과 함께 고속철도공사를 상대로 낸 천성산 터널공사 중지 가처분사건에서 피신청인인 고속철도공사를 대리해 승소했다. 재판부가 "도롱뇽에 대하여 당사자능력을 인정할 수 없다"고 판시해 유명해졌다.

대법원까지 이어진 '나라종금 꺾기 대출사건'에선 나라종금으로부터 대출을 받은 회사들을 대리해 "꺾기 증자에 이용하기 위한 대출 약정 및 대출금 보전을 위한 주식 및 후순위채 재매입약정은 무효"라는 승소판결을 이끌어 냈다.

특히 로고스는 쟁쟁한 경력의 재조 출신 변호사들이 포진하고 있는 것으로 유명하다. 윤영철 전 헌법재판소장과 이용우 전 대법관, 강완구 전 서울고법원장, 권남혁 전 부산고법원장 등이 고문변호사로 있다. 또 김용호 전 서울고법 부장판사, 양승국 전 수원지법 부장판사, 김재복, 임수식, 최중현 전 서울중앙지법 부장판사 등 중견 법관 출신들이 분야별로 나뉘어 많은 사건을 처리하고 있다.

검찰 간부 출신들도 판사 출신 못지않게 두터운 층을 형성하고 있다. 얼마 전 대한법률구조공단 이사장으로 옮긴 정홍원 전 법무연수원장도 검찰을 떠난 이후 로고스에서 변호사 생활을 시작한 로고스 출신이다. 또 김승규 고문은 로고스에서 대표변호사로 활약하다가 법무부장관으로 입각해 국가정보원장까지 지냈다. 지금은 다시 친정인 로고스로 되돌아와 의뢰인들을 만나고 있다.

양인평, 백현기 대표와 함께 공동대표를 맡고 있는 황선태 전 서울동부지검장, 2008년 4월 합류한 이상도 전 서울서부지검장, 서울서부지검 차장검사를 역임한 곽무근 변호사 등도 후배들과 함께 일선에서 활약하고 있다.

로고스는 부동산 사건에서도 이름을 날리고 있다. 용인 난개발과 관련, 모 건설사를 상대로 한 조망권 소송과 분당 판테온 리젠시 아파트 주민들이 성남시와 모 건설사를 상대로 낸 조망권 소송을 진행했다. 국내 최대의 재건축 조합인 가락시영아파트 재건축 조합의 설립인가 무효를 구하는 소송도 수행했다. 또 서울 성동구의 모 재개발 조합과 관련, 공고에 이은 일반분양 접수가 마감된 상태에서 조합의 관리처분계획의 집행정지를 받아내 조합원들의 권리구제에 앞장서기도 했다.

섭외 분야로도 꾸준히 영역을 넓혀 고속철도 개통과 관련, 건설교통부로부터 용역을 받아 2003년 7월 철도산업발전기본법, 한국철도공사법, 한국철도시설공단법 등 이른바 철도 3법의 입안에 깊숙이 관여했다.

로고스는 조직이 커지면서 얼마 전부터 경영을 부쩍 강화하고 있다. 2007년 초 백현기 변호사가 경영전담 대표가 돼 업무를 총괄하고 있다. 특허법인 C&S와 제휴해 특허법인 C&S 로고스를 출범시킨 것도 이 무렵으로, 백 대표 취임 이후 비즈니스가 갈수록 탄력을 받고 있다. 하노이, 프놈펜, 베이징, 모스크바에 잇따라 현지사무소를 열었으며, 기업자문 분야의 업무 증가에 따라 기업법무팀을 늘리고, 일종의 태스크 포스를 신설해 그때그때의 사건 수요에 대응하고 있다.

로고스는 백 대표 취임과 함께 '강하고 신뢰받는 로펌'을 일종의 캐치프레이즈로 내걸고 전문성 강화에 더욱 힘을 쏟고 있다. 법률회사로서 고객, 국민, 사법기관과의 관계에서 신뢰를 쌓아야 한다는 것이다.

로고스의 한 관계자는 "소송에서 이겨 강한 경쟁력을 담보할 수 있다면, 신뢰는 저절로 쌓이게 된다"고 설명했다. 그의 말에서 로고스가 지향하는 방향을 짐작할 수 있을 것 같다.

8. 법무법인 바른

www.barunlaw.com

　최근 몇년 사이에 가장 빠른 속도로 성장하고 있는 로펌을 들라면, 법무법인 바른을 꼽는 사람들이 많다.

　1998년 2월 단 4명의 변호사가 바른법률사무소란 이름을 내걸고 시작, 10년만에 국내외 변호사가 100명을 바라보는 규모로 커졌다. 단순 계산해 보아도 10년간 20배 이상 성장한 셈이다.

　수적으로만 그런 게 아니다. 대법원장, 대법관, 법원장, 고검장 등을 지낸 법조 원로들이 지휘부를 이룬 가운데 재조 시절 이름을 날린 중량급 변호사들이 두텁게 포진하고 있다.

　먼저 바른을 구성하고 있는 변호사들의 면면이다.

　2005년 9월까지 사법부를 이끌어 온 최종영 전 대법원장이 고문으로 좌장의 역할을 하고 있다. 2006년 4월 최 전 대법원장을 고문으로 영입하는 데 서울고법원장을 지낸 김동건 대표변호사 등 바른의 지휘부가 대거 나서 삼고초려(三顧草廬)의 공을 들였다는 후문이다.

　최 전 대법원장에 이어 고문단엔 4명의 창립 멤버 중 한 사람이자 국회의원을 지낸 김찬진 변호사와 명로승 전 법무부차관, 박재윤 전 대법관, 사법사상 여성 최초의 법원장이었던 이영애 국회의원, 조중한 전 서울고법 부장판사 등이 이름을 올리고 있다.

정동기 청와대 민정수석도 얼마 전까지 바른의 공동대표로 활약한 바른 출신이다. 그는 2007년 11월 대검차장을 끝으로 바른의 일원이 됐다.

청와대 법무비서관으로 있다가 복귀한 강훈 변호사는 서울고법 판사 출신으로, 바른의 창립을 주도한 핵심멤버 중 한 사람이다. 이석연 법제처장과 함께 변호사단체인 '시민과 함께 하는 변호사들(시변)'의 공동대표로 활약했다.

구성원 변호사란에도 강병섭 전 서울중앙지법원장, 박인호, 정인진, 김치중, 석호철 전 서울고법 부장판사, 주경진, 이충상, 한명수, 이성훈, 김재협, 김한용 전 서울중앙지법 부장판사, 임안식 전 순천지청장 등 내로라 하는 경력의 재조 출신 변호사들이 분야별로 나뉘어 후배들을 이끌고 있다. 얼마 전까지 법원과 검찰에서 활약하던 판, 검사들로, 바른이 재조 출신의 영입에 얼마나 두각을 나타냈는 지 짐작할 수 있는 대목이다.

또 하나 바른의 변호사 구성에서의 특징은 주니어 급의 어소시엣 변호사보다 판, 검사 또는 기업자문 변호사로서 상당한 경력을 갖춘 파트너 변호사의 비중이 상대적으로 높다는 점이다. 많은 로펌이 위로 올라갈수록 파트너 변호사의 수가 적어지는 피라밋 구조를 취하고 있는 데 비해 바른은 원통형쯤에 해당되는 구조를 이루고 있다.

사정이 이렇다 보니 바른에선 파트너 변호사들도 어소시엣 변호사들과 함께 고객을 상대하며, 직접 업무를 챙기고 있다. 장수(將帥)에 해당하는 파트너 변호사가 많다는 것은 수익성 또한 높다는 뜻으로, 많은 사건 처리와 함께 높은 수익성이 바른의 고속성장을 뒷받침해 왔다.

파트너 변호사들이 손수 일을 처리하며 고객의 만족도를 높이는 바른의 이런 전통은 8년 전 법률사무소를 시작할 때부터 비롯됐다. 바른을 세운 창립정신 중 하나다.

의정부 법조비리사건의 여파가 채 가시지 않은 98년 2월.

일선 법원의 판사로 활약하고 있던 강훈, 홍지욱, 김재호 세 명의 변호사는 전혀 새로운 형태의 법률사무소를 만들어 높은 수준의 법률서비스를 펼치기로 뜻을 모으고, 87년 3월 동서종합법률사무소를 일으켰던 김찬진 변호사를 찾아갔다. 당시 김 변호사는 동서가 법무법인 광장으로 확대 개편되면서 광장을 나와 서초동에서 개인변호사 사무실을 운영하고 있었다.

여기서의 광장은 한미와 합치기 전의 광장을 말한다. 김 변호사는 부인이 춘천지법원장을 역임한 이영애 국회의원으로, 강훈, 홍지욱 변호사는 이영애 전 법원장 밑에서 함께 배석판사를 한 적이 있어 이전부터 김 변호사와 잘 아는 사이였다. 김 변호사와 강훈, 홍지욱 변호사 세 사람의 이런 인연이 바른의 창립으로 이어지게 된 것이다.

김 변호사의 합류로 4명이 된 창립 멤버들은 두가지를 분명히 했다고 한다. 하나는 법률사무소를 운영하면서 사건을 소개하는 브로커를 일체 쓰지 않겠다는 것이고, 또 하나는 어소시엣 변호사들에게 일을 시키고 파트너 변호사들은 이름만 거는 식의 이른바 매명(賣名)을 하지 않겠다고 다짐했다. 법률사무소의 이름에 '바른'이란 순 한글식 이름을 붙이게 된 것도 이런 논의의 결과라고 한다.

법원 등에서 이미 상당한 경력을 쌓은 중견변호사들이 직접 업무를 처리하는 바른의 독특한 시스템은 처음부터 상당한 호응을 얻었다. 적은 비용으로 높은 수준의 신속한 서비스를 받고자 하는 고객들의 바람에 바른의 업무 스타일이 꼭 맞아 떨어졌기 때문이다.

창립 멤버 중 한 사람인 홍지욱 변호사는 "솔루션은 국내 최고라고 할 수 있는데, 어소시엣의 동원 등에 따른 불필요한 비용과 시간을 절약할 수 있어 고객들에게 크게 어필한 것 같다"며, "조직이 크게 확장된 지금도 이런 방침을 고수하고 있다"고 강조했다.

미국의 대형 로펌 중에도 이런 식으로 업무를 처리하는 곳이 없지 않다. M&A 방어 전문 로펌으로 명성을 누리고 있는 왁텔, 립튼(Wachtell, Lipton, Rosen & Katz)가 대표적인 곳이다. 왁텔은 '누가 누구에게 일을 시켜서 회사의 이익을 창출할 게 아니라 변호사 개인별로 자기가 맡은 클라이언트 일에 최선을 다하자'는 방침을 내걸고 있는데, 파트너들이 직접 일을 해주기를 원하는 클라이언트들에게 대환영이라고 한다.

바른의 새로운 시도는 업계에 적지 않은 반향을 일으켰다. 이를 지켜 본 재조 출신 변호사들의 합류도 잇따라 이어졌다. 일과 변호사가 함께 늘어나며 바른의 성장에 가속도가 붙게 된 것이다.

가장 먼저 바른에 합류한 사람은 바른이 탄생한 지 불과 며칠 있다가 법원에 사표를 던진 최혜리 전 서울가정법원 판사다. 법무법인을 설립할 수 있는 다섯 명의 변호사가 확보된 바른은 곧바로 법무법인으로 조직을 강화했다. 이어 몇 달 지난 98년 6월엔 대법원에서 '법고을' 프로그램을 개발한 IT 전문가인 최영로 변호사가 합류해 지적재산권 분야의 업무능력이 한층 강화됐다. 최혜리 변호사는 2008년 초 정부법무공단으로 자리를 옮겼다.

창립 1년 후인 99년 2월에 있은 조중한 전 서울고법 부장판사의 합류는 특히 의미가 컸다고 한다. 일이 많아지고, 식구도 늘면서 바른으로서는 고등고시 사법과 15회 출신인 김찬진 변호사와 젊은 변호사들 중 최선임인 사법시험 24회(사법연수원 14기)의 강훈 변호사 사이를 이어줄 중량급 변호사가 절실히 필요한 상황이었기 때문이다. 김 변호사와 강 변호사 사이엔 26기의 기수 차이가 있다.

사법연수원을 1기로 마친 조 변호사는 이후 오랫동안 대표변호사를 역임하며 바른의 발전을 이끌었다. 당시 바른보다 조금 늦게 사무실 문을 연 비슷한 규모의 법률사무소에서도 조 변호사의 영입을 추진했으나, 조 변호사가 바른을 선택, 발전의 계기가 됐다는 게 바른 사람들의 설명이다.

이후에도 서울행정법원 판사에서 법복을 벗은 정기돈 변호사, 미 콜럼비아대 로스쿨에서 LL.M.을 하고, 사법연수원에서 지적재산권에 대해 강의한 경력의 오승종 변호사 등 중견변호사의 합류가 계속됐다. 바른에 따르면, 98년 2월 변호사 4명으로 시작, 99년 2월 8명, 2000년 2월 12명 등 해마다 변호사가 늘어나는 바람에 사무실 확보에 비상이 걸릴 지경이었다고 한다.

2008년 들어서도 상반기에만 20명이 넘는 변호사를 뽑았다. 7월엔 조세팀을 보강하며 국세청에서 경력을 쌓은 고성춘 변호사와 노석우 전 대전지방국세청장이 합류했다.

재조 출신 변호사들이 많이 포진해 송무에 관한한 국내 최고 수준의 경쟁력을 확보하게 된 바른은 얼마 전부터 기업자문 쪽으로 영역을 더욱 확대하고 있다.

바른 초기부터 김찬진 변호사의 활약에 힘입어 기업 고객을 많이 확보해 왔으나, 대형 로펌의 규모로 커지면서 기업자문 쪽을 한층 중시하게 된 것이다.

바른의 자문팀엔 현재 약 20명의 변호사가 포진해 있다. 오랫동안 김·신·유 법률사무소에서 파트너 변호사로 활약해 온 박기태 변호사의 지휘 아래 마찬가지로 김·신·유 출신인 장주형 변호사와 피난스키(Pynansky) 미국변호사 등이 활약하고 있다.

특히 주한미상공회의소(AMCHAM) 이사, 대한상사중재원 중재인 등으로도 활동하고 있는 피난스키(Pynansky) 변호사는 89년부터 줄곧 국내에서 활약해 온 유명한 변호사다.

원래 바른의 송무팀에서 맡아 조언해 온 경기도 고양시의 일산에서 추진 중인 한류우드 프로젝트에 자문팀이 가세하고, 여의도 중소기업전시관 자리에 추진 중인 국제금융센터 건립 프로젝트에 바른이 나서게 된 것 등이 모두 기업자문 분야의 보강에 따른 시너지 결과라고 한다. 김동건 대표변호사는 "자문 자체적으로도 이미 손익분기점을 넘어섰다"고 빠른 속도로 발전하고 있는 이 분야에 대한 자신감을 나타냈다.

이런 자신감 때문인지 바른은 국내 법률시장의 개방에 대해서도 고무적인 입장을 내보이고 있어 관련 업계의 주목을 사고 있다. 송무 분야 등에서의 높은 경쟁력을 내세워 외국 로펌과의 긴밀한 제휴 검토 등 매우 적극적인 자세로 시장개방에 접근하고 있다.

반포동의 종전 사무소에선 더 이상 늘어나는 변호사를 소화할 수 없어 지난 3월 서울 대치동으로 둥지를 옮긴 바른은 앞으로도 지속적으로 규모를 늘려간다는 방침이다.

김동건 대표에 따르면, 당장의 목표는 국내외 변호사 150명. 이를 위해 2008년 봄 바른이 입주하고 있는 서울 대치동의 D&M 빌딩 6층의 1000평 공간을 미리 확보해 두었다. 보증금도 이미 지급했다고 한다. 바른의 성장세가 과연 어디까지 이어질 지 안팎의 관심이 갈수록 높아가고 있다.

9. 법무법인 서정

www.sojong.com

법무법인 서정도 짧은 시간에 빠른 속도로 발전해 왔다.

2008년 현재 국내외 변호사 약 30명. 9년 전 6명의 변호사로 시작한 로펌이 이렇게 규모가 커졌다. 특히 서정의 지난 9년을 돌아보면, 다른 로펌과는 차별화되는 측면이 적지 않아 더욱 관심을 사고 있다.

무엇보다도 설립 주역인 김병옥, 전익수 두 변호사를 빼 놓고 서정을 얘기할 수 없다. 두 사람은 서울대 경영학과 84학번 동기로, 대학에서 법학이 아니라 경영학을 전공한 경영학도 출신이다. 또 공인회계사 시험에 합격해 다년간 회계법인에서 회계사로 활동하다가 사법시험에 도전해 법률가가 된 '회계사 출신 변호사' 라는 보기 드문 경력을 갖고 있다.

삼일회계법인과 세화회계법인(현 안건회계법인)에서 활약한 김 변호사는 1993년 제35회 사시에 합격했다. 한 해 뒤에 치러진 36회 사시에 합격한 전 변호사도 김 변호사와 함께 삼일회계법인에서 근무한 경력이 있다.

두 사람의 이런 경력은 서정의 설립과 이후의 성장에도 적지 않은 도움이 됐다. 법무법인 삼정(현재의 법무법인 KCL)에서의 근무를 거쳐 99년 서정을 세우며 독립한 두 사람은 당시 봇물을 이룬 기업들의 부실채권 관련 업무 등을 처리하는 데 회계사 경험이 많은 도움을 줬다고 회상한다.

써버러스 인터내셔날, 모건 스탠리, GE 캐피탈, 론스타 등 외국 금융회사들도 이때 관계를 맺은 서정의 고객사들이다. 2001년 1월 한국자산관리공사가 내놓은 부실채권의 매수인으로 나선 이들 외국사들을 서정이 대리해 일을 마무리했다. 또 한미은행, 현대카드, 하나은행, 국민은행, 대우캐피탈 등 국내 금융기관들을 대리해 부실채권 매각 또는 자산유동화 관련 일을 처리했다.

2008년 초 합류한 임종엽 변호사도 공인회계사 출신으로, 서정엔 상대적으로 공인회계사 출신 변호사가 많은 편이다. 임 변호사는 PwC Consulting에서 회계사 겸 경영컨설턴트로 경력을 쌓았다.

변호사들의 이런 경력은 업무 처리에서의 전문성으로 이어지고 있다. 기업 인수·합병(M&A), 구조조정, 자산유동화, 부실채권 관련 업무 등 기업자문 분야가 서정의 단골 텃밭이다. 월마트를 맡아 한국마크로와의 합병과 관련된 법률자문을 수행했으며, 서울은행, 한국신용협동조합, 금호그룹의 구조조정에 관련된 일도 처리했다. 회계 관련 지식이 많이 필요한 조세 관련 사건도 많이 처리하고 있다. 부동산 개발 쪽도 일이 적지 않다고 한다.

얼마 전부터 판, 검사 출신 변호사들이 가세하며 송무 분야가 빠른 속도로 늘어나고 있다.

  2006년 초 뜨거운 관심을 끌었던 KT&G와 칼 아이칸과의 경영권 분쟁도 잘 알려지지 않았지만, 서정이 관여해 잘 마무리한 대표적인 케이스 중 하나로 꼽힌다. 서정에 따르면, 가처분 단계에서 법무법인 세종이 추가로 선임됐으나, 서정이 처음부터 KT&G를 맡아 자문을 제공해 왔다고 한다.

  서정이 설립 초기 빨리 자리를 잡을 수 있었던 데는 IMF 위기 이후 특수를 이룬 기업 구조조정 관련 일감 등이 크게 기여했다. 부실채권 관련 업무 등도 그 중 하나라고 할 수 있다.

  서정의 한 변호사는 "IMF가 역설적으로 서정의 발전에 중요한 계기를 제공했다"며, "김병옥, 전익수 변호사는 법무법인 삼정 시절부터 화의와 법정관리 등 기업회생에 관련된 일을 많이 처리해 온 이 분야의 전문가들"이라고 설명했다.

  또 하나 윤영각 미국변호사가 대표로 있는 삼정 KPMG(당시는 삼정회계법인)와의 긴밀한 제휴도 서정의 설립과 발전에 적지 않은 도움이 됐다. 각각 규모가 커지면서 설립 초기와는 달라졌지만, 지금도 서울 역삼동의 스타타워 빌딩 9층과 10층을 나란히 쓰고 있을 만큼 돈독한 관계를 유지하고 있다고 한다.

  진넘 전 경제부총리의 경우 서정과 삼정 KPMG의 공동고문으로 조언을 제공하고 있다. 서정의 창립 멤버로 참여했던 김성은 미국변호사는 2000년 삼정 KPMG로 옮겼다가 2006년 서정으로 다시 돌아오기도 했다. 펜실베니아대 와튼 스쿨에 이어 조지타운대 로스쿨과 뉴욕대 로스쿨을 나온 그는 국제조세, 외국인 투자, 해외 투자 등의 전문가로 유명하다.

비교적 젊은 기수의 변호사들이 주축을 이루고 있는 점도 서정의 인적 구성상의 특징 중 하나로 얘기된다. '젊은 로펌'이라고 부를 수 있다. 허리가 강한 조직이다.

업무 처리도 도전적이라고 할 만큼 매우 적극적으로 임하고 있다고 한다. 전익수 변호사는 "매우 비즈니스적으로 접근하고, 기업체 사내변호사(Inhouse lawyer)처럼 적극적인 자세로 문제의 해결에 나서고 있다"고 강조했다. 또 "고객사들에게 듣기 싫은 소리도 좀 하는 편"이라고 서정의 독특한 업무 방침을 소개했다.

그 대신 지휘부와 고문단에 중량급 변호사들이 포진해 실무를 맡고 있는 소장파들의 패기에 지혜를 보태고 있다. 김대웅 전 광주고검장과 이홍복 전 대전고법원장 겸 특허법원장이 공동대표를 맡아 투 톱 체제를 이루고 있다. 김대웅, 이홍복 대표는 사시 13회 동기이기도 하다.

또 2001년 법무법인으로 조직을 전환할 때 합류한 유순석 전 검사장과 박만호 전 대법관 등이 후배들을 돕고 있다. 말하자면, 법원과 검찰의 고위직을 지낸 원로급 변호사들과 실무를 맡고 있는 젊은 변호사들이 하나가 돼 질 높은 법률서비스 개발에 나서고 있다고 할 수 있는 셈이다.

그러나 2007년 여러 명의 변호사가 서정을 떠나 다른 법률사무소를 열고 독립하는 등 빠른 성장에 브레이크를 거는 일도 없지 않았다. 삼성의 비자금 조성과 정관계 로비 의혹을 폭로했던 김용철 변호사는 서정을 상대로 지분환급소송을 내기도 했다. 구성원 변호사로 서정에 참가해 출자한 지분을 돌려달라고 청구했으나, 서울중앙지법은 2008년 6월 김 변호사의 청구를 기각했다.

서정은 2008년 초 박영래 전 서울중앙지법 판사 등 8명의 변호사를 새로 영입하는 등 인력을 보강하고 있다. 회계사 출신 변호사가 터를 닦은 서정은 기업자문에서 송무 등으로 꾸준히 영역을 넓혀가고 있다.

10. 법무법인 세종

www.shinkim.com

법무법인 세종은 1983년 3월 설립됐다. 판사 출신으로 미 예일대에서 증권법에 관한 연구로 법학박사(S.J.D.)가 된 신영무 변호사가 서울 광화문의 교보빌딩에서 문을 열었다. 세종로에 둥지를 틀어 세종이란 간판을 내걸었다고 한다.

영어식 이름은 'SHIN & KIM'. 설립자인 신 변호사와 신 변호사의 서울고·서울법대 후배로 같은 창업 멤버인 김두식 변호사의 성을 딴 결과다. 신 변호사의 손위 동서인 최승민 변호사도 함께 참여했다.

세종은 특히 증권법 전문가인 신 변호사의 역량에 힘입어 증권·금융 분야에 특화한 로펌으로 출발한 게 특징이다. 당시 한창 수요가 급증했던 이 분야의 일감이 쏟아지며 일찌감치 자리를 잡을 수 있었다. 경제가 발달하며 자금 수요가 더욱 커진 기업들이 해외에서 돈을 조달하는 방법을 일러주는 금융전문 변호사를 수소문해 가며 앞다퉈 일을 맡겼기 때문이다.

80년대 이후 봇물 터지듯 이어진 주요 기업들의 해외 증권 발행 때 세종의 변호사들이 단골선수처럼 많이 참여했다. 84년 5월의 코리아 펀드 설립, 그해 12월 삼성전자의 2000만 달러 규모의 해외 전환사채 발행, 87년 3월 코리아-유로 펀드 설립 등이 이 무렵 세종이 관여한 주요 금융 관련 사건들이다. 90년대 초반까지 이어진 국내 금융시장의 개방을 위한 제도의 정비에도 적극 관여했다고 세종 측은 전하고 있다.

최근엔 국내 및 해외 증시에의 동시 상장, 구조화 금융(Structured Finance), 자산유동화거래 등 첨단 금융기법이 수반된 금융거래에서 세종의 변호사들이 큰 역할을 하고 있다.

2005년 서울과 뉴욕증시에 동시 상장한 LG필립스LCD의 기업공개(IPO)건이 대표적인 경우다.

발행규모가 1조 1000억원에 이르는 빅딜이다. 주간사인 UBS, 모건 스탠리, LG투자증권에 법률자문을 제공하며 두 나라의 관련 규정과 관행의 차이에서 오는 여러 복잡한 문제를 말끔히 해결해 상장을 성사시켰다고 세종의 변호사들은 강조했다.

세종은 이제 증권·금융 분야는 물론 거의 전분야로 영역을 넓히며 국내 메이저 로펌 중 한 곳으로 업계를 리드하고 있다. 2008년 들어 ▲금융 ▲M&A ▲공정거래 ▲부동산 ▲프로젝트 파이낸싱 ▲조세(Tax) ▲에너지, 환경 ▲IP 등 8개 부문을 전략분야로 내걸었다.

특히 M&A의 경우 2008년 상반기 거래규모 기준으로 국내 로펌 중 1위를 차지하는 등 기염을 토하고 있다. 거래규모가 43억 2500만 달러에 이르는 금호아시아나 컨소시엄의 대한통운 인수 때 인수자인 금호 쪽을 대리했다.

또 국민은행이 카자흐스탄의 센터크레딧 은행을 인수할 때 국민은행을 대리, 은행의 해외 진출과 관련해 의미있는 딜을 주도했다는 평가를 받았다. 거래규모가 1조원이 넘는 빅 딜로, 국민은행이 전략적 제휴나 현지법인 설립 등의 방식이 아닌 현지 은행 직접 인수를 통해 카자흐스탄 진출을 추진, 더욱 주목을 받은 거래다.

한라건설이 산업은행, KCC, 국민연금과 컨소시엄을 구성해 만도를 인수한 6억 8400만 달러 규모의 M&A거래에선 한라건설 컨소시엄을 대리했다.

식구도 꾸준히 늘어 국내외 변호사가 2008년 현재 200명에 육박하는 굴지의 로펌으로 명성을 이어가고 있다. 성장 과정은 출발이 앞섰던 김&장이나 광장 등 다른 로펌들과 크게 다르지 않았다. 매년 사법연수원을 수료한 젊고 우수한 변호사들을 데려다가 전문변호사로 키워 내는 한편 판·검사를 역임한 중량급 재조 출신 변호사의 영입에 적극적으로 나섰다.

옛날 스크랩 철을 뒤져보면, 세종이 리쿠르트시장에서 대어(大魚)를 낚아 올리며 기염을 토하는 대목을 여러 곳에서 발견할 수 있다. 회사가 발전하며 변호사 리쿠르트에서 성공하고, 리쿠르트의 성공이 또 다시 사건 수임의 증가로 이어지는 선순환이 세종의 발전을 이끌어 온 셈이다.

특히 세종의 발전과 관련, 2000년 1월 열린합동법률사무소와 전격적으로 합병한 일을 빼놓을 수 없다. 증권·금융 전문으로 출발, 기업 자문 분야가 특히 발달했던 세종이 로펌의 또 다른 업무 분야라고 할 수 있는 송무 쪽의 경쟁력을 일거에 강화하겠다고 나선 것이기 때문이다. 열린합동은 신영무 변호사와 서울고 동기로 대법원장 비서실장 등을 역임한 황상현 전 서울고법 부장판사 등이 중심이 돼 설립한 법률사무소로, 당시 서울 서초동에서 송무 전문으로 이름을 날리고 있었다.

국내 로펌 사상 최초의 합병인 세종-열린 합병은 업계에도 엄청난 반향을 몰고 왔다. 이후 한미와 구 광장이 합쳐 광장이 되고, 화백과 우방이 화우로 재탄생하는 등 로펌간 합병이 이어졌다. 또 시너지 극대화를 위한 로펌간 합병의 공식처럼 돼 버린 '송무-섭외의 짝짓기'라는 유행어도 이때 만들어졌다.

열린과의 합병 이후 세종의 발전에 더욱 탄력이 붙었음은 말할 것도 없다. 세종 관계자들은 합병 후 송무의 비중이 확대되며, 이 분야의 발전이 특히 눈에 띈다고 시너지를 강조했다.

소송 규모가 5조원대에 이르는 삼성차 채권단 소송에서 삼성 측을 대리하고 있으며, 언론의 주목을 받은 이른바 '담배소송'과 '술소송'에서 피고 측 대리인으로 나서는 등 주요 소송 사건에서 이름을 날리고 있다.

담배소송은 흡연 피해자들이 KT&G 등을 상대로 손해배상을 청구한 사건으로, 1심에서 원고 측이 패소한 가운데 2심이 진행 중이다. 또 술소송은 음주 피해자들이 주류회사인 진로 등을 상대로 두 차례에 걸쳐 제기한 손해배상소송이나, 원고 측의 소 취하로 종결됐다.

오성환, 서성 전 대법관과 황상현 변호사, 이건웅 전 서울고법 부장판사, 이근웅 전 사법연수원장, 강신섭, 임준호, 문용호 변호사 등이 포진한 세종은 2008년 상반기 리쿠르트에서도 판사 출신을 집중적으로 영입하며 송무팀을 더욱 강화하고 있다. 이영구 전 서울고법 부장판사와 변희찬 전 서울중앙지법 부장판사, 한주한 전 수원지법 부장판사, 이준승 전 사법연수원 교수 등이 세종에 몸을 실었다.

유창종 전 서울지검장, 이승구 전 서울동부지검장 등이 포진하고 있는 형사팀도 김&장, 태평양의 형사팀과 함께 주목을 받고 있다. 2004년 대검 중수부가 펼쳤던 불법대선자금 수사 때 롯데그룹을 변호해 좋은 성과를 거두었다고 세종 관계자가 소개했다. 유창종 변호사는 얼마 전부터 중국을 오가며 세종의 중국 본부장으로도 활약하고 있다.

또 이명박 정부 초대 법무부장관인 김경한 장관이 세종 출신으로, 김 장관은 2002년 서울고검장을 끝으로 세종에 합류해 대표변호사를 역임했다.

세종은 2006년 9월 설립자인 신영무 변호사가 2선으로 물러나며 김두식 변호사가 새 매니징 파트너(managing partner)가 됐다. 창립 23년여만에 지휘부의 세대교체를 이룬 것으로, 세종은 김 대표 취임 이후 여러 면에서 고무적인 변화가 나타나고 있다.

무엇보다도 열린과의 합병 이후 간간이 이어지던 변호사들의 이탈이 뚝 끊어졌다. 오히려 떠났던 변호사들이 되돌아오며 세종에선 '연어의 회귀'라는 듣기좋은 말이 퍼지기도 했다. 2007

년에만 심재두, 이은녕, 이영삼, 송창현 변호사와 헬렌 박, 로저 채 미국변호사 등 한 때 세종에서 활약했던 세종 출신들이 다시 세종에 둥지를 틀었다.

김 대표는 특히 "이종교배가 강한 개체를 만든다"고 강조하며, 경력변호사의 영입을 적극 추진하겠다고 밝혀 로펌 업계에 세종 주의보가 불기도 했다. 2007년 1월 공정거래 전문인 임영철 변호사가 법무법인 바른에서 세종으로 옮겼으며, 지적재산권 전문인 도두형 변호사도 세종으로 옮겨 일본팀을 이끌고 있다.

또 마케팅 활동을 강화하고, 지식경영 체제의 구축을 추진하는 등 인사에서 시작된 신경영이 여러 방면으로 확대되고 있다. 얼마 전 사무실 로비와 회의실 공간 등을 대대적으로 리모델링했다. 영문 이름인 'SHIN & KIM'을 앞세워 더욱 강조한 새 CI도 선보였다. 업계에선 창립 25주년을 맞은 세종의 일거수일투족이 김두식 대표의 젊은 리더십과 함께 늘 뜨거운 관심을 사고 있다.

11. 법무법인 세창

www.sechanglaw.com

'법무법인 세창' 하면 해운이나 무역관련 일을 하는 회사들 사이에선 '모르면 간첩'이라고 할 만큼 잘 알려져 있다. 얼마 전부터는 건설회사들 사이에서도 비슷한 얘기가 나온다.

김현 대표변호사를 중심으로 국내외 변호사 15명이 포진하고 있다.

규모로 볼 때 여러 분야가 망라된 대형 법률회사라고 할 수는 없지만, 해상, 건설 등 특정 분야에 관한 한 다른 어느 로펌에도 뒤지지 않는다. 최상위급에 랭크돼 있다. 일종의 부티크 로펌인 것이다. 특히 전문 분야를 하나씩 착실하게 늘려가고 있어 주목된다.

김 변호사가 미 코넬대를 거쳐 워싱턴대에서 법학박사 학위를 받고 귀국해 세창법률사무소를 설립한 때는 1992년 4월. 지금부터 약 16년 전의 일이다. 해상법의 대가인 김 변호사의 전공을 살려 해상, 보험, 무역 등 해상법 분야의 전문 법률사무소로 출발했다. 해양수산부는 물론 SK해운, KSS해운, 한국해운조합, 한국물류정보통신 등 지금도 이 분야의 단체나 회사들의 고문을 많이 맡고 있다.

세창의 홈페이지에 보면 '에스케이해운 대 브레데로 프라이스 사건' '에스케이해운 대 해동화재 사건' '삼성화재 대 트랜스오션 사건' '현대701호/광양12호 충돌 사건' '화평동남호 사건' '부일호 사건' '현대해상 대 대범상운이 맞붙은 야요이호 사건' '파자바하리호 사건' '금동호 관련 피조개조합 대 국제오염기금 사건' '덴노스케은행 대 콘티캠 경매 이의 사건' 등을 대리했다고 소개하고 있다.

화물 손해배상, 선박침몰 및 해상오염에 관련된 많은 사건에서 어느 한쪽 당사자를 맡아 활약했다. 또 선박경매, 선박가압류, 선원 상해, 용선계약, 해사중재, 해양사고 구조, 공동해손, 선하증권 분쟁 등 바다와 관련된 다툼에서 세창의 변호사들이 두각을 나타내고 있다.

이어 세창이 진출한 전문 분야는 건설 분야.

김 변호사는 98년 영역 다각화를 시도하면서 건설 분야를 해상에 이은 두 번째 주력분야로 키워 왔다. 국내 건설시장이 꾸준히 성장하면서 지금은 해상과 쌍벽을 이루는 세창의 핵심 전문 분야로 자리 잡았다. 특히 민간자본으로 거대한 프로젝트를 추진하는 민자유치사업(SOC) 분야에서 두각을 나타내고 있다고 세창 관계자가 설명했다.

세창은 부산신항만, 목포신항만, 광양신항만, 인천북항, 포항항 민자유치 건설사업에서 해양수산부와 국토연구원 민간투자지원센터를 대리해 협상 대표로 활동했다. 또 LG건설과 한화건설 등의 SOC사업을 자문했다. 광양항 신항만 개발시행자 선정주체인 한국컨테이너공단을 자문하고, 시행자 선정 평가단원으로 활동했다.

이외에 목포신외항 다목적부두사업, 군산 비응항, 포항영일만 신항, 용인 경전철, 인천국제공항 유휴지 개발, 광주 제2순환도로, 의정부 경전철, 현대건설이 시공한 고촌-월곶간 도로, 롯데기공의 회천-벌교 종말처리장 사업 등이 세창이 자문을 제공한 사업들이다. 김 변호사는 2004년 중요 건설 관련 판례를 모아 알기쉽게 풀어 쓴 단행본 "건설판례 이해하기"를 펴내기도 했다.

세창은 최근 들어 금융과 회사법, 지적재산권 분야로도 전문 변호사를 투입하며, 영역을 넓혀가고 있다. 또 삼성특검보로 활약한 윤정석 변호사가 2007년 12월에 합류한 데 이어 안산지청 차장검사를 역임한 조정환 변호사가 2008년 4월 합류하는 등 형사 분야가 크게 강화됐다.

세창 측에 따르면, 해상과 건설, 나머지 분야가 법률사무소 업무의 3분의 1 정도씩 차지하고 있을 정도로 해상과 건설의 비중이 높다.

겉으로 드러나고 있는 이런 실적 못지않게 창업 17년째를 맞고 있는 세창의 경쟁력은 곳곳에서 감지된다.

첫째는 세창이 일종의 사명(使命)으로 내걸고 있는 서비스의 적극성과 신속성이다. 세창은 창립 10주년을 맞은 지난 2002년 4월 '적극적이며 신속 친절 정확한 서비스로 의뢰인을 행복하게 하는 미래의 동반자'라는 사명을 직원들의 공모로 제정, 사무실에 걸어 놓고 의뢰인을 대할 때마다 마음속에 새긴다고 한다.

김현 변호사는 "회사 방침 중 하나가 고객이 요청한 의견서를 24시간 내에 발송하는 것"이라며, "비록 변호사들은 힘들어 하지만 의뢰인들은 대단히 좋아한다"고 강조했다.

고객사들이 대형 로펌에 대해 느끼는 불만 중 하나가 담당변호사와 신속하게 접촉하는 게 쉽지 않다는 것이라는 한 조사 내용과 연관지어 보면, 세창의 신속한 서비스는 호응이 적지 않을 것 같다.

세창의 또 다른 변호사는 "시간에 늦은 100% 완벽한 의견서보다는 90% 정도의 완성도일지라도 자문을 요청한 회사가 필요로 하는 시간에 의견서를 제공, 의사결정을 실질적으로 돕는 게 보다 중요하다"며, "고객 회사와 호흡을 같이하자는 취지"라고 설명했다.

또 하루아침에 급작스럽게 법률사무소를 키운 게 아니라 시장의 수요를 봐 가며 한걸음씩 성장해 가고 있는 내실있는 발전이 세창의 강점으로 꼽힌다.

김 변호사는 "16년간 매년 1명 꼴로 변호사가 늘어난 셈"이라며, "'태산처럼 무겁게'라는 말이 있듯이 예나 지금이나 한결같은 자세로 의뢰인을 맞고 있다"고 강조했다.

서울 서초동의 법원 동문 앞 사무실을 16년간 사용해 온 세창은 변호사가 늘며 2008년 3월 서초역 근처의 오퓨런스 빌딩으로 이전했다.

12. 법무법인 세화

www.sewhalaw.com

2007년 10월 하순 법무법인 세화가 캄보디아의 수도 프놈펜에 지사 설립을 신청했다는 뉴스가 주요 언론 매체에 일제히 타전됐다. 사람들은 캄보디아에도 국내 로펌이 진출한다는 데 주목했다. 또 이를 추진하는 세화라는 중견 로펌에 깊은 관심을 보였다.

세화는 1999년 4월 박종백 변호사가 김종배 전 서울가정법원장 등과 함께 설립한 중견 로펌으로, 해외 비즈니스와 금융 분야 등에서 특히 두각을 나타내고 있다.

지사 설립을 신청한 지 1달여 지난 12월 초.

세화는 프놈펜에 사무소를 내고, 본격적으로 업무를 시작했다. 비슷한 시기에 프놈펜에 현지사무소를 연 법무법인 로고스와 함께 캄보디아에 진출한 선발주자로 꼽힌다. 법무법인 대륙에 있다가 2007년 7월 세화에 합류한 유정훈 변호사가 현지 대표를 맡아, 김신우 미국변호사, 캄보디아의 현지 변호사 등과 함께 프놈펜에 상주하고 있다.

또 본사에선 차지훈 변호사와 이홍일 전문위원 등이 관련 업무를 지원하고 있다. 이 전문위원은 웨스트팩 은행과 아멕스 은행 등에서 경력을 쌓은 금융 전문가로, 기업금융, 파생상품, 부동산금융 등과 관련된 업무를 담당한다.

세화로선 프놈펜 지사 설립이 갖는 의미가 적지 않았다. 국경을 넘나드는 이른바 'Cross-border' 거래를 많이 취급하는 이 분야의 전문 로펌으로서, 최초의 해외 진출이었기 때문이다. 물론 세화는 캄보디아 진출 이전부터 캄보디아와 베트남 등에 관련된 업무를 활발하게 수행해 왔다.

세화는 먼저 베트남에 눈독을 들였다. 이미 3년 전인 2004년 베트남 투자 자문팀을 발족하고, '베트남 투자법제 해설과 실무'라는 투자가이드 책자를 발간했다. 국내 최초의 베트남 투자 가이드북이라고 한다.

세화에 따르면, 2006년 봄 베트남 금호그룹이 금호아시아나 사이공의 베트남 측 투자자의 지분을 사들이는 주식인수 금융거래에서 금융을 제공한 우리은행을 대리했다. 또 우리금융지주의 자회사인 우리F&I가 베트남 자산관리공사인 DATC와 공동으로 베트남 국영은행인 Income Bank의 부실채권을 외국인 투자의 한 방법인 BCC형태로 매입하는 거래에서 우리F&I에 자문을 제공했다.

이외에도 ▲베트남 빈떤시 공동주택 개발 프로젝트 ▲호치민시 레뀌동 주상복합 개발 프로젝트 ▲롯데건설의 호치민 7군 주상복합 개발 프로젝트 ▲현대 R&C의 베트남 하떠이 성 하동시 행정타운 주택, 빌라 개발 프로젝트 등 부동산 개발과 관련된 프로젝트 파이낸싱(PF) 관련 자문을 많이 해 왔다. 2007년 11월엔

SBS 자회사인 SBS 아트텍(Artech)을 대리해 베트남에 1700만 달러의 방송국 설비와 시스템을 수출하는 거래를 성사시키기도 했다.

세화 관계자는 "국내 로펌 중 가장 일찍이 베트남 비즈니스를 추진한 곳 중의 하나가 세화일 것"이라고 베트남 비즈니스에 대한 자신감을 나타냈다. 프놈펜에 현지사무소를 열어 성공적으로 비즈니스를 정착해 가고 있는 세화는 조만간 하노이에 현지법인을 설립한다. 프놈펜에 이어 하노이에 변호사를 파견한다.

베트남에서 자신감을 얻은 세화는 캄보디아 시장에 주목했다. 캄보디아는 우리나라가 2006년 중국과 말레이시아 등을 제치고 캄보디아에 대한 투자 1위국으로 부상하는 등 국내 기업의 투자가 급증하고 있는 신흥시장이다. 세계무역기구(WTO)에도 가입했으며, 2006년 노무현 대통령이 한국 대통령으로는 처음으로 캄보디아를 방문하기도 했다.

세화는 2007년 초 캄보디아 투자 자문팀을 꾸렸다. 이어 '캄보디아 투자법제 해설과 실무' 라는 책자를 발간했다. 베트남 투자가이드에 이은 캄보디아 투자가이드의 발간이다. 그리고 2007년 12월 프놈펜에 사무소를 열어 진출한 것이다.

▲캄보디아 봉스나르 신도시 개발 프로젝트 ▲신한은행의 현지법인인 신한크메르은행의 사옥부지 매입 프로젝트 ▲프놈펜의 랜드마크 건물이 될 42층짜리 건물에 대한 파이낸싱 제공 등이 세화가 관여한 대표적인 거래들로, 세화는 지사 설립 이전부

터 캄보디아에서 여러 업무를 수행해 왔다.

활발하게 추진되고 있는 베트남과 캄보디아 비즈니스에서도 알 수 있지만, 세화는 해외 관련 업무가 차지하는 비중이 특히 높은 로펌이다. '해외사업 전문로펌'이라고 부를 만하다. 박종백 대표변호사는 "2008년 들어 자문을 부탁해 오는 딜의 50% 이상이 해외 관련 딜일 만큼 이 분야의 업무 비중이 높다"고 갈수록 활발해지고 있는 세화의 해외 비즈니스를 소개했다.

박 대표는 London School of Economics에서 국제금융법으로 법학석사(LL.M.)를 한 영국통으로, 영국 로펌인 Richard Butler 런던 본사와 홍콩사무소에서 경력을 쌓았다. 뛰어난 영어 실력을 자랑하며, 해외 분야에서 맹활약하고 있다. 서울대 법대를 나와 제28회 사법시험에 합격했다. 세화가 해외 비즈니스를 본격 개발하고 나선 것도 그가 영국에서 돌아온 지 2, 3년이 지난 2004년 부터라고 한다.

2008년 8월 현재 세화의 변호사는 30명이 조금 넘는다. 각 분야의 전문가들로 구성된 정예 멤버들이다. ▲금융 & 증권업무 ▲M&A, 기업법무 ▲지적재산권 & 엔터테인먼트 ▲소송업무 등 4개 전문분야로 나눠 콤팩트하게 업무를 수행하고 있다.

특히 2005년 이후 심규철, 차지훈, 정홍화 변호사 등 중진 변호사들이 속속 합류하며 발전에 더욱 가속도를 내고 있어 관련 업계에서 주목을 받고 있다.

해외부동산 개발과 PF 분야가 전문인 차지훈 변호사는 2006년 말 법무법인 두우에서 세화로 말을 갈아탔다. 서울대 법대 출신으로 제28회 사법시험에 합격한 그는 미 콜럼비아대 국제관계대학원을 거쳐 어메리컨대(American University)에서 LL.M.을 한 국제통이다. 뉴욕주 변호사이기도 하며, 어메리컨대에서 법학박사(S.J.D.)과정을 마쳤다.

부장검사 출신의 정홍화 변호사와 국회의원으로서 문광위와 법사위를 거친 심규철 변호사는 송무팀을 이끌고 있다.

또 최근엔 금융전문의 이종훈 변호사가 합류했다. 연수원 17기인 그는 코넬대 로스쿨에서 LL.M.을 마치고 뉴욕주 변호사 자격도 갖췄다. 서울대 법대에서 '프로젝트 금융에 관한 법적 연구'로 법학박사 학위를 받은 이 분야의 전문가다.

2007년 1월 국내 굴지의 기업이 뉴욕 맨해턴에 콘도미니엄을 지어 분양하는 사업과 관련, 100억원이 넘는 돈을 PF방식으로 조달하고, 11월엔 중남미의 벨리즈에 조성하는 리조트사업에 70억~80억원의 PF를 일으키는 등 이 분야에서 맹활약하고 있다. 얼마 전엔 사모펀드(PEF)를 대리해 국내의 한 기업이 발행하는 우선주와 CB(전환사채) 1000억원 어치를 인수하기도 했다.

박종백 대표는 "여러 사람이 세화의 발전에 관심을 보이고 있다"며, "전문성을 갖춘 중량급 파트너 변호사의 영입을 지속적으로 추진할 방침"이라고 의욕을 나타냈다.

전체 변호사 30여명 중 3분의 1 정도가 외국변호사로, 외국변호사의 비중이 월등히 높은 점도 세화의 특징. 구성원 분포에서 해외 관련 비즈니스를 중시하는 세화의 전략을 읽을 수 있다.

세화는 베트남과 캄보디아에 이어 동구의 체코와 슬로바키아 지역 등에 관심을 기울이고 있다. 세화는 2007년 가을 동북아 지역에서 체코에 진출하는 외국 기업에 대해 세화가 우선적으로 자문을 제공한다는 내용의 업무협조 협약을 체코 상공회의소와 맺은데 이어 2008년 6월 '체코 투자법제 해설과 실무'를 펴냈다. 세화의 해외투자 법제 해설과 실무 시리즈 세 번째 책으로, 2007년 말 기준으로 시행되고 있는 체코의 법령과 규정을 토대로 체코의 법과 제도를 전반적으로 소개하고 있다.

체코 상공회의소는 특히 '체코 투자법제 해설과 실무'의 일본어판 제작을 부탁했다고 한다. 일본 자본의 체코 유치를 위해 해외 진출에 소극적인 일본 로펌 대신 세화에 일본어로 된 투자 가이드를 만들어 달라고 요청해 온 것이다.

세화는 중국과 몽골, 카자흐스탄과 우즈베키스탄, 두바이 등지로도 관심을 넓혀가고 있다. 조만간 '몽골 투자법제 해설과 실무' 발간을 준비 중에 있다고 세화의 한 관계자가 소개했다.

해외사업 전문인 세화의 업무내용을 보면, 특히 금융과 관련된 일을 많이 한다. 해외 PF와 펀드, 해외 부실채권 인수 등의 일을 여러 건 처리했다. 세화 관계자에 따르면, 금융 관련 일이 절반쯤 된다고 한다. 박종백 대표가 영국에 유학할 때 전공한 분야가 국제금융법으로, 세화가 금융을 중심으로 하는 해외 업무에서 두각을 나타내고 있는 것은 박 대표의 이런 경력과도 무관하지 않아 보인다.

국내에서도 기업금융, PF, 자산유동화, 각종 펀드에 관련된 자문 등에서 두각을 나타내고 있다. 2005년 봄 국내 최초의 엔터테인먼트 펀드인 CJ 예당펀드 설정과 관련해 자문한 데 이어 2006년 8월부터 영국계 부동산 개발회사인 SKYLAN이 설립한 투자금융회사가 여의도의 통일교 부지를 개발하는 Parc1 프로젝트와 관련, 프로젝트 파이낸싱에 대해 하나은행과 하나증권에 지속적으로 자문을 제공하고 있다.

대신증권 IB본부장 출신의 채규운 위원, 제일 SC은행 상무 출신의 김의도 위원 등 증권회사나 은행 간부 출신의 전문위원들이 여러 명 포진해 변호사와 함께 관련 업무를 수행하고 있다. 선장 출신의 박성택 고문은 해상사고 등 보험, 해상 분야에서 활약하고 있다.

세화는 2003년 10월 출범한 인천경제자유구역청을 대리해 인천 송도신도시의 컨벤션 센터 개발, Portman Holdings와 삼성, 현대 컨소시엄이 추진 중인 151층짜리 쌍둥이 빌딩 건축 등 여러 프로젝트에 관련된 자문을 제공하는 등 지방자치단체의 투자유치 사업에도 많이 관여하고 있다. 해외자본 유치를 적극 추진하고 있는 경기도와 제휴해 일본과 영국계의 여러 외국투자기업에 자문을 제공하고 있다. 체코 상공회의소와의 자문 협약 체결도 같은 맥락의 비즈니스 추진으로 이해할 수 있다.

또 2007년 6월부터 중국의 한 원양어업 회사를 대리해 200억 원 규모의 원화표시 CB인 이른바 아리랑본드의 한국 내에서의 발행업무를 자문하고, 향후 한국 내 증시에의 상장을 추진하는 등 요컨대 국경을 넘나드는 Cross-border 업무가 세화의 텃밭이라고 할 수 있다.

박종백 대표는 "세화가 2004년 말 다른 로펌들 보다 먼저 베트남 비즈니스를 추진한 게 맞아 떨어졌다"며, "Cross-border 비즈니스란 다시 말해 세화가 찾아 낸 로펌 비즈니스의 블루오션(blue ocean)"이라고 강조했다.

13. I&S 법률사무소
www.ins-lab.co.kr

　벤처붐이 일었던 2000년을 전후해 기업법무의 통합적인 해법(Solution)을 지향하는 법률사무소가 속속 생겨났다. 대형 로펌에서 경험을 쌓은 전문변호사들이 전문성과 함께 대형 로펌에선 쉽지 않은 신속성과 기동성을 앞세워 기업의 또 다른 니즈(needs)를 찾아 나선 것이다.

　2000년 10월 조영길 변호사가 주축이 돼 문을 연 'I&S 법률사무소'가 대표적인 경우라고 할 수 있다. 법률사무소 이름에서부터 통합성(Integration)을 강조하고 나섰다. 'I'는 'Integration'을, 'S'는 'Solution'을 가리킨다.

　I&S의 대표를 맡고 있는 조 변호사는 "대형 로펌의 경우 워낙 팀이 여러 개로 나뉘어 있고, 많은 사건을 처리하다 보니 오히려 적시에 통합된 서비스를 제공하기 어려운 측면이 없지 않다"며, "이런 틈새를 보고 접근한 게 고객의 니즈에 잘 맞아 떨어졌다"고 앞만 보고 달려온 I&S의 8년을 회고했다.

　먼저 벤처기업, 중소기업들이 I&S를 찾아왔다. 조 변호사에 따르면, 설립 초기 17개 정도의 벤처기업을 상대로 자문을 시작했다고 한다. 이들이 I&S를 찾은 데는 대형 로펌의 도움을 받기엔 기업의 규모가 크지 않은데다 수임료가 부담되는 측면도 없지 않았을 것으로 보인다. 그러나 I&S가 내건 신속한 종합서비스가 빠른 의사결정과 솔루션 제공을 필요로 하는 이들 기업들에게 먹혀들었다고 보는 게 보다 정확한 분석일 것이다.

의뢰인들의 만족엔 또 신속한 종합처방의 질(質)을 담보하는 I&S의 전문성이 전제돼 있었다. 김&장 법률사무소에서 경력을 쌓은 조 변호사가 지휘하는 I&S의 전문성은 기업들 사이에서 이미 정평이 나 있다.

I&S는 우선 노사관계에서 이름을 날렸다. 업무분야로 치면, 노사관계 전문 로펌이라고 부를 만하다. 지금도 노사관련 일을 가장 많이 한다고 한다. 김&장 시절 노동팀에서 활약한 조 변호사의 경험이 밑바탕이 됐다. 서울지법 판사를 거쳐 1996년 김&장에 합류한 조 변호사는 김&장에서 인사 및 노동, 기업 M&A, 소송 및 중재 등의 업무를 수행했다. 중견기업 뿐만 아니라 대기업들도 노사관계 자문에 관한 한 I&S를 많이 찾는다고 한다.

특히 I&S의 노사관련 서비스는 법적인 자문은 물론 일종의 정책컨설팅까지 제공하고 있어 일선 기업들에게 더욱 인기를 끌고 있다. I&S의 조남택 변호사는 "원만한 노사관계 정립을 목표로 하는 노사관계 자문의 경우 분쟁 해결은 물론 정책컨설팅의 중요성을 간과할 수 없다"며, "노사관계 자문에서 이 분야의 비중이 갈수록 늘어나고 있다"고 지적했다.

그에 따르면, 노사관계의 발전을 위한 개선계획을 짜주고, 이를 직접 현장에 구현하는 과정에 I&S의 변호사들이 많이 관여하고 있다고 한다.

즉, 제도 수립, 의사결정, 교육, 홍보, 협상 등 거의 전 과정에 변호사들이 참여해 기업의 발전적인 노사관계 구축을 지원한다고 해도 과언이 아닌 것이다.

I&S가 컨설팅을 맡았던 모 회사의 경우를 보면 I&S의 자문이 얼마만큼 전문적인 수준에서 포괄적으로 이루어지고 있는지 잘 알 수 있다. 20~30년간 흑자를 낸 이 기업은 적자로 반전하며 경영위기에 빠졌다고 한다. 그동안 벌어놓은 돈이 있어 아직 재정적으로 곤란한 상태는 아니었지만, 과연 벌어놓은 돈을 다 까먹을 때까지 구조조정을 미루고 기다려야 하는지가 관건이었다.

자문을 의뢰받은 I&S에선 일류 회계법인에 의뢰해 현재와 장래의 경영진단을 받는 일부터 시작했다. 이어 긴박한 경영위기라는 진단이 나오자 이를 돌파하기 위한 법률적 방안을 제시하고, 경영진이 선택한 방안을 구현하는 작업에 착수했다. 법률적으로 요구되는 쟁점을 찾아내 이를 법적으로 충족할 수 있도록 경영진의 의사결정을 유도하고, 이를 현장에 구현하도록 했음은 물론이다. 그럼에도 불구하고 나중에 법적 분쟁이 발생했다. 하지만 장기간에 걸쳐 I&S의 빈틈없는 자문을 받은 이 회사는 재판에서도 이겼다고 한다.

이처럼 기획에서 실행까지, 그리고 분쟁이 터질 경우의 대응까지 총체적인 자문을 제공하다 보니 한 기업 당 보통 몇 년씩 자문이 이어지는 경우가 적지 않다고 한다. 앞에서 소개한 사안만 해도 소송 종결까지 4~5년이 걸렸다. I&S의 변호사들은 정기적으로 열리는 회사 전략회의에 참석해 의견을 개진하며, 파업 현장에도 자주 내려간다.

이런 활약이 거듭되면서 I&S는 노사관계 자문 특히 정책컨설팅 분야에서 상당한 명성을 쌓아 왔다. 노사관계 문의가 이어지고 있으며, 법률사무소도 비약적인 속도로 발전하고 있다. I&S의 한 관계자는 "대기업들이 노사관계에 관한 일반적인 자문은 다른 로펌에서 구하면서도, 기획에서 소송까지 이어지는 전략적인 부분에 대한 자문은 별도로 I&S에 맡길 만큼 이 분야의 전문성을 축적해 왔다"고 설명했다. 업계에선 노사관련 정책 컨설팅에 관한 한 I&S가 최고라는 말이 나돌 정도다.

2007년 8월 서울 역삼동의 한신 인터밸리 동관 19층으로 옮긴 I&S의 직원은 변호사 8명을 포함해 모두 30명 가량. 법무사와 세무사들은 별도의 팀을 이뤄 서비스에 나서고 있다. 2002년엔 I&S가 100% 출자해 별도의 노사관계 컨설팅회사를 차리기도 했다. 순수히 컨설팅으로 끝날 사항이면 컨설팅회사에서, 법적인 측면이 가미되면 I&S법률사무소에서 처리한다고 한다.

그러나 경영자 측을 많이 대리한다고 해서 경영자 측의 이익에 일방적으로 편향돼 있는 것은 아니라는 게 I&S의 변호사들의 확고한 입장이다. 한 변호사는 "경영자 측에 자문을 제공한다고 해서 반(反)노조라고 보아서는 안된다"며, "어디까지나 법이 허용한 범위에서 노사가 상생할 수 있는 발전적인 노사관계 구축을 목표로 삼고 있다"고 단호하게 말했다.

실제로 I&S의 변호사들은 탈법적인 수단을 동원하려는 경영자 측과 대립하는 경우가 없지 않다고 한다.

임동채 변호사는 "경영자는 급한 나머지 법률적으로 위험한 수단을 동원하려는 유혹에 빠질 수 있다"며, "이를 자제시키려고 언성을 높일 때도 많다"고 말했다. 그는 "회사가 먼저 법을 지키게 해야 하고, 또 그래야 나중에 법적 분쟁으로 이어져도 이길 수 있다고 끈질기게 설득한다"고 덧붙였다.

그에 따르면, 정리해고를 추진하는 모 기업에 대한 자문에서도 경영진은 반대했지만, 해고를 회피하기 위한 마지막 노력으로 노조를 상대로 임금삭감안을 제시하라고 요구해 관철시켰다고 한다. 그러나 이 사안에선 노조가 임금삭감안을 거절하는 바람에 결국 정리해고로 이어졌고, 나중에 소송이 제기됐으나, 회사 측이 승소했다.

I&S의 노사관계 자문은 노무사나 인사·노사 전문 컨설팅회사들이 해 오던 컨설팅 업무를 법적 전문성을 갖춘 변호사의 영역으로 가져다가 성공시켰다는 측면에서도 의미가 적지 않다.

조영길 변호사는 "전에 사용자 측을 상대로 매수나 협박 등 법적 위험성이 있는 컨설팅이 적지 않게 행해져 왔다면, 이제는 법을 지키면서 효과적으로 대처하는 합법적인 방향으로 변해야 한다"며, "이런 역할을 하고, 이런 변화에 기여한다는 생각에 보람을 느낀다"고 말했다.

노사관계 자문은 시장 규모도 적지 않다고 한다. 그만큼 노사관계는 법적인 측면에서 잠재력인 큰 시장이라고 할 수 있다. 민, 형사 소송에 가처분까지 노사간의 문제가 궁극적으로 법적 절차를 통해 해결되는 측면이 강하기 때문이다.

또 정책컨설팅 시장은 법률컨설팅보다 규모가 더욱 크고, 자문료도 정책자문료가 법률자문료보다 훨씬 비싸다고 한다. 임 변호사는 "정책컨설팅이 더욱 근원적인 시장이라고 볼 수 있다"며, "I&S는 분쟁의 소지를 없애는 근원적인 방향의 노사관계 자문에 더욱 중점을 두고 있다"고 말했다.

노사관계에서 전문성을 쌓은 I&S는 경영권 분쟁으로 영역을 넓혔다. 노사관계 자문을 제공하면서 고문기업들이 많이 생겨난데다 I&S의 트레이드 마크가 돼 버린 전략적 접근은 기업 M&A 관련 분쟁에서도 적절한 공격·방어 방법이 될 수 있기 때문이다.

규모상으로는 대기업 보다는 중견기업의 경영권 분쟁 일을 많이 맡는다고 한다. I&S의 경영권 분쟁 관련 서류철을 뒤져 보면, 매출액 수백억원 규모의 중견기업을 대리한 사건이 많다. 또 공격하는 당사자를 대리한 경우도 적지 않지만, 경영권 공격을 받은 기업을 대리해 성공적으로 방어한 경우가 많은 점도 I&S의 특징. 함승완 변호사는 "경영권 분쟁에서도 법률적 대응은 물론 전략 자문을 함께 제공하고 있다"고 말했다.

또 하나 I&S가 얼마 전부터 중시하고 있는 분야는 이른바 전략소송, 기획소송의 수행이다. 전략적 접근의 대상을 노사관계와 경영권 분쟁에서 일반 민, 형사소송으로까지 확장하고 나선 것이다.

일반 민, 형사소송에서 일컫는 전략적 접근이란 어떤 것일까. 조영길 변호사에게 물어 보았다. 그는 "간단하게 말해 증거와 증인이 산재해 있는 현장을 중시하자는 것"이라고 설명했다. 이어 "현장에 가서 팩트 파인딩(fact finding)을 하다 보면, 그곳에 답이 있는 경우가 많다"며, "현장에 산재해 있는 증거와 증인을 확보해 재판을 승소로 이끌어 가자는 것"이라고 강조했다.

그는 "법률적 쟁점은 간단한데 팩트가 여러 사람의 기억과 문서 속에 흩어져 있어 애를 먹는 경우가 적지 않다"며, "큰 소송일수록 팩트 파인딩이 중요하다"고 다시한번 강조했다. 재판에 있어서의 ABC 라고 할 수 있는 얘기이지만, 이를 위해 I&S의 변호사들이 들이는 노력은 결코 만만해 보이지 않는다. 변호사들이 팀을 짜 현장에 나가 수많은 사람을 인터뷰해야 함은 물론 오래된 서류철을 뒤져 의미있는 단서를 찾아내고, 증거를 확보해야 하기 때문이다.

1심에서 진 사건을 맡아 항소심에 이어 2006년 말 상고심까지 승소로 마무리한 모 회사의 퇴직금 소송이 I&S가 수행한 대표적인 전략소송으로 꼽힌다. 연 매출이 십 수조원에 이르는 대기업으로, 파급효과를 감안할 때 소송가치가 약 3000억원에 이르는 큰 소송이었다. 쟁점은 성과금이 파업 여부에 따라 변동되거나 차등지급된 경우 이 성과금을 퇴직금 기준임금에 포함시켜야 하는지 여부. 고정적·일률적으로 지급됐으면 기준임금에 포함시켜야 하나, 그렇지 않으면 포함되지 않는다.

회사 측을 대리한 I&S의 변호사들은 성과금이 어떻게 제정되고 지급돼 왔는지 사실관계부터 파고들었다. 변호사들이 회사를 방문해 10여년간의 단협 기록을 확보하고, 불법파업땐 성과금을 주지 않은 사실 등을 확인했다. 또 관련 증거와 증언을 확보하고, 관련 외국 사례와 논문 등도 수집해 재판부에 제출했다. 2심부터 승소판결을 받아냈다. 철저하게 사실관계를 파헤치고, 여기에 법률전문성을 결합시켜 재판의 방향을 되돌려 낸 것이다.

사건에 관여했던 함승완 변호사는 "전략소송에선 오케스트라의 연주와 같은 종합적인 접근이 요구된다"고 말했다. 또 "현장과 팩트 파인딩을 중시하는 I&S의 노력은 공판중심주의와 구술주의에서 더욱 효과를 발휘할 것으로 예상된다"고 I&S가 공을 들이고 있는 전략소송의 발전과 관련, 고무적인 전망을 내놓았다.

14. 법무법인 아주

www.ajulaw.com

　많은 로펌들이 해외 진출을 추진하고 있다. 중국, 베트남이 국내 로펌들이 깊은 관심을 기울이고 있는 1차적인 해외 진출 지역이다. '세계의 공장' 중국과 동남아의 대국 베트남으로 몰려드는 우리 기업들을 따라 주요 로펌들이 속속 현지사무소를 열어 변호사를 내보내고 있다.

　하지만 조금만 시야를 넓혀 보면, 우리 로펌, 우리 변호사들이 깃발을 올리는 곳은 이들 국가들만이 아니다. 연해주의 블라디보스톡에서 중앙아시아의 알마티, 타쉬켄트를 거쳐 오스트리아의 빈에 이르기까지 우리 로펌의 현지사무소가 들어서고 있다.

　그것도 한 로펌에서 구(舊) 소련 국가와 동부 유럽으로 이어지는 이른바 유라시아 벨트를 구축하고 있어 더욱 주목을 받고 있다. 법무법인 아주(亞洲)가 그 주인공이다. 아주는 몽고의 울란바토르에도 현지사무소를 열었으며, 베트남의 하노이, 캄보디아의 프놈펜, 중동의 두바이에도 진출했다.

　"이왕이면 남들이 나가지 않은 곳으로 진출하자는 것이죠."

　필자와 만난 김진한 대표변호사는 아주가 중국과 베트남을 건너뛰어 중앙아시아로 곧바로 달려간 데 대해 "로펌 사이의 일종의 역할분담"이라며, 말을 아꼈다. 그러나 그의 말이 이어지면서 아주의 선택이 간단한 결정이 아니었음을 금방 알 수 있었다.

사실 아주가 해외 진출을 모색한 것은 어제 오늘의 일이 아니다. 2005년부터 구체적인 계획을 세웠다고 한다. 중앙아시아 등 구 소련 지역과 동부 유럽으로 방향을 잡은 것은 2007년 초의 일이다.

무엇보다도 만리장성을 건너뛰어 곧바로 중앙아시아로 달려간 배경이 궁금했다. 김 대표는 "중국도 물론 검토했다"고 대답했다. 조선족인 중국변호사 등이 나서 지린성, 랴오닝성, 헤이룽장성 등 동북 3성에서 상해에 이르기까지 중국 전역을 샅샅이 뒤지며 현지조사도 했다고 했다. 그리고는 중국 대신 구 소련 지역을 선택했다.

"중국에는 조선족이 있고, 구 소련 지역엔 고려인이 있습니다. 그런데 조선족은 우리말 통·번역이 되는데, 고려인은 조선족보다는 우리말 구사가 서툴더군요. 고려인이 있지만, 우리 말 통·번역이 덜 되는 구 소련 지역에 우리 변호사, 우리 로펌 수요가 더욱 많을 것이라고 판단했습니다."

그의 말이 옳고 그른지를 떠나 중국과 구 소련 지역에 대한 면밀한 검토를 거쳐 구 소련 쪽으로 방향을 잡았다는 아주의 선택이 놀라왔다.

그는 그러면서 "중국 진출 기업을 지원하기 위해선 어차피 중국의 현지변호사, 현지 로펌의 도움을 빌릴 수밖에 없는데, 우리말 잘 하는 조선족을 잘 쓰면 그만큼 우리 변호사가 할 일이 줄어들 수 있다는 생각을 했다"고 중국을 선택하지 않은 이유를 역설적으로 설명했다. 여기에다가 왕조문화, 꽌시(關係) 문화가 중시되는 중국에 비해 서구 문화의 바탕이 있는 러시아가 오히려 기업에 대한 법률수요가 더욱 클 것으로 판단했다는 게 그의 부연 설명이다.

아주가 변호사를 내보내고 있는 몽고, 중앙아시아의 구 소련 지역, 동부 유럽의 국가들은 특히 사회주의 체제를 접고 자본주의로 전환 중인 체제전환국가라는 점에서 안팎의 비상한 관심을 사고 있다. 아주가 관련 법률수요가 적지 않을 것으로 보이는 이들 지역에 먼저 진출해 시장을 선점하는 효과를 낼 수 있다는 판단 때문이다.

김 변호사는 "오스트리아의 빈에 사무소를 연 데 주목해 달라"며, "동구의 관문인 빈을 거점삼아 동구로 진출하자는 게 진짜 이유"라고 강조했다.

아주가 빈에서 제휴관계를 맺고 있는 오스트리아 로펌인 e|n|w|c는 부다페스트, 프라하, 부르노, 블라티스라바, 바르샤바에 지사를 운영하는 등 동구 쪽에 네트워크가 잘 발달돼 있는 로펌이다. 이런 네트워크를 보고 제휴 관계를 맺었다고 아주 사람들이 설명했다. 임성훈 미국변호사가 대표로 있는 아주의 빈 사무소는 e|n|w|c와 같은 건물에 있다.

아주는 또 진출 대상 지역에서 뿐만 아니라 현지에서의 법률시장 개척 전략에 있어서도 다른 로펌들과는 차별화를 추구하고 있다.

김진한 대표는 "한마디로 '로펌의 코트라(KOTRA)'가 되자는 게 아주의 방침"이라며, "세계 30곳 이상 지역에 변호사를 내보낸다는 중장기계획을 세워놓고 있다"고 힘주어 말했다.

우리 기업이 가는 곳이면 어디든 변호사를 보내 기업을 지원하겠다는 것이다. 오히려 일선 기업보다 한 걸음 먼저 나가 기업이 필요로 하는 정보를 취합, 정리, 분석해 제공하는 한 템포 빠른 서비스를 추구하고 있다고 아주 사람들은 입을 모으고 있다.

1993년 3월 아주종합법률사무소로 시작해 1년 만에 법무법인으로 전환한 아주의 변호사 수는 50여명. 변리사 16명은 2001년 설립된 특허법인 아주 소속으로 있으면서 법무법인 아주와 시너지를 내고 있다.

50여명의 변호사 중 외국변호사가 17명으로, 외국변호사의 비중이 상대적으로 높은 것만 보아도 아주가 해외시장 개척에 얼마나 관심이 많은지 잘 알 수 있다. 주변으로부터 창립 당시 아주(亞洲)로 이름을 붙인 게 요즈음의 해외진출 전략을 미리 내다본 것 아니냐는 소리를 듣지만, 창립 당시 그런 생각으로 아주 간판을 올린 것은 아니라고 한다. 미국변호사 9명에 영국변호사, 호주 변호사, 러시아 변호사, 우즈베키스탄 변호사, 카자흐스탄 변호사 등 외국변호사들이 변호사 자격을 딴 나라도 매우 다양하게 구성돼 있다.

해외사무소에선 자문 기업의 현지법인 설립과 사업 인·허가,

현지 법규정과 제도의 검토, 상담 및 협상 지원 등 다양한 자문과 지원활동을 펴게 될 것이라고 아주 관계자들이 설명했다. 또 진출 지역의 특성상 부동산이나 자원 관련 업무, 국유재산 민영화 등에도 많은 관심을 가지고 있다고 덧붙였다.

국내에서는 정은섭 변호사가 이끌고 있는 특허분야와 기업파산, 기업 인수·합병(M&A), 금융 등이 아주의 전문 분야로 꼽히고 있다. 남동환 변호사가 기업파산 쪽을 맡고 있으며, M&A와 금융은 김용환 변호사와 심준만 변호사가 각각 팀장을 맡아 후배들을 지휘하고 있다. 또 서울중앙지법에서 의료전담 부장판사를 역임한 김선중 변호사 등이 포진하고 있는 의료 분야도 관련 사건이 많다.

김진한 대표는 설립 초기부터 일반 송무 분야를 이끌어 왔다. 그는 특히 법정관리 기업의 관리인, 파산기업의 파산관재인을 많이 한 변호사로도 유명하다. 굿모닝시티 초대 관리인, 우성건설 파산관재인, 임대주택이 8000세대에 이르는 은아주택의 파산관재인, 회원이 수천 명에 이르는 알프스 리조트 파산관재인 등 민원이 많은 건설 관련 회사의 관리인을 특히 많이 맡았다.

IMF 직후 한 작은 회사의 파산관재인을 맡아 무난하게 마무리한 게 여러 회사의 관리인으로 활약하는 계기가 됐다고 한다. 그는 "민원인과 감정이입이 돼 민원인의 마음을 이해하는 자세가 필요하다"며, "또 법률적으로만 처리해선 안 되고, 기업 마인드를 가져야 한다"고 관리인으로서의 성공 비결을 이야기했다.

94년 합류한 황선당 전 대법관은 고문변호사로서 후배들을 지휘하고 있다. 이어 손학래 전 한국도로공사 사장과 서건이 초대 우즈베키스탄 대사를 고문으로 영입하는 등 비법률 전문가의 영입에도 적극적으로 나서고 있다.

아주는 2007년 초 박양진 변호사가 이끌었던 법무법인 바로세움과 합친데 이어 2008년 7월 법무법인 대륙과 합병을 선언했다. 아주와 대륙 모두 해외 비즈니스를 활발하게 추진해 와 특히 해외 분야에서의 시너지가 기대되고 있다. 상해, 소주, 런던, 뉴욕, 블라디보스톡, 울란바토르, 알마티, 타쉬켄트, 두바이, 빈, 하노이, 프놈펜 등 모두 11개 나라 12곳에 해외 현지사무소를 두게 된다.

두 로펌은 당분간 강북과 강남으로 나뉜 종래의 사무실을 그대로 쓰기로 했으며, 합병추진위원회를 구성해 구체적인 합병 절차를 진행하고 있다. 정진규 전 법무연수원장이 대표를 맡아 합병 후 탄생할 법무법인 대륙·아주를 이끌게 된다.

15. 에버그린 법률사무소
www.evergreenlaw.co.kr

2006년 3월 미국계 기업사냥꾼 칼 아이칸과 KT&G의 경영권 분쟁이 대전지법의 가처분 결정으로 일단락됐을 때였다.

사람들은 분쟁의 결과 못지않게 칼 아이칸을 대리해 KT&G와 치열한 법정 공방을 벌여 온 에버그린(Evergreen) 법률사무소에 관심을 나타냈다. 에버그린은 당시 또 다른 로펌 등과 함께 칼 아이칸 측을 대리했다. KT&G 측은 국내 메이저 로펌 중 한 곳인 법무법인 세종 등이 나섰다.

필자도 당시 기사를 쓰면서 관련 정보를 참조하기 위해 포털 사이트에 들어가 열심히 에버그린을 검색해 보았으나, 이 법률회사는 그 흔한 홈페이지 하나 띄워놓고 있지 않았다. 하지만 기업 M&A 시장에선 에버그린 하면 모르는 사람이 없을 만큼 뛰어난 전문성을 자랑하는 곳이 이 법률사무소다. 에버그린은 얼마 전 홈페이지를 개통했다.

기업 M&A 분야만 그런 게 아니다. ▲부동산 ▲도산법(bankruptcy) ▲구조화 금융(structured finance) ▲사모펀드(PEF)를 주로 하는 펀드 자문 등의 분야에서도 에버그린의 전문성은 이미 정평이 나 있다. 부동산 분야의 경우, 에버그린은 부동산 매입은 물론 매입 이후의 관리 및 운영과 처분, 부동산 시행 등 부동산과 관련된 거의 전 분야에 걸쳐 자문을 제공한다.

2004년 초 한나라당의 당시 여의도 당사가 한 부동산 펀드에 팔렸다. 가격은 약 400억원. 당사가 팔린 후 한나라당이 임시 천막당사로 옮기는 등 화제도 적지 않게 뿌렸다. 하지만 이 건물 매각은 법률적인 의미가 더욱 컸다는 게 매수인 쪽을 대리해 거래를 성사시킨 에버그린 변호사들의 얘기다.

"부동산 펀드가 실물 부동산을 매입한 첫 케이스였지요. 또 간접투자자산운용업법이 제정된 후의 첫 거래이기도 했습니다."

에버그린의 대표인 송현웅 변호사는 "이 딜을 자문하며 간접투자자산운용업법의 시행을 위한 등기 실례나 재정경제부 예규 등의 마련에도 관여했다"며, "에버그린 부동산팀의 전문성이 유감없이 발휘된 한 사례"라고 강조했다.

이외에 2003년 11월에 터진 LG카드 금융위기 때도 LG카드에 2조원의 유동성을 지원한 우리은행 등 채권단에 법적 자문을 제공하는 등 에버그린이 관여한 사건은 큰 것만 꼽아봐도 셀 수 없이 많다. 채권단이 LG 측의 경영책임과 함께 LG카드가 보유한 모든 재산을 담보로 편입하는 조건을 제시했던 LG카드 사태는 이후 진정됐고, LG카드는 정상화 돼 신한금융지주에 팔렸다.

도대체 설립된 지 5년 밖에 안 된 에버그린이 메이저 로펌들과 맞붙으며 대형 딜에 주도적으로 뛰어드는 경쟁력은 어디에서 나오는 것일까. 에버그린을 취재하며 이 화두(話頭)가 머리를 떠나지 않았던 필자는 설립 이후 이어지고 있는 에버그린의 '전문성 중시' 철학에서 실마리를 찾을 수 있었다.

"우리는 경쟁력 있는 분야에 역량을 집중하는 전략으로 성장을 추구해 왔습니다."

2003년 2월 에버그린을 설립한 송현웅 대표는 "설립 초기부터 고객을 직접 공략하는 대신 핵심 분야를 중점적으로 발전시키는 전략을 취해 왔다"고 에버그린의 독특한 운영철학을 소개했다. "그 분야서 최고가 모이면 자연스럽게 시장점유율이 높아지고, 고객도 따라올 것으로 생각했다"는 게 그의 부연 설명이다.

에버그린이 두각을 나타내고 있는 기업 M&A, 부동산, 금융 등이 모두 이런 자신감을 토대로 일궈낸 주력 분야들이다. 송 변호사의 예상대로 고객도 많이 늘어났다고 한다.

또 하나 철저하게 딜(deal) 또는 프로젝트 베이스로 일을 맡아서 처리하는 에버그린의 업무방식도 눈여겨 볼 대목이다. 송 변호사는 "회사와 자문계약을 맺고 뒤를 봐주는 식의 일반 자문은 거의 하지 않는다"며, "급박하게 돌아가는 딜 등에 뛰어들어 전문성을 발휘하고 능력을 인정받는 게 우리 스타일"이라고 소개했다. 일종의 '특공대 변호사'라고 부를 수도 있을 것 같은 업무방식인데, 에버랜드 변호사들의 뛰어난 전문성이 뒷받침됐기에 가능했음은 물론이다.

전문성은 우선 에버그린을 이끌고 있는 주요 파트너들의 면면에서 확인된다. 기업 M&A 관련 일을 많이 하는 송 대표는 물론, 도산법의 대가인 박용석 변호사, 부동산 전문가인 이경돈 변호사와 원태연, 로버트 영 미국변호사 등이 모두 로펌업계의 알아주는 전문가들이다. 서울대 법대 재학 중 제30회 사법시험에 합격한 송 변호사는 대학 동기들 사이에서도 수재로 불릴 만큼 일찍부터 두각을 나타냈다고 한다. 이어 젊고 패기만만한 변호사들이 분야를 나눠 이들 뒤를 떠받치고 있다.

서울 덕수궁 옆의 성공회 빌딩에 자리잡은 에버그린의 변호사는 2008년 현재 약 30명. 4명으로 출범한 5년 전에 비해 7배 이상 규모로 성장한 셈이다.

적지 않은 규모임에도 불구하고 법무법인을 구성하지 않고, 일종의 개인변호사의 조합 형태로 법률사무소를 운영하고 있다. 에버그린이 빠른 속도로 발전해 온 데는 이런 경영구조도 도움이 됐다고 에버그린 사람들은 입을 모은다. 공동대표인 박용석 변호사는 "현재의 구조가 의사결정이 빠르고, 장기적인 안목으로 핵심 분야 등에 투자하는 데도 효과적"이라고 설명했다.

형식과 인습에 얽매이지 않고 실질을 중시하는 에버그린의 전통은 2003년 2월 법률회사의 이름을 지을 때부터 시작됐다.

"국, 영문 이름을 통일하고, 설립자 등의 성은 넣지 말자는 생각이었습니다."

송 변호사는 "외국 로펌의 작명 방식을 이유없이 따라할 필요는 없는 것 아니냐"며, "에버그린이 부르기도 쉽고, 의미도 가볍지 않다"고 4년 전 지은 이름에 만족스러워 했다.

신입 변호사를 뽑을 때도 에버그린은 자신감이 돋보인다. 매년 말 사법연수원에선 많은 로펌들이 참가한 가운데 연수생들을 대상으로 하는 채용설명회가 열린다.

에버그린은 초임 변호사의 연봉을 상세하게 공개해 주목을 끌고 있다. 에버그린 관계자는 "우리의 실체를 투명하게 공개하고 철저한 공개경쟁을 통해 우수한 인재를 뽑자는 것"이라며, "사전에 미리 접촉해 신입변호사를 내정하는 등의 사전 채용 절차는 이런 점에서 지양하고 있다"고 말했다.

설립 5년을 맞은 에버그린은 또 한번의 도약을 준비하고 있다. 특히 2008년이 두 번째 5년이 시작되는 시기라고 에버그린 관계자들은 의미를 부여하고 있다. 첫 5년이 내부 역량을 강화하는 창업기라면, 2기 5년은 본격적인 도약기가 돼야 한다는 것이다.

에버그린은 우선 IP, 조세, 공정거래 분야 등으로의 영역 확장을 준비하고 있다. 밑바탕엔 물론 철저한 전문성이 전제돼 있다. 또 기업법무에서 파생되는 송무가 갈수록 늘어남에 따라 송무 강화도 적극 검토하고 있다.

송 대표는 "일선 기업마다 강화되고 있는 기업체 법무팀과의 협조 체제를 강화해 효율적으로 함께 일해 나가는 방안도 적극 강구할 생각"이라고 말했다.

에버그린은 앞으로의 발전방향에 대해서도 매우 개방적인 자세를 취하고 있다. 유능한 변호사의 개별적인 영입은 물론 다른 로펌과의 M&A, 시장 개방에 따른 외국 로펌과의 연계 등 다양한 발전 방안을 강구하고 있다. 얼마 전 검찰 출신 변호사들이 중심이 된 법무법인 산경과 업무제휴를 선언한 것도 이런 맥락에서 이해할 수 있다.

에버그린의 한 관계자는 "에버그린의 전문성을 알아 본 국내외 로펌들로부터 호의적인 제의가 많이 들어오고 있다"고 발전을 거듭하고 있는 에버그린의 최근 분위기를 전했다.

하지만 '에버그린'이란 이름에도 나와 있듯이 '초심을 잊지 말자'는 게 에버그린 식구들의 한결같은 다짐이라고 한다. 즉, 어느 분야가 됐든 최고의 전문성을 유지하도록 하자는 것이다.

16. 법무법인 우일

www.ibclaw.co.kr

　기업 활동과 관련, 수시로 법률자문을 받을 필요성이 커지고 있다. 역동적으로 움직이고 있는 이들 기업체에서 필요로 하는 법률서비스는 어떤 내용, 어떤 모습일까. 여러 얘기를 종합해 보면, 많은 기업에서 핵심을 찌르는 정확한 솔루션과 함께 적시의 신속한 답변을 기대하고 있다. 또 분야별로 논점을 나열하고, 정답을 찾아 나서는 평면적인 대응 보다는 이를 통합한 종합처방을 선호하는 것으로 보인다.

　이런 법률서비스를 제공하겠다고 법률사무소 문을 열어 실제로 그런 방향의 서비스를 개척해 가고 있는 로펌이 있다. 한창 벤처 붐이 불었던 2000년 4월 설립돼 9년째 기업자문 분야에서 이름을 날리고 있는 법무법인 우일이 주인공이다.

　얼마 전 이름을 법무법인 우일로 바꿨지만, 설립 당시의 이름은 IBC법률사무소. 상호에서부터 통합된 기업법률서비스 (Integrated Business Counsel)를 내세웠다.

　8년 전 김&장 법률사무소 출신의 최영익 변호사와 율촌에서 경험을 쌓은 김현중 미국변호사 등 5명의 전문가가 함께 뭉쳤다. 이후 국내외 변호사 15명의 중견 로펌으로 성장하며, 발전을 거듭하고 있다.

최 변호사는 "대형 법률회사에서 일하면서 기업들이 바로 바로 답을 얻을 수 있는 신속하면서도 통합된 법률서비스를 갈망하고 있는 것을 여러 차례 경험했다"며, "IBC엔 이런 수요에 적극 부응해 보자는 뜻이 담겨있다"고 설립 당시를 회상했다.

IBC는 먼저 벤처기업에 대한 법률자문을 표방했다. 첨단 기술을 개발해 자본을 유치하고, 국내외 비즈니스를 발빠르게 확장해 가는 벤처기업들에게 IBC의 통합된 서비스가 딱 맞아 떨어졌기 때문이다. 또 당시 서울의 테헤란 밸리에 우후죽순 들어서던 수많은 벤처기업에 대한 새로운 수요도 겨냥했다. IBC가 테헤란 밸리에서 가까운 서울 논현동의 아이캐슬 빌딩에 둥지를 튼 것도 벤처 전문 법률사무소를 지향한 이런 방침과 무관하지 않았다. IBC는 이곳에서 9년째 의뢰인들을 만나고 있다.

예상은 크게 벗어나지 않았다. 설립 당시 열 손가락 꼽을 정도의 벤처기업에 자문을 제공하며 출발한 IBC는 이후 수많은 벤처기업의 성장을 뒷바라지하며 이쪽 업계에서 상당한 명성을 쌓아왔다. 콜센터 운영과 관련된 솔루션을 공급하는 MPC, 철골 구조물 제조회사인 KR, 통신장비를 생산하는 우전시스텍, 산업용 모니터 생산업체인 디지텍시스템스, 종합 엔터테인먼트회사인 플레너스엔터테인먼트 등이 IBC의 손을 거쳐 성공적으로 비즈니스를 발전시킨 대표적인 벤처기업으로 꼽힌다.

그러나 이른바 대박을 터뜨리거나 한 것은 아니라고 최영익 변호사가 설명했다. 오히려 벤처경기가 후퇴하며 어려움도 없지 않았다고 한다.

또 벤처기업만 상대해 온 것도 아니었다. SK텔레콤, LG전자, 삼성증권, 우리은행, 중소기업은행 등에 자문하는 등 대기업에서 벤처에 이르기까지 수많은 기업을 상대로 통합된 서비스를 제공해 왔다.

굳이 이름을 붙이자면, 기업 자문 전문로펌이라고 부를 수 있다. 공사나 정부 쪽 일도 적지않게 맡아 수행하고 있다. 자문을 의뢰하는 외국기업도 꽤 된다. IBC의 이재우 변호사는 "벤처는 물론 대기업들도 대형 로펌에선 쉽지 않은 발빠른 처방을 원하는 경우가 많다"며, "IBC는 이런 서비스에 특화하려 했고, 이를 통해 발전해 왔다"고 소개했다.

사건이 늘며 규모가 커진 IBC는 크게 경영권 분쟁 등 기업 M&A 사건과 해외증권 발행 등 금융 분야, 지적재산권 분야에서 특히 강한 전문성을 자랑하고 있다.

굴삭기에 들어가는 주요 부품을 생산하는 동명모트롤을 대리해 2008년 6월 말 두산과의 M&A 거래를 잘 마무리했다. 약 1500억원에 두산이 동명을 인수하는 거래로, 두산은 김&장이 맡았다. 최영익, 이재우 변호사 등이 참여해 계약 협상과 실사를 거쳐 클로징(Closing)까지 10개월에 걸쳐 자문을 제공했다.

또 김&장 출신의 이민교 미국변호사가 관장하고 있는 해외증권 발행 업무도 IBC가 두각을 나타내고 있는 핵심 분야. 우일은 그동안 250건이 넘는 국내 기업들의 각종 해외 유가증권 발행업무를 처리했다.

이 변호사는 듀크대 로스쿨(J.D.) 출신으로, 미국의 스캐든에서 M&A 전문변호사로 활약한 경력도 있다. 한 관계자는 "해외증권 발행은 벤처기업들도 이용할 만큼 많은 기업에서 활용하고 있다"며, "한국 시장의 상당한 물량을 IBC에서 처리하고 있다"고 귀띔했다.

지적재산권 분야에선 영업비밀 침해, 상표 침해 관련 침해쟁송을 많이 맡고 있다. 영문 계약서 작성 등 기술 라이센싱 분야도 일이 많다. 김현중 미국변호사 등이 맹활약하고 있다.

신동윤 변호사와 김홍섭 변호사가 이끄는 송무팀도 최근들어 활발하게 움직이고 있다. 얼마 전 인근 주민들이 댐 건설에 반대하며 낸 이른바 한탄강댐 반대 소송에서 정부 측을 대리해 승소했다.

또 2008년 5월엔 로또복권 사업자인 코리아로터스(KLS)가 온라인복권 판매수수료의 하향 조정에 반발해 낸 이른바 로또 사건 항소심에서 법무법인 지평과 함께 피고보조 참가한 국가를 대리해 승소판결을 이끌어 냈다.

서울대 법대 출신의 신 변호사는 사법연수원 28기의 시니어 변호사로, 법무법인 화우를 거쳐 미국 유학생활을 마치고 2008년 초 우일에 합류했다. 우일의 송무팀은 주로 병원 쪽을 대리해 의료소송도 많이 맡고 있다.

2002년 법무법인을 구성한 IBC는 노태우 전 대통령 시절 청와대 민정수석을 지낸 한영석 전 법제처장과 정상학 전 대구지법원장 등이 운영해 온 법무법인 우일과 2004년 전격 합병해 또 한번 주목을 받았다.

중소 법무법인 사이의 사실상 최초의 합병으로 더 유명했던 우일-아이비씨 합병은 송무-섭외의 잘 어울리는 짝짓기로도 손색이 없었다. 법무법인 우일을 구성하고 있는 변호사들이 법원과 검찰에서 오랫동안 경력을 쌓은 원로급 변호사들이라면, IBC는 최영익 변호사 등 로펌 출신의 기업변호사들이 주축을 이루고 있었기 때문이다.

최 변호사는 "당시 IBC는 송무 분야의 보강이 필요한 상황이었다"며, "우일도 섭외 쪽이 뒷받침되면 더욱 효과적일 것일 것이라는 공감대가 있었다"고 배경을 설명했다.

얼마 전 우일로 법인명을 바꾼 통합로펌엔 석진강 전 대검 검사와 이철환 전 대전고법원장도 참여하고 있다.

작지만 전문성이 뛰어난 이른바 부티크 형태의 전문로펌을 지향하는 우일은 여전히 발빠르면서도 관료화되지 않은 조직을 중시하고 있다. 이런 업무스타일에 맞춰 신입변호사를 충원하고 있다. 또 대형 로펌에 있던 변호사 중에도 우일의 이런 점에 공감해 합류하는 경우가 적지 않다고 한다.

변호사들도 한층 바쁘게 뛰어다니고 있다. 대형 로펌들도 답변서 제공 시간 등을 단축한 신속한 서비스를 중시하면서 우일로서는 더욱 차별화된 서비스를 개척할 필요가 있기 때문이다.

필자가 취재를 위해 만난 우일의 변호사들 명함엔 예외없이 사무실 전화번호와 함께 휴대폰 번호가 명기돼 있었다. 의뢰인의 요청에 언제 어디서나 성실히 응대하겠다는 조그마한 정성으로 이해해 달라고 김홍섭 변호사가 얘기했다.

17. 법무법인 율촌

www.yulchon.com

로펌 업계에선 보통 외국 유학을 다녀오거나 재조 경험을 살려 국제변호사 업무를 개척한 김홍한, 이병호, 김진억, 김영무, 이태희, 신영무, 김인섭, 윤호일 변호사 등을 1세대 주자라고 부른다. 같은 이유로 이들이 세운 김·장·리 법률사무소, 중앙국제, 나중에 화우와 합친 김·신·유, 김&장, 나중에 광장이 된 한미, 세종, 태평양, 화우와 합친 우방 등은 1세대 로펌이라고 한다.

이에 비해 1세대 로펌에서 경험을 쌓은 변호사들이 독립해 나중에 설립한 로펌들은 2세대, 또는 차세대 로펌으로 불린다. 시기적으로도 90년 이후 문을 열어 그 이전에 설립된 1세대 로펌에 비해 역사가 길지 않다.

1992년 9월까지 역사가 거슬러 올라가는 법무법인 율촌(律村)이 대표적인 2세대 로펌으로 꼽힌다.

창립 후 줄곧 대표를 맡고 있는 우창록 변호사가 먼저 깃발을 들었다. 74년 제16회 사법시험에 합격한 그는 율촌으로 독립하기 전 김&장에서 13년간 회사법과 조세전문 변호사로 활약했다. 사법연수원과 군법무관을 마치고 79년 김&장에 입사해 당

한국의 로펌들 | 297

시 김&장 변호사들 사이에서도 입사순서가 몇 손가락 안에 들었다.

우 대표는 특히 노태우 정부 때인 92년 현대 계열사에 부과된 1000억원대의 법인세 소송을 맡아 100% 승소한 것으로 더욱 유명한 변호사다.

이 사건을 계기로 현대 측과 가까워진 그는 이후에도 현대 관련 사건을 많이 수행했다. 김대중 정부 때인 2000년 현대전자의 LG반도체 인수 때 우 변호사가 이끄는 율촌이 현대전자를 대리했다. 2004년 4월엔 현대그룹의 모회사 역할을 하는 현대엘리베이터를 맡아 KCC의 적대적 M&A 공격을 막아냈다.

우 변호사에 이어 '법률가의 마을'이란 뜻이 담긴 율촌에 합류한 사람으로는 같은 김&장 출신인 강희철 변호사, 윤호일 변호사와 함께 세방의 창립멤버로 참여했던 윤세리, 정영철 변호사, 아세아합동법률특허사무소에서 경력을 쌓은 한봉희 변호사 등이 있다.

우 변호사 못지않게 김&장, 세방, 아세아 등 기존 로펌에서 파트너 변호사 등으로 오랫동안 활약한 중견들이다.

출발 당시 율촌의 영어식 이름은 'WOO YUN KANG JEONG & HAN'. 사시 합격 순서대로 이들 다섯 명의 파트너 변호사의 성을 따 지었다고 한다. 말하자면 기존 로펌에서 노하우를 익힌 준비된 변호사들이 새로운 형태의 파트너십을 만들어 보자고 다시 뭉친 게 율촌이라고 할 수 있는 셈인데, 이들의 실험은 이후 엄청난 성공으로 나타났다.

97년 7월 법무법인을 구성할 때의 인원은 미국변호사를 합쳐 모두 10명에 불과했다. 그러나 11년이 지난 2008년 현재 율촌은 국내외 변호사만 140여명에 이른다.

김&장에 이어 1세대 로펌인 광장, 세종, 태평양, 화우 등과 함께 2위권을 형성하는 국내 굴지의 로펌으로 성장했다.

기존의 로펌에 몸담고 있던 중견변호사들이 나와 세운 후발주자가 오히려 기존 로펌을 위협하는 막강한 규모를 갖추게 된 것이다. 개별 사건의 수임과 업무처리에 있어서도 율촌은 최고 수준의 경쟁력을 자랑하고 있다.

물론 그동안 법률가의 마을을 떠나는 사람도 없지 않았다. 하지만 국내외 변호사 140여명의 규모로 성장한 율촌이다. 율촌보다 나중에 설립된 중소 로펌들 중엔 율촌의 성공사례를 벤치마킹하려 드는 곳이 적지 않다고 한다. 그만큼 율촌이 후발주자들 사이에서 비약적인 성장의 좋은 선례가 되고 있다.

"간략하게 말해 기존 로펌의 장점은 살리고, 단점은 지양하려고 했습니다."

거침없이 율촌의 성공 비결을 얘기하는 우창록 변호사에게 "장점 대신 단점이 더욱 고개를 드는 반대의 경우는 없었느냐"고 물어 보았다. 또 한 번 그의 대답이 곧바로 돌아왔다.

"서로 양보하면서 율촌을 키워 왔습니다."

율촌 사람들에 따르면, 성장의 원동력은 '우수한 인재들'에 의한 '민주적인 의사결정'에 있었다고 한다. 너무 추상적인 표현 같지만, 1세대 로펌에서와 같은 강력한 리더십이 존재하지 않는 2세대 로펌으로선 구성원들 사이의 양보와 협동에서 그 배경을 찾을 수 밖에 없을 것 같다.

성공한 조직에서 공통적으로 발견되는 인재우선의 경영철학도 율촌의 성장에 밑거름이 됐다. 율촌이 젊은 변호사들에게 업계 최고 수준의 보수를 지급하는 등 우수한 인재의 영입에 과감한 투자를 해 왔다는 것은 변호사들 사이에서도 잘 알려져 있다.

얼마 전 홍콩에서 발간되는 법률잡지인 아시아로(AsiaLaw)가 변호사들을 상대로 '가장 일하고 싶은 로펌'에 관한 설문조사를 벌였다. 율촌이 김&장과 함께 변호사의 급여수준(Salary Competitiveness)에서 국내 로펌중 공동 1위를 차지해 경쟁 로펌들을 놀라게 했다.

또 하나 규모의 성장 못지않게 주목되는 대목은 '우리는 잘하는 것만 하려고 한다'는 우 대표의 표현 속에 함축돼 있는 율촌의 전문화 전략이다. 일종의 '선택과 집중'의 원리를 전문화에 접목시켜 경쟁력을 더욱 높여온 셈이다. 그러면서도 기업법무의 대부분을 커버하는 다양한 업무분야로 영역을 넓혀온 게 율촌의 11년 역사이다.

업무분야는 ▲회사법 ▲금융 ▲조세 ▲소송 ▲지적재산권 그룹 등 크게 5개 그룹으로 나뉜다. 이어 그 밑에 ▲공정거래 ▲관세 통상 ▲국제중재·소송 ▲기업 인수·합병 ▲노동 ▲부동산 ▲선박금융 ▲에너지 ▲해외투자자문 ▲환경 등 전문분야별로 여러 실무팀을 두어 업무를 처리하고 있다. 비슷한 규모의 대형 로펌에 비해 업무 그룹이나 실무팀이 많지 않다고 할 수도 있으나, 분야마다 높은 수준의 전문화가 전제돼 있다고 율촌 측은 설명했다.

무엇보다도 우창록 변호사부터 이어지는 조세그룹을 율촌을 소개하면서 빼놓을 수 없다. 국내 최정상급으로 평가받는 율촌의 간판 분야로 통한다. 대법원 재판연구관 시절 조세조장을 맡아 활약한 소순무 변호사가 후배들을 이끌고 있다.

2006년 5월 주식 명의신탁의 조세회피 범위를 제한적으로 해석해야 한다는 최초의 대법원 판결과 그 해 6월 중복 세무조사에 의한 과세가 위법이라는 대법원 판결을 받아냈다. 또 모 생명보험사를 대리해 매출 누락 등의 사유로 세무당국으로부터 소득금액 변동통지를 받은 법인은 곧바로 행정소송을 낼 수 있다는 대법원 전원합의체 판결을 이끌어 내는 등 명성을 이어가고 있다.

공정거래팀도 율촌이 오래전부터 내세우는 전문분야 중 하나다.

2006년 7월 법무법인 세종과 함께 공정거래위원회를 대리해 서울고법에서 마이크로소프트(MS)사가 공정위를 상대로 낸 집행정지 가처분신청의 기각결정을 이끌어 냈다. MS사가 윈도우를 판매하면서 미디어 서버, 미디어 플레이어, 메신저 건 등 3개의 상품을 결합판매한 데 대해 공정위가 위법이라고 판정, 분리조치와 함께 330억원의 과징금을 부과하자 MS가 집행을 정지해 달라며 낸 신청을 막아낸 것이다.

MS사가 가처분 기각에 대해 재항고하지 않아 결정은 이대로 확정됐다. 율촌은 이 사건의 본안 재판에서도 공정위를 대리했다.

율촌은 또 MS의 위법 내용을 공정위에 신고한 다음커뮤니케이션과 미국의 리얼네트웍스를 대리해 MS사로부터 각각 3000만 달러, 7억 6000만 달러를 받아내는 화해를 이끌어 내기도 했다. 윤세리 변호사의 지휘 아래 대법원 재판연구관 시절 공정거래사건을 많이 경험한 이 분야의 전문가인 이선희 변호사와 홍대식, 정영진 변호사 등이 활약하고 있다.

이외에 강희철 변호사가 이끄는 금융과 김용준 전 헌법재판소장, 신성택 전 대법관 등이 후배들을 돕고 있는 송무그룹, 2008년 초 특허법인 리앤목과의 제휴로 더욱 시너지를 내고 있는 지적재산권 그룹, 각 분야의 전문가들이 망라된 M&A 팀 등이 높은 경쟁력을 자랑한다.

강 변호사 등이 나서 STX Pan Ocean의 싱가포르 증권거래소 상장을 성공시킨데 이어 2006년 초 공모금액이 국내 민간기업 사상 최대 규모인 3조 4000억원에 이르는 롯데쇼핑의 한국, 런던 동시 상장을 성사시켰다.

법원행정처 국제담당관, 특허법원 판사 등을 역임한 유영일 변호사가 팀장인 지적재산권 그룹은 2008년 4월 LG전자를 대리해 필립스의 특허침해 청구를 성공적으로 막아 내는 등 최근들어 관련 분야에서 맹활약하고 있다.

율촌은 LG전자가 미 캐리어사를 상대로 낸 특허침해금지

가처분 사건에서도 LG측을 대리하고 있다. 샤넬, 구찌, 에르메스, 버버리, 화이자와 아디다스 등 600여 회원사들이 가입하고 있는 주한유럽상공회의소(EUCCK) 지적재산권위원회의 법률자문사도 맡고 있다.

비교적 공격적으로 업무처리에 나서고 있는 것으로 유명한 율촌은 외국 로펌들과도 활발하게 교류하고 있어 업계가 주목하고 있다. 율촌이 협력관계를 돈독히 하고 있다고 소개하는 외국 로펌들은 미국계인 클리어리 고틀립, 스캐든, 베이커 & 매켄지, 화이트 & 케이스, 빙험 맥커츤과 영국계의 알렌 & 오버리 등이다.

2006년 5월 미국 최고의 로펌중 하나인 스캐든과 함께 서울에서 공동 주최한 '경영권 방어에 관한 법률문제'란 제목의 고객 세미나엔 기업체 법무팀 관계자 등 100여명이 참석하는 성황을 이뤘다.

젊은 후발주자로서의 자신감은 임박한 것으로 전망되는 국내 법률시장의 개방과 관련해서도 다른 로펌들과는 구별되는 독특한 입장으로 나타나고 있다. '개방이야 말로 글로벌 무대에서 실력있는 조직으로 거듭날 수 있는 좋은 기회가 될 것'이라는 적극적인 태도를 보이고 있어 대응책 마련에 골몰하고 있는 대다수의 로펌들과 대조를 이루고 있다.

2007년 초 율촌은 법인 전환 10년을 맞아 CI를 새로 만들어 공개하고, 한자와 영어로 각각 구분해 사용해 오던 국내외 법인명을 순 한글에 영어가 가미된 '법무법인 율촌(Yulchon)'으로 통일했다.

또 새 CI 발표와 함께 ▲고객에 대한 헌신 ▲창의적인 아이디어 ▲탁월한 서비스를 '3대 율촌 가치'로 수립하는 등 새로운 도약을 위한 발판을 다지고 있다. 그 해 8월 베트남 호치민에 현지 법인을 내고 진출했으며, 러시아와 중앙아시아 지역에 대한 서비스도 비중을 높여가고 있다.

18. 법무법인 자하연

www.yoonyoo.com

　법무법인 자하연은 2008년 7월 법무법인 한빛, 법무법인 새길 서울사무소와 합병을 선언, 통합작업을 진행 중에 있다.

　새로 탄생할 통합법인의 이름은 법무법인 원. 원은 최고, 으뜸이라는 뜻 외에 승리, 둥글다는 뜻이 포함된 복합적인 의미의 단어라고 한다. 자하연의 한 관계자는 "최고의 법무법인을 지향하는 동시에 내부의 융화를 중시하고, 사회와 함께 호흡하자는 뜻에서 통합법인의 이름을 원으로 정했다"고 설명했다.

　현재 CI와 홈페이지 등을 준비하고 있는 합병로펌 원은 47명의 소속변호사가 2008년 말까지 자하연의 주사무소가 있는 서울 서초동의 신덕빌딩으로 합류해 한 곳에서 서비스를 제공할 예정이다.

　'법률가의 양심과 투철한 프로정신.'

　법무법인 자하연의 인터넷 홈페이지는 이렇게 시작된다.

　법률사무소의 흔한 캐치프레이즈로 생각할 수 있지만, 이 말처럼 자하연의 철학과 지향하는 방향을 잘 나타내는 표현도 드물다. 법무법인 원에서도 이런 정신을 이어간다는 게 합병을 성사시킨 세 로펌 관계자들의 공통된 전언이다.

자하연은 지금부터 12년 전인 1996년 민변(민주사회를 위한 변호사모임) 활동에 열심인 변호사들이 뜻을 같이 해 설립됐다. 이후 민변 등을 중심으로 공익 활동에 열심히 나서며, 변호사로서의 사회적 책임을 다하려고 노력해 왔다고 자하연의 관계자가 소개했다. 업무분야에선 은행·보험 등 금융 쪽과 일반 기업 법무 분야에서 특히 두각을 나타내고 있다.

변호사로서의 공적 책임을 중시하는 한편 최근 각광을 받고 있는 기업법무 서비스와의 조화를 이뤄가고 있는 법률사무소라고 할까.

10년 전 서울 서초동의 변호사회관에 사무실을 마련해 처음 둥지를 틀었을 때의 멤버는 민변 부회장과 사무총장을 역임하고, 현재 인권위 비상임위원으로 있는 윤기원 변호사와 민주당 국회의원(장흥·영암·강진)으로 국회 법제사업위원회 위원장으로 활약하고 있는 유선호 변호사, 김&장 법률사무소에서도 활약한 경력이 있는 유선영 변호사 등 5명. 김대중 정부 시절 대통령 민정비서관을 지낸 김주원 변호사와 건국대 법대 교수로 있는 조상희 변호사도 함께 참여한 창립 멤버로, 구성원 전원이 민변의 회원변호사들이었다.

자하연의 대표이자 통합법인 원의 공동대표로 내정된 윤기원 변호사는 "공익의 대표자인 변호사 본연의 임무에 충실한 법무법인을 만들어 보자는 데 의견 일치를 보아 자하연을 구성하게 됐다"며, "공교롭게도 구성원 5명이 모두 서울대 출신이어 서울대 교정에 있는 연못인 '자하연'에서 이름을 따다가 법인의 이름을 지었다"고 설명했다.

자하연은 이후 이같은 설립 취지를 살려 다른 어느 법률사무소 못지않게 활발하게 공익 활동에 참여해 왔다. 다른 법률사무소들도 인정한다.

그러나 주목해야 할 대목은 자하연이 설립 이후 꾸준히 힘을 기울여 온 금융과 기업법무 전문 법무법인으로의 발전이다.

윤기원 대표는 "변호사 수가 늘면서 자하연의 전문성을 금융과 기업법무 분야에 맞춰 업무를 진행했다"며, "2000년을 전후해 금융과 기업 관련 일감이 늘어나면서 이런 전략이 성공적으로 맞아 떨어진 것 같다"고 분석했다.

자하연의 홈페이지를 보면 ▲금융 ▲기업 법무 ▲M&A 및 구조조정 ▲지적재산권 ▲환경 ▲교육 등 분야별로 그동안 자하연이 수행한 주요 소송과 법률자문 사례가 소개돼 있다. 프로젝트 금융과 자산유동화, 외국인투자, 조세, 행정, 노동, 고용, 공정거래, 인터넷 등 전자상거래, 스포츠, 엔터테인먼트 등 자하연의 전문 역량은 최첨단의 다양한 서비스 영역으로 이어지고 있다.

고문 관계를 맺고 수시로 자문에 응하고 있는 회사만 수십 개에 이른다고 한다. 그만큼 금융과 기업법무 전문 로펌으로 발전을 거듭하고 있는 셈이다.

변호사들도 지속적으로 늘어 약 20명의 변호사가 분야별로 포진하고 있다. 법무법인 원으로의 통합작업이 완료되면 소속 변호사는 모두 47명으로 늘어나게 된다. 통합법인의 관계자는

"앞으로 지속적으로 인력을 늘려 나갈 계획"이라고 말했다.

자하연은 2004년 1월 서울 강남역 근처의 신덕빌딩으로 사무실을 옮겼다. 2007년 여의도에 금융 2팀의 분사무소를 개설해 금융, 증권 업무를 한층 강화하고 있다. 신덕빌딩은 통합법인 원의 사무실로 쓰일 예정이다.

법무법인이 커지면서 민변 회원이 아닌 변호사들도 많이 늘었다. 자하연의 변호사들은 여전히 공익활동에 열심히 참여하고 있다. 윤기원 대표는 적극적인 공익활동 참여와 첨단의 기업법무 서비스가 서로 부딪히는 경우는 없느냐는 질문에, "활발한 공익활동은 오히려 의뢰인에게 신뢰를 주며, 일부 기업들은 공익적이고 깨끗한 이미지 때문에 우리와 함께 일을 하려 하기도 한다"고 자신감을 나타냈다.

자하연-한빛-새길 서울사무소가 하나로 합쳐 탄생하는 통합 로펌 원의 대표는 한빛의 김인진 변호사와 자하연의 윤기원 변호사가 공동으로 맡기로 했다. 또 서울형사지법 판사 출신으로 중앙선거관리위원회 위원인 자하연의 공동대표 임채균 변호사, 서울지법 부장판사를 지낸 한빛의 박태범 변호사, 한빛의 주요 구성원인 성민섭, 황규민 변호사 등이 통합로펌에서 함께 일하게 된다.

세 로펌의 기존의 강점을 고려할 때 금융과 M&A, 기업자문, 건설 등에서 높은 시너지가 기대되고 있다.

19. 법무법인 정동국제

www.suhco.com

　2007년 12월 충남 태안 앞바다에서 홍콩 선적의 허베이 스피리트호와 크레인이 충돌하는 기름 유출사고가 났을 때 주무부처인 해양수산부는 법무법인 정동국제에 자문을 구했다. 정동국제의 대표를 맡고 있는 서동희 변호사가 이 분야의 전문가로, 해수부의 고문변호사를 맡고 있었기 때문이다.

　서 변호사는 사고처리를 위한 특별법의 제정 등과 관련해 자문을 제공했다. 서 변호사는 해수부가 국토해양부로 통합된 이후엔 국토해양부에 자주 법률적인 조언을 제공하고 있다. 또 2003년 8월부터 부산해양경찰서의 고문변호사도 맡고 있다.

　2000년 6월 설립된 정동국제는 해상법 분야에서 전문성을 자랑한다. 국내외의 해운관련 회사치고 정동국제와 서 변호사를 모르는 곳이 거의 없을 정도로 이 쪽 업계에서 이름이 높다.

　우선 해상에서 일어나는 선박충돌 및 유류오염 등의 해상사고에서 뛰어난 전문성을 발휘하고 있다. 정동국제에 따르면, '신안호 대 루빈보난자 충돌사고' '하이펭호 대 마린피스호 충돌사고' '창영호 대 파이스트호 충돌사고' '창이호 대 유니온 가스호 충돌사고' '글로벌 21호 대 용민호 충돌사고' '영스타호의 광양호 갠트리 크레인 충격사고' '한서호 침몰사고' 등이 정동국제가 선주 쪽을 대리해 분쟁 해결에 나선 대표적인 사례들이다.

정동국제의 한 변호사는 "선박 충돌사고의 경우 사고원인 조사와 스테이트먼트(statement)의 확보, 선박에 대한 압류 또는 압류의 해제, 선사와 보험회사, 선주상호책임보험이라고 할 수 있는 P&I클럽에 대한 국·영문 보고 등 관련 업무가 매우 많다"며, "다년간의 경험으로 일련의 업무에 대해 높은 노하우를 축적하고 있다"고 말했다.

이외에도 정동국제는 해운회사 등을 상대로 다양한 법률서비스를 제공하고 있다. ▲항만 투자자 등에 대한 자문 ▲구조조정 혹은 도산문제에 대한 자문 ▲용선계약 체결 및 분쟁에 대한 자문 ▲회사법 관련 소송이나 중재의 처리 ▲노무관계에 대한 자문 ▲해운회사의 선박 도입 등과 관련해 금융을 조달하는 Ship Finance ▲조선소에 대한 금융 알선 ▲Cargo Claim의 처리와 방어 등 해운 및 조선사 운영과 관련된 일체의 업무가 정동국제의 업무영역이라고 해도 과언이 아니다.

업무내용으로 따지면, 해상법은 물론 일반 회사법 분야나 송무, 금융, 기업 M&A 등 다방면에 걸쳐 자문을 제공한다. 특히 해운 회사 등에 대한 자문을 통해 노하우가 축적되며, 요즈음엔 기업 M&A 등 일반 기업에 대한 자문이 갈수록 늘고 있다.

정동국제의 한 관계자는 "자문을 의뢰하는 고객사 중엔 해운 및 조선사가 다수를 차지하고 있으나, 회사법에 관한 자문 등을 요청해 오는 일반회사들도 적지 않다"고 말했다.

또 단골로 자문을 의뢰하는 외국 클라이언트가 상당수에 이를 만큼 해외에도 이름이 잘 알려져 있다.

정동국제는 2001년 부산 신항의 운영과 관련, 해양수산부를 대리해 삼성물산이 간사로 참여한 부산신항(주)와의 양허계약(concession agreement) 협상에 관여했다.

또 세계적인 컨테이너 운항선사인 A.P. Möller의 자회사인 APM Terminal사를 대리해 부산신항의 터미널 운영을 목적으로 하는 컨소시엄 투자계약에 참여했다. 이 컨소시엄의 간사는 포스코건설로, 포스코건설은 김&장 법률사무소가 대리했다.

또 네덜란드와 영국 선사의 합작사인 P&O Nedlloyd의 부산 신선대 항만 투자를 위한 합작계약에서 Nedlloyd를 대리하는 등 해운 및 항만 투자 분야에서 높은 경쟁력을 자랑하고 있다. 최근엔 대형 로펌의 자문을 받아 오던 세계 10대 선사에 드는 유명 외국선사의 요청으로 조세문제에 대한 자문을 제공하기도 했다.

항공운송 분야에서도 정동국제가 이름을 날리고 있다. 특히 이 분야는 정동국제가 독보적인 위치를 구축하고 있는 분야로, 서 변호사는 항공기사고 분쟁에 관한 한 가장 많은 피해자를 대리한 변호사 중의 한 사람으로 손꼽힌다.

▲97년 8월 미국령 괌 아가냐 공항에 접근하던 대한항공 여객기 추락사고 ▲97년 9월 베트남 항공기가 캄보디아의 프놈펜 공항 인근에 추락한 사고 ▲2002년 4월 김해에서 발생한 중국 국제항공공사(CA) 여객기 추락사고 ▲2007년 5월 캄보디아 시엠리아프 공항을 떠나 시아누크빌로 향하던 PMT항공기 추락사고 등에서 피해자 측을 대리해 손해배상 청구소송을 진행했다.

특히 서 변호사가 김&장에 있을 때 맡아 진행한 베트남 항공기의 프놈펜 공항 인근 추락사고 관련 소송은 승소판결 직전 청구금액의 80~90% 수준에서 베트남 항공사 측과 합의로 종결한 것으로 유명하다.

CA 여객기의 김해 인근 추락사고에선 사고로 숨진 오 모씨의 유족을 대리해 5억원의 조정을 받아내기도 했다. CA 측에서 '국제항공 운송에 관한 바르샤바 협약'의 책임제한 규정을 들며 희생자 1명당 2500여만원만 배상하겠다고 통보했으나, 소송을 대리한 정동국제의 변호사들이 "항공사의 고의나 무모한 행위로 사고가 났기 때문에 책임제한 규정이 배제돼야 한다"고 주장해 5억원의 조정안을 이끌어 냈다.

99년 4월 상하이 홍차오 공항 상공에서의 대한항공 화물기 추락사고로 인한 건설교통부의 노선 취소에 대한 취소청구소송도 정동국제가 관여한 사건이다.

정동국제는 당시 취소처분을 내린 건교부를 대리해 1심에서 승소판결을 이끌어 냈다. 원고인 대한항공은 김&장 법률사무소와 법무법인 광장이 맡았고, 피고보조참가인으로 참가한 아시아나항공은 법무법인 세종이 대리하는 등 4개 로펌이 나선 이 다툼은 3심까지 가는 송사 끝에 대한항공이 노선을 유지하는 내용으로 결론났다.

서동희 변호사는 이런 경력 등이 감안돼 항공·철도 사고조사위원회의 자문위원으로 활동하고 있다. 2007년 1월부턴 한국철도공사의 고문변호사도 맡고 있다.

말하자면, 육, 해, 공 전문변호사라고 할까. 정동국제는 해상과 항공은 물론 건설과 부동산 등의 분야로 영역을 확대하고 있다. 항만운영과 항만하역은 물론 내륙운송과 운송주선(forwarding) 등의 영역을 커버하는 종합물류회사인 세방 등이 오래전부터 정동국제의 자문을 받아 오고 있다.

또 하나 정동국제가 경쟁력을 자랑하는 분야로는 해상보험 등 보험 관련 영역을 들 수 있다.

구체적으로 말하면, ▲선박보험 ▲적하보험 ▲금융기관 종합보험증권(Banker's Policy) ▲임원책임배상보험 등 신종보험 사건에 대한 자문과 소송대리 등의 법률서비스를 폭넓게 제공하고 있다.

3심까지 4~5년이 걸린 '동영 510호' 보험사기사건이 정동국제가 보험사를 대리해 승소판결을 이끌어 낸 유명한 사건이다. 또 '엘리사' '만성77호' '와이드 씨 28호' 사건 등에서 보험사를 맡아 소송을 수행했다. 정동국제의 한 변호사는 "최근들어 금융사고에 대비한 금융기관 종합보험 등 신종 보험에 대한 자문이 늘고 있다"고 분위기를 전했다.

2000년 설립 이후 8년간 덕수궁이 내려다 보이는 서울 중구 정동에 자리를 잡았던 정동국제는 얼마 전 청계 광장이 시작되는 서린동의 청계11 빌딩으로 옮겨 또 한 번의 도약을 준비하고 있다.

이명근, 김길호, 김주혁 변호사가 서 변호사를 도와 실무를 관장하고 있다. 외국변호사로는 조지 워싱턴 로스쿨을 우등 졸업한 샤프(Sharpe) 뉴욕주 변호사와, 캘리포니아 변호사 시험에 합격한 콜(Christopher D. Cole) 변호사, 중국인인 이수국(李守國) 중국변호사 등이 활약하고 있다.

3명 모두 원어민 출신의 외국변호사들로, 정동국제의 한 관계자는 "외국 클라이언트에 대한 자문 등에 있어서 더욱 철저한 전문성을 추구하려는 것"이라고 설명했다.

또 한진해운에서 1등 항해사로 6년간 승선근무한 경험이 있는 이정우 선장도 정동국제의 전문가 명단에서 빼놓을 수 없는 핵심 인력이다. 한국 해양대 출신인 그는 해난 사고 등에 관한 기술적인 자문을 제공하고 있다.

정동국제는 특히 항만 등 전국을 무대로 업무를 수행해야 하는 육·해·공 전문로펌답게 부산 분사무소를 운영하는 등 전국적인 네트워크를 구축하고 있다.

부산, 울산, 마산 지역 등에서의 해상사건 및 회사법 관련 사건을 지원하는 부산분사무소는 김성수 변호사가 지휘하고 있다. 최선호 변호사가 좌장인 수원분사무소와 최성종 변호사가 운영하는 안산분사무소에선 수도권 지역에서 발생하는 민, 형사 사건에 대한 대응능력을 높이고 있다.

20. 법무법인 정평

www.jnplaw.com

법무법인 정평도 해외 비즈니스를 활발하게 개척하고 있는 로펌 중 한 곳이다.

2007년 4월 베트남 호치민에 현지법인을 설립한 것을 시작으로 2008년 7월 하노이에도 사무소를 열었다. 카자흐스탄의 알마티에도 사무소를 두고 있다. 중국과 캐나다에도 연락사무소를 운영하는 등 해외 관련 비즈니스를 더욱 확장해 나가고 있다.

호치민 사무소의 경우 한국변호사와 베트남 변호사 외에 본사에서 파견된 일반 스탭들이 함께 팀을 이뤄 업무 효율을 높이고 있다. 약 20명의 임직원이 상주하는 상당한 규모다. 붕따우 지역의 항만조성사업, 대원 칸타빌이 호안 꺼우 지역에 짓고 있는 아파트 분양 등 수십건에 대해 자문을 제공하고 있다. 특히 항만 건설 등 SOC사업과 부동산 시행사업, 운송 관련 사업 등과 관련, 자문을 많이 제공하고 있다고 정평 관계자가 소개했다.

최환석 변호사가 상주하는 알마티 사무소에선 신한은행을 대리해 신한은행의 카자흐스탄 현지 은행 설립 업무를 뒷바라지했다. 신한은행은 2008년 1월 카자흐스탄 정부로부터 은행 설립인가를 얻었다. 성원건설과 성원산업개발의 주상복합아파트 건설 및 SOC 관련 회계와 PF 자문 업무 등도 수행했다.

알마티 사무소 역시 15명의 임직원이 상주하고 있다. 카자흐스탄은 물론 우즈베키스탄, 아제르바이잔, 키르키스스탄 등 중앙아시아 각국과 러시아 지역에 대한 법률서비스를 제공하고 있다. ▲자원개발 ▲부동산개발 ▲건설 ▲SOC ▲프로젝트 파이낸싱 ▲전략적 파트너의 선정 ▲사업 전략의 수립 ▲각종 펀드 자문 ▲법인 설립 및 사무소 개설 등의 업무를 지원하고 있다.

국내에서의 업무도 갈수록 영역이 확대되고 있다. 정평은 홈페이지에서 ▲기업법무 ▲금융 ▲부동산 ▲지적재산권 ▲소송 및 중재 ▲조세 등 6개 분야를 중심으로 다양한 법률서비스 내용을 소개하고 있다.

기업법무와 금융은 특히 정평이 중시하는 분야로, 우리은행, 신한은행, 국민은행, 기술신용보증기금 등에 자문을 제공하고 있다. 기술신보의 경우는 2007년 정평이 관련 소송을 가장 많이 수행했을 만큼 많은 일을 처리한다.

또 부동산 개발과 프로젝트 파이낸싱 분야에서도 두각을 나타내고 있다. 정평의 한 관계자는 "국내에서의 이런 경험이 해외 비즈니스에 적극 활용되고 있다"고 소개했다. 코스닥에 등록한 중소기업 등의 M&A에 많이 참여했으며, 거래소에 상장한 규모가 큰 기업이 관련된 M&A 일감이 늘어나고 있다고 한다.

2008년 8월 현재 정평의 변호사는 외국변호사를 합쳐 46명. 중견 로펌으로서의 위상을 갈수록 탄탄히 하고 있다. 특히 왕성하게 활동 중인 젊은 변호사들을 중심으로 팀이 짜여져 있어 매우 역동적인 서비스가 돋보인다는 평을 듣고 있다. 또 소속 변호사들의 다양하면서도 풍부한 경력과 사회경험도 정평의 큰 장점 중 하나로 꼽힌다. 법학뿐만 아니라 경제학, 경영학, 사회학, 국사학, 사학, 공학 등 다양한 전공 출신의 변호사들이 포진해 시너지를 높이고 있다.

이와함께 정평은 남다른 공익 추구의 성향으로 재야 법조계에서 주목을 받고 있다. 민변 부회장을 역임한 박연철 대표변호사 등 상당수의 정평 변호사들이 민변(민주사회를 위한 변호사모임) 회원으로 활동하고 있다. 또 서울대 총학생회장 시절 이름을 날린 이정우 변호사와 백태웅 미국변호사도 정평의 소속 변호사로 참여하고 있다.

정평의 변호사들은 인권이나 통일 등 남북한 관계, 국제평화 등과 관련된 문제에 많은 관심을 기울이고 있다. 변호사, 법률사무소로서의 공익 활동을 국제적인 영역으로까지 확대해 나가고 있는 것이다.

일본 교토 지역에 살고 있는 재일동포들인 이른바 '우토로 사람들'의 토지 문제 해결에 박연철 변호사 등이 적극 참여했다. 박 변호사는 "아프리카 수단에서의 집단학살 등 변호사로서 관여할 수 있는 국제문제 등에 관심을 갖고 적극 참여하자는 생각"이라며, "변호사는 의당 그래야 하는 것 아니냐"고 말한 적이 있다. 정평의 한 변호사는 또 "변호사 등 전 직원이 매달 월급에서 일정액을 떼 볼리비아 아동들을 지원하는 등 기금으로 활용하고 있다"고 소개했다.

국내 법정에서도 일종의 공익소송에 해당하는 사건들을 많이 처리해 오고 있다. 인권침해는 물론 노사관계, 언론피해, 환경분쟁, 교육환경, 대북협력관련사업 등과 관련된 분쟁 등이 정평의 변호사들이 공익이란 이름 아래 관심을 기울이고 있는 구체적인 사건 유형들이다.

서울대 법대의 고(故) 최종길 교수 유족들의 국가배상청구소송에서 법무법인 덕수와 함께 최 교수 유족들을 대리했으며, 유서대필 사건으로 유명한 강기훈씨를 맡아 변호했다.

1995년 5월 강동종합법률사무소로 설립돼 법무법인 정평으로 발전한 게 2000년 12월로, 정평의 '정'은 정의의 첫 글자에서 따왔다고 한다. '평'은 평화와 평등을 의미한다.

정평은 홈페이지에서 진실과 정의를 발견하고, 평화와 행복을 추구한다고 밝히고 있다. 또 사회와 국가의 발전에 기여하고, 의뢰인과의 신뢰를 끝까지 유지하는 성실한 변호사가 되겠다고 다짐하고 있다.

21. 법무법인 조율(調律)
www.harmonylaw.co.kr

서울 서초동의 일광빌딩에 자리잡고 있는 법무법인 조율(調律)은 외부에 있는 고문변호사를 합쳐 소속변호사가 20명이 채 안되는 중소 법무법인이다. 홈페이지에서도 "중소기업을 주 고객으로 하여 대형 로펌보다 신속하고 철저한 업무처리, 친절한 법률서비스를 제공하고 있다"고 겸손한 표현으로 법인을 소개하고 있다. 일반엔 법무법인 이지로 더 잘 알려져 있다. 2008년 7월 법무법인 조율로 이름을 바꿨다.

조율이 대형 로펌을 포함한 법률회사들 사이에서 최정상의 자리를 다투는 분야가 있다. 바로 부동산 관련 분야이다. 특히 전국적으로 행해지고 있는 재개발·재건축 사업의 현장에 가 보면 법무법인 조율의 이름이 자주 나온다.

2002년 3월 설립 이후 조율에서 고문 등을 맡아 대리한 서울 시내의 재개발·재건축 조합만 50여개. 추진위원회 구성부터 준공 후의 등기와 분양에 이르기까지 재개발·재건축 관련 분쟁에 관한 한 탁월한 노하우를 자랑한다.

아파트 500~600세대의 건립을 추진, 2005년 초 착공에 들어간 서울 신림 7지구 재개발사업에선 조율의 변호사들이 나서 새로운 판례를 이끌어 내기도 했다. 구청으로부터 관리처분계획인가가 나와 고시가 되었음에도 조합원들이 보상에 불만을 품고 집을 비우지 않자 조합 측을 대리한 조율이 곧바로 민사소송으로 토지명도소송을 제기해 건물철거를 요구하고 나섰다.

1심에서 조율의 주장대로 승소판결이 나 그대로 확정됐다. 조율의 한 관계자는 "토지수용의 방법이 아닌 일반 민사소송으로 해결했다는 데 의의를 두고 싶다"며, "관리처분계획인가 고시 후 유사한 분쟁이 생기면 절차가 복잡하고 시간이 많이 드는 토지수용 대신 이같은 방법에 의한 해결이 많이 시도될 것으로 예상된다"고 말했다.

이외에 서울 용산공원 남쪽의 도심재개발사업, 남가좌 8구역 재개발사업, 무악연립 재건축조합 등이 모두 조율이 고문을 맡아 사업의 추진을 도와준 조합들이다. 조율은 고문회사들 중에서도 재개발·재건축 조합의 비중이 단연 높다.

서울 신당 7지구 재개발조합을 대리해 세입자들을 상대로 명도소송을 진행 중에 있으며, 얼마 전부턴 서울 월계동의 인덕마을 재건축조합에 자문을 제공하고 있다.

또 ▲택지개발사업 등에 따른 토지수용 보상금 사건 ▲일조권·조망권 분쟁 ▲하자보수, 공사대금 청구, 설계용역비 청구 등 각종 건설 분쟁 ▲토지거래허가 등 토지매매 관련 분쟁에 이르기까지 부동산에 관련된 여러 유형의 분쟁에 조율의 변호사들이 해결사로 나서고 있다.

조율이 설립 당시부터 부동산 쪽으로 전문화의 방향을 잡은 데는 물론 대표변호사인 지철호 변호사의 역할이 컸다. 서울대 민법학 박사인 지 변호사는 땅 관련 소송이 많은 경기 의정부에서 10년간 부동산 관련 소송을 여러 건 맡아 수행한 이 분야의 베테랑 변호사다.

건국대 부동산대학원의 겸임교수로 활약했으며, 한국생산성본부와 단국대 사회교육원에서도 부동산 개발에 대해 강의했다. 또 조율을 설립하기 1년여 전 경매와 부동산개발을 전문으로 하는 회사에 들어가 현장에서 직접 실무를 익히기도 했다.

그는 "부동산 분야가 시장도 좋은데다 대형 로펌들도 사회간접자본(SOC) 관련 사건이나 프로젝트 파이낸싱 외엔 부동산에 크게 관심을 갖고 있지 않아 규모가 이들 보다 적더라도 해볼만 하다고 생각했다"고 조율이 부동산을 전문분야로 내건 이유를 설명했다. 또 "앞으로 대형 부동산 프로젝트에 대한 기획 등 예방에서 치료에 이르기까지 부동산 법무의 영역을 더욱 넓혀나갈 계획"이라고 조율의 발전방향을 제시했다.

서울 한남동의 단국대 부지 개발과 관련된 이른바 '단국대 프로젝트'에 깊이 관여했던 송영욱 변호사와 이규주 변호사 등이 지 변호사와 함께 부동산 관련 사건을 많이 처리한다. 검사 출신인 고광노 변호사는 형사 쪽을 지원한다.

조율은 2008년 7월 초 서울 삼성동에 또 하나의 사무소를 열었다. 서초동이 부동산 전문이라면, 삼성동에선 지적재산권 분쟁, 의료소송 등을 중점적으로 수행한다. 지 변호사와 함께 공동대표를 맡고 있는 전호성 변호사가 장재호, 이경권 변호사 등과 함께 상주하고 있다.

이경권 변호사는 의료전문으로, 그는 2008년 초 의사고시에도 합격했다. 변호사로 활동하다가 더욱 체계적으로 의학을 공부하기 위해 카톨릭 의대 본과에 편입한 주인공이다.

이 외에도 조율의 변호사들이 많이 수행하는 업무 분야로는 일반 민, 형사와 상사, 금융, 노동 등의 분야가 있다. 최근 공인회계사 출신 임태완 변호사가 합류해 인력이 더욱 보강됐다.

22. 법무법인 지평·지성
www.horizonlaw.com
www.jisunglaw.com

　법무법인 지평지성은 법무법인 지평과 지성이 합쳐 새로 출발하는 합병로펌이다. 2008년 5월 전격적으로 합병을 선언, 구체적인 합병절차를 진행 중에 있다.

　영문 이름은 Jisung Horizon. 지평과 지성의 설립순서를 따져 한글 이름엔 지평을 앞세웠으며, 영어 이름은 지성을 먼저 썼다.

　지성의 대표를 맡았던 이호원, 박동영 변호사와 지평을 대표한 조용환, 양영태 변호사 등 모두 4명의 변호사가 공동대표를 맡기로 했다. 일종의 집단지도체제가 구성되는 셈이다. 또 지평과 지성이 같은 수의 변호사로 경영위원회를 구성해 통합로펌의 주요 사항을 결정하기로 했다. 두 로펌이 대등한 관계로 1대 1 합병을 추구한 것이다.

　무엇보다도 합병에 따른 규모의 대폭적인 증가가 주목되고 있다. 통합로펌의 변호사 수는 합병 선언 당시 125명. 국내 변호사 104명, 외국변호사 21명이 포진하게 된다. 규모만을 기준으로 할 때, 김&장, 태평양, 광장, 세종, 화우, 율촌에 이어 국내 7위의 로펌으로 부상하게 된다. 지평과 지성의 관계자들은 "실력은 우수한데 규모가 크지 않아 사건을 맡기기가 곤란하다는 식의 말은 더이상 나오지 않을 것"이라며, 변호사 100명 이상으로 커진 데 대해 적지 않은 의미를 부여하고 있다.

특히 중형 로펌 두 곳이 합쳐 변호사 100명 이상의 대형 로펌으로 발돋움하는 것이어서 더욱 업계 안팎의 관심을 사고 있다. 같은 대형 로펌이라도 업무 스타일 등 여러 면에서 또 다른 차이가 예상되고 있다. 지평지성 관계자들도 "통합로펌은 단순한 대형로펌이 아닌 '명문 로펌'을 지향한다"며, "전문성과 수익성은 기본이고, 윤리성, 공익성, 민주성 등을 철저히 견지해 국가사회에 공헌하는 바람직한 '법률전문가 공동체'를 만들고자 한다"고 새 로펌이 추구하는 방향을 분명히 밝히고 있다.

지평과 지성은 오히려 대형 로펌으로부터의 합병 제의를 뿌리치고 발전 전략과 규모가 비슷한 중견 로펌을 찾아 합병을 일궈낸 것으로 유명하다. 지평의 경우 2007년 법무법인 세종으로부터 합병 제의를 받았으나, 변호사들의 총의에 붙여 이를 거절한 전력이 있다.

또 지성도 세종과 비슷한 규모의 대형 로펌과 또 다른 로펌으로부터 합병 제의를 받았으나, 지평과 마찬가지로 이를 거절했다. 지성은 두 로펌 외에도 중소 로펌들로부터 경쟁적으로 합병 제의를 받아 온 것으로 알려지고 있다. 지평도 세종 외에 여러 로펌으로부터 합병 제의를 받아 온 합병 시장의 인기 로펌이었다.

경쟁적으로 러브콜을 받아 온 지평과 지성은 도대체 어떤 로펌일까. 두 로펌의 합병이 주목을 끄는 이유도 두 로펌이 업계에서 차지하고 있는 경쟁력이 만만치 않기 때문임은 말할 것도 없다. 또 통합로펌 지평지성의 경쟁력도 결국 지평과 지성의 전문성과 성장과정에서 그 뿌리를 찾을 수 있을 것이다.

지평은 2000년 양영태, 김상준, 임성택, 이병래, 황승화 변호사 등 세종 출신의 변호사 10여명과 강금실 전 법무부장관이 함께 모여 설립한 신예 로펌이다. 설립 당시 서울 테헤란로를 중심으로 우후죽순 문을 열던 벤처기업에 대한 법률서비스를 특화하겠다며 벤처전문 로펌을 표방했다. 그러나 8년만에 변호사 60명이 넘는 규모로 급성장하며, 종합로펌으로 입지를 넓혀가고 있다. 강 전 장관은 2006년 서울시장 선거에 출마하며 지평을 떠났다.

무엇보다도 설립주체들로부터 이어지고 있는 탄탄한 맨파워가 지평의 자랑이다. 38회 사법시험에 수석합격한 황승화 변호사는 물론 사법시험 및 연수원 성적이 우수한 내로라하는 변호사들이 분야별로 포진하고 있다. 지평의 변호사들을 만나보면, "일에는 어느 로펌에도 뒤지지 않을 자신이 있다"고 공공연하게 말할 정도다. 이 말 속엔 실력은 자신있는데, 대형 로펌이 아니라는 이유 등으로 사건을 맡기기 주저하는 기업이 적지 않아 안타깝다는 아쉬움이 배어 있다.

지평의 변호사들은 M&A, 금융, 소송, 건설·부동산 분야 등을 주력 분야로 내세운다. 지난해 해외사무소를 열고 진출한 중국과 베트남, 그리고 이승민 러시아 변호사 등이 활약하고 있는 러시아와 중앙아시아 지역 등에 대한 해외 비즈니스 분야에서도 두각을 나타내고 있다.

지성도 성장과정이 지평과 비슷하다.

김&장 법률사무소에서 경력을 쌓은 강성 변호사와 금융 전문의 우승원 변호사가 중심이 돼 2003년 설립됐다. 지평보다 설립은 3년 늦었지만, 합병 선언 당시 변호사 수는 지평보다 3명이 더 많다. 더욱 가파른 성장곡선을 그려온 셈이다.

지성은 특히 강성 변호사의 수완에 힘입어 우수한 경력 변호사를 잇따라 영입하며, 성장의 발판을 구축한 것으로 유명하다. 때로는 변호사 개별적으로, 때로는 다른 로펌의 특정 팀이 한꺼번에 지성에 합류하며 업계를 깜짝깜짝 놀라게 했다.

금융 쪽의 최진숙, 황호동 변호사 등이 지성의 발전을 보고 합류해 시너지를 높인 대표적인 경우다. 또 재개발·재건축 사건을 많이 다루고 있는 최영동 변호사가 중심이 된 법무법인 여민은 2006년 8월 아예 흡수합병돼 지성의 한 가족이 됐다. 오세훈 서울시장도 강성 변호사의 삼고초려(三顧草廬)끝에 합류해 한동안 대표로 활약하다가 2006년 서울시장에 출마하며 지성을 떠났다.

지성의 세 확장은 송무 분야로도 이어졌다. 올들어 이호원 전 서울가정법원장과 박동영 전 서울중앙지법 부장판사, 홍성준 전 서울중앙지법 파산부 판사 등이 지성에 합류하며 송무팀이 대폭 강화됐다.

올 초 이호원 전 법원장이 사표를 내자 여러 로펌에서 그를 서로 영입하려고 치열한 경쟁을 벌였으나, 지성이 결국 이 전 원장의 결심을 받아내 화제가 되기도 했다.

지성은 노동, M&A, 금융, 소송 등의 분야가 특히 강하다는 평가를 받고 있다.

지평지성은 젊고 힘있는 두 중견 로펌의 합병인 만큼 합병에 따른 시너지도 간단치 않을 것으로 점쳐지고 있다. 두 로펌에 따르면, 합병에 따른 시너지는 우선 노동, M&A 등의 분야에서 가시화될 것으로 예상되고 있다. 지성이 이들 분야에 강점을 보유하고 있는데다 지평도 하이트의 진로 인수 등 대형 M&A 경험이 많기 때문이다. 하이트의 진로 인수는 인수금액이 3조 4000억원에 이르는 빅딜이었다. 통합로펌의 한 변호사는 "통합로펌이 노동 관련 이슈가 중요한 공기업 민영화나 대형 M&A에서 발군의 실력을 발휘할 수 있을 것으로 예상된다"고 전망했다.

또 합병을 통해 변호사만 30명 이상이 포진하게 될 금융 분야도 통합로펌이 시너지를 크게 기대하는 역점 분야. 부동산금융, ABS 등 구조화금융, 프로젝트 파이낸싱, 증권, 펀드 등과 관련된 분야에서의 활발한 비즈니스가 예상된다고 통합로펌 측은 밝히고 있다.

재미있는 것은 두 로펌의 합병이 자문 중심의 로펌이 송무 중심의 법률회사와 합쳐 서로 부족한 분야를 보완하는 식의 짝짓기와는 거리가 있다는 점이다. 지평과 지성의 관계자들은 "규모는 크지 않지만, 자문과 송무를 모두 갖춘 두 로펌이 합병을 통해 자문과 송무의 전문성을 강화하는 구도"라고 설명했다. 그대신 자문-송무 차원을 넘어 보다 세부적인 업무분야별로 더욱 섬세한 시너지를 기대하고 있다는 게 두 로펌 관계자들의 분석이다.

한 변호사는 이와관련, "송무-자문의 결합처럼 서로 경쟁력이 약한 분야를 찾아 합병에 이른 경우 약한 분야를 잘 이해하지 못하는데서 오는 오해와 위험이 있을 수 있다"며, "지평과 지성은 각각의 분야를 서로 잘 아는 만큼 분야별로 골고루 시너지가 구현될 것"이라는 전망을 내놓기도 했다.

지성 출신의 이호원 전 서울가정법원장과 박동영 전 서울중앙지법 부장판사, 홍성준 전 서울중앙지법 파산부 판사 등이 포진하고 있는 송무분야도 이번 합병으로 상당한 시너지가 예상되는 분야로 꼽힌다. 지평의 경우 송무를 잘한다는 평을 들어 왔으나, 재조 출신이 거의 없어 지성과의 합병으로 이 부분에 대한 보완이 이뤄질 수 있기 때문이다. 지성 쪽에서는 젊고 우수한 인재들이 포진한 지평의 송무팀 가세로 더욱 영역을 넓힐 수 있게 됐다는 얘기가 나오고 있다. 두 로펌은 통합을 계기로 연내에 가사팀과 형사팀을 별도로 구성한다는 계획도 세워놓고 있다.

통합로펌은 또 각자 추진해 온 해외사업을 총괄할 해외사업본부를 발족해 더욱 탄력있게 해외 비즈니스를 추진한다는 계획이다. 지평이 추구해 온 중국과 베트남, 아세안 국가, 러시아, 중앙아시아, 일본, 북한 사업과 지성의 필리핀 사업 등이 탄력을 받을 것으로 점쳐지고 있다.

지평지성은 이른바 3세대 로펌쯤으로 분류되고 있다. 김&장이나 법무법인 세종이 1세대 로펌이고, 세종과 김&장에 있던 변호사들이 독립해 설립한 지평, 지성이 2세대 로펌이라면, 지평과 지성이 합쳐 탄생할 법무법인 지평지성은 3세대 로펌이라는 설명이다. 지평지성의 관계자들은 이를 신세대 대형 로펌이라고 부르며, 새로운 방식의 법률서비스를 다짐하고 있다.

과연 새로운 패러다임에서 제공될 법률서비스는 어떤 것일까. 그 내용에 따라 통합로펌의 시너지 정도도 가늠해 볼 수 있을 것이다.

23. 법무법인 충정

www.hmpj.com

법무법인 충정은 1993년 설립됐다.

그 해 5월 황주명 변호사를 중심으로 목근수, 박상일, 최우영 변호사 등이 서울 충정로에 있는 피어리스 빌딩에서 문을 열어 발전을 거듭해 왔다. 충정로에서 시작해 충정이란 이름을 내걸었다고 한다. 영어식 이름 HMP는 순서대로 황주명, 목근수, 박상일 변호사의 성을 따 지었다.

그러나 이후 15년의 역사만으로 충정의 경쟁력을 얘기하려 든다면 정확한 평가가 아닐 수 있다. 황주명 변호사 등 충정의 파트너들은 이미 80년대 초부터 로펌에서 활약해 온 쟁쟁한 경력의 소유자들이기 때문이다. 충정의 설립 과정도 다른 로펌들과는 구별되는 색다른 측면이 없지 않다.

2년간의 대법원 재판연구관 근무를 포함해 10년 넘게 판사로 활약해 온 황 변호사가 로펌과 첫 인연을 맺은 것은 1980년 4월. 당시 임동진 변호사와 함께 서울역 앞 대우빌딩에서 남산합동법률사무소 설립을 주도했다. 이때 남산합동은 황, 임 두 변호사의 성을 따 '황&림'으로 불렸다.

황 변호사는 그러나 1년 후인 81년 4월 김흥한 변호사가 설립한 국내 1호 로펌인 김·장·리 법률사무소로 옮겨 93년 충정을 설립할 때까지 10년 넘게 김·장·리에서 활약했다. 황 변호사는 특히 충정을 설립해 독립하기 전 2년간은 김·장·리의 경영 담당 파트너(managing partner)를 맡아 살림살이까지 챙겼을 만큼 김·장·리에서 상당한 역할을 담당했다. 이 기간 중 김·장·리는 김흥한, 황주명 두 변호사의 성을 따 '김&황'으로 불리기도 했다.

또 사법연수원 13기의 목근수, 박상일 변호사는 83년 7월 김·장·리에서 변호사 생활을 시작, 충정을 설립할 때까지 10년간 기업변호사로 이름을 날린 베테랑들이다. 82년 제24회 사법시험에 최연소 합격한 최우영 변호사는 89년부터 김·장·리에서 활동했다.

황주명, 목근수, 박상일, 최우영 변호사 등 모두 11명의 변호사가 93년 5월 김·장·리에서 함께 나와 법무법인 충정을 설립했다. 김·장·리에서 활약하던 11명의 변호사가 충정으로 말을 갈아탄 셈으로, 김·장·리 시절부터 이어지고 있는 이런 전문성과 노하우가 이후 충정의 발전에 큰 힘이 됐다.

고객들도 적잖이 황 변호사 등을 따라 충정으로 옮겨 왔다고 한다. 충정의 한 관계자는 이와 관련, "김·장·리 시절부터 자문해 온 상당수의 국내외 고객이 황 변호사 등을 따라 충정으로 옮겨왔다"며, "지금도 충정의 자문을 받고 있는 존슨앤존슨, 다우케미컬, 에소/엑슨 등이 대표적인 경우"라고 출발 당시를 회고한 적이 있다.

15년이 지난 2008년 8월 현재 충정의 변호사는 외국변호사 9명을 포함해 모두 71명. 국내 10위권의 중견 로펌으로 탄탄한 기반을 이어가고 있다. 사무실도 남대문이 바라 보이는 태평로의 신한은행빌딩으로 옮겼다. 목 변호사 등이 83년 변호사 생활을 시작할 당시 김·장·리가 있던 곳이 남대문을 사이에 두고, 신한은행빌딩과 마주하고 있는 건너편의 도큐빌딩으로, 다시 남대문 근처로 옮겨온 셈이다.

충정 사람들은 특히 충정의 성장과 관련, 합병 등을 거치지 않고 순수하게 업무수요 증가에 따라 변호사를 늘려 온 결과라는 점을 강조한다.

지난 5월 공동대표가 된 목근수 변호사는 "숫자에 연연하지 않고 착실히 내실을 다져왔다"며, "71명의 변호사 한 사람 한 사람이 모두 정예 멤버들"이라고 소개했다.

실제로 충정은 80년대 초까지 거슬러 올라가는 오래된 경험을 바탕으로 기업자문 분야에서 높은 경쟁력을 발휘하고 있다.

목근수 변호사는 의료, 제약 분야를 20년 넘게 담당하고 있는 이 분야의 전문가로, MSD, AstraZeneca, J&J Medical, Janssen 등 다국적 제약회사의 국내 자회사 설립 등을 주도해 왔다. 또 Saint-Gobain, Cirsa, Emerson, Japanese Tobacco 등 외국법인의 국내 투자, 자회사 또는 합작회사의 설립, 운영 등과 관련해 자문을 제공하고, 서울 힐튼호텔 매각, SK-Enron의 도시가스 회사 인수, 나우콤의 매각절차를 수행하는 등 회사법 파트에서 후배들을 이끌고 있다.

목근수 변호사와 연수원 동기로, 목 변호사와 26년째 한솥밥을 먹고 있는 박상일 변호사는 또 기업 인수·합병(M&A)과 통신 분야 등에서 두각을 나타내고 있다.

98년 5월 삼성중공업이 지게차 생산 등 건설중장비 사업부문을 볼보에 파는 거래를 깔끔히 처리했다. 이 거래는 IMF 때의 모범적인 구조조정 사례로 평가받고 있다. 박 변호사가 이끄는 충정의 M&A팀이 삼성중공업을 맡았다. 볼보는 김&장 법률사무소가 대리했다. 박 변호사는 또 증권·금융팀을 이끌며, 주동평 변호사 등과 함께 프로젝트 파이낸싱(PF) 분야에서도 맹활약하고 있다.

충정은 특히 외국기업들로부터 높은 신뢰를 받고 있다고 한다. 충정에 따르면, 충정의 자문을 받고 있는 1500개가 넘는 고객사의 절반 이상이 외국고객일 만큼 외국기업의 비중이 높다. 박 변호사는 이와 관련, "존슨앤존슨의 경우 황주명 변호사를 시작으로, 약 30년간 충정의 자문을 받아 온 셈"이라며, "이렇게 많은 외국고객들과 오랫동안 신뢰관계를 유지하여 왔다는 것은 그만큼 충정 변호사들의 능력이 뛰어나다는 반증 아니냐"고 강조했다.

충정이 전세계의 190개가 넘는 로펌이 회원으로 가입해 있는 법률회사협회인 'Lex Mundi'의 한국 측 파트너로 활동하고 있는 점도 국제거래 분야에서의 강점으로 얘기된다. 충정은 Lex Mundi에 89년 가입했다. 회원 로펌들 사이의 긴밀한 업무제휴를 통해 적잖은 도움을 받고 있다고 충정의 한 관계자가 말했다. Lex Mundi는 나라별로 하나의 로펌, 미국의 경우 주별로 한 로펌만 회원이 될 수 있으며, 미국의 Morrison & Foerster, 호주의 Clayton Utz 등이 Lex Mundi의 대표적인 회원 로펌 중 한 곳이다.

충정은 내부적으로도 국내 보다는 외국 기업을 겨냥한 마케팅 활동을 체계적으로 벌이고 있는 곳으로 잘 알려져 있다. 벌써 오래전부터 외국계 홍보대행사를 통해 외국 기업 등을 겨냥한 활발한 마케팅 활동을 펼치고 있다. 또 3년 전부터 매달 한 차례씩 국내에 상주하는 외국계 회사 관계자들을 초청해 정기적인 친교모임을 이어가고 있다. 외국 기업 관계자들이 100명 가까이 참석할 만큼 인기가 높아 다른 로펌들에서 부러워할 정도라고 한다.

기업법무에서의 높은 경쟁력을 자랑하는 충정은 송무와 중재, 지적재산권, 에너지 분야 등으로 전문 영역을 넓혀가고 있다.

최우영 변호사 등이 오래전부터 활약하고 있는 송무의 경우 얼마 전부터 판, 검사 출신들이 가세하며 더욱 전문성을 쌓아가고 있다. 하광호, 송정훈, 조용연 전 서울중앙지법 부장판사, 한창호 전 서울고법 판사 등이 포진하고 있다. 정보통신위원회 위원장으로 활약했던 신명균 전 사법연수원장도 얼마 전 다시 복귀해 후배들을 돕고 있다.

또 2004년 1월 합류해 공동대표를 맡고 있는 김진환 전 서울중앙지검장이 이끄는 검찰 형사팀도 갈수록 층이 두터워지고 있다. 검사 출신의 손창열, 김동만, 이범상, 백영기 변호사 등이 팀을 구성하고 있다.

충정의 송무팀은 외환카드 인수 때 감자설을 퍼뜨린 것은 허위가 아니라는 이유로 2008년 6월 이 부분에 대해 항소심에서 무죄가 선고된 유회원 론스타코리아 대표를 맡아 변호하고, 2002년 4월 김해에서 발생한 중국 국제항공공사(CA) 여객기 추락사고의 피해자들을 대리해 소송을 수행했다. 또 최근엔 2007년 12월 충남 태안 앞바다에서 일어난 유조선의 기름 유출 사고와 관련, 5700명의 피해 어민들을 대리해 보상절차를 진행하고 있다. 충정 관계자는 "일종의 공익소송 차원에서 어민들을 돕고 있다"고 설명했다.

2007년 2월 동료변호사 3명과 함께 합류한 손도일 변호사 팀에선 태양광과 재생연료 등 환경친화적 에너지 개발 등 자원개발 분야의 시장을 열심히 개척하고 있다. 목근수 변호사는 "의료, 제약, 식품 등에서 수십 년간 전문성을 쌓아 온 충정의 노하우와 시너지가 기대되고 있다"며, "시기적으로도 많은 기대가 되는 분야"라고 말했다.

또 하나 충정의 발전과 관련해 주목할 대목은 창립자에 해당하는 황주명 변호사의 선 굵은 리더십이다. 충정의 변호사들에 따르면, 황 변호사는 일종의 밀어붙이는 스타일의 지휘자로, 그의 폭넓은 인간관계와 특유의 추진력이 충정이 지금과 같은 위상으로 발전하는 데 적지 않은 도움이 됐다. 창립변호사인 그는 후배들로부터 존경을 받고 있다.

황 변호사는 또 법원을 떠나 남산합동에서 변호사 일을 시작하기까지 약 3년간 SK정유의 전신인 유공과 대우에서 사내변호사로 활약한 보기드문 경력의 소유자로 유명하다. 그의 기업체 근무 경험은 충정이 기업자문 분야에서 전문성을 쌓는 데 많은 도움이 됐다.

황 변호사는 77년 대법원 재판연구관으로 있을 때 대학동창인 대한석유공사의 인사부장이 사내변호사로 일할 사람을 한 명 소개해 달라고 하자 '차라리 내가 하자'고 마음먹고 법관 생활을 그만두었다고 회고한 적이 있다. 그는 유공에서 10개월간 상임고문으로 활동한데 이어 경기고 2년 선배인 김우중 전 대우그룹 회장의 요청으로 대우로 자리를 옮겨 2년간 상무이사로 재직했다.

대우에선 법과 관련된 업무 보다도 인사와 기획 등 일반 회사 업무를 많이 챙겼다. 김우중 회장과 함께 외국을 다니며 협상 등에도 자주 참여했다. 이 때의 별명이 '야당 당수'. 김 회장이 잘못하는 것을 곧이곧대로 지적해 김회장으로부터 "하지 말란 얘기만 한다"는 조크를 듣기도 했다고 한다.

또 하나 대우에 있을 때 얘기로, 황 변호사는 경기고 2년 후배인 김&장의 김영무 변호사로부터 함께 일하자는 제의를 받기도 했다. 그러나 이미 대우에 몸담고 있어 안된다고 하고 그 대신 서울대 법대 동기로 대법원 재판연구관으로 있던 이재후 변호사를 소개해 이 변호사가 김&장의 대표변호사로 합류하는 데 다리를 놓았다.

충정은 황 변호사의 이런 경력에 힘입어 대우자동차 정리절차와 대우계열이었던 서울 힐튼호텔의 매각 관련 일을 맡는 등 대우 관련 일을 많이 했다.

  15년간 충정을 이끌어 온 황 변호사는 지난 5월 목근수, 박상일 변호사에게 업무를 이양하고 한 걸음 뒤로 물러나 앉았다. 황 변호사도 공동대표로 이름을 올리고 있으나, 김진환 전 검사장과 목근수, 박상일 변호사가 공동대표가 돼 대부분의 일선 업무를 챙기고 있다. 지휘부가 더욱 젊어진 셈인데, 업계에선 충정의 젊은 리더십이 또 어떤 발전을 몰고올까 비상한 관심을 보이고 있다.

24. 법무법인 KCL

www.kcllaw.com

　1991년 문을 열어 16년째 발전을 거듭하고 있는 법무법인 KCL도 이른바 2세대 로펌에 해당한다. 기존 로펌에서 경험을 쌓은 중견변호사들이 새로운 형태의 법률서비스를 지향하고 나선 차세대 로펌 말이다. 하지만 지금은 이런 설명이 더 이상 의미없을 만큼 영역이 확대되고, 규모가 커졌다.

　사실 2세대 로펌으로 따지면 KCL이 법무법인 율촌보다도 1년 이상 출발이 빠르다. 율촌이 출범한 것은 92년 9월, KCL은 91년이다. 또 90년대 초 기존의 로펌을 나와 새 길을 모색하던 쟁쟁한 중견변호사들 중 상당수가 KCL과 인연이 있다고 할 만큼 KCL의 등장은 국내 로펌업계 역사에서 의미가 작지 않다.

　지금은 법무법인 두우의 대표로 있는 김&장 출신의 조문현 변호사, 박태준 전 총리의 사위로 삼정KPMG그룹의 CEO가 된 윤영각 미국변호사, 미국의 유명 로펌인 베이커 & 매켄지 뉴욕사무소에서 근무하기도 한 고승덕 변호사 등이 한때 잠시나마 KCL의 전신인 삼정에 몸담았던 적이 있다. 고 변호사는 18대 총선에 출마해 금배지를 달았다.

　그 대신 KCL의 발전은 기업자문 분야의 전문가인 최원현, 임희택 변호사와 특허 전문인 김영철 변호사 등의 몫이 됐다. 최 변호사는 법무법인 우방의 전신인 세방종합법률사무소 출신이며, 김 변호사와 임 변호사는 김&장 등에서 수년간 활약한 경력이 있다. 설립 초기부터 함께 참여한 사람 중엔 최 변호사와 함께 세방에 있다가 합류한 신영준 미국변호사도 있다. 그는 하버드대 로스쿨 J.D. 출신으로, 세방으로 오기 전 미국의 유명 로펌인 베이커 & 매켄지에서 근무했다.

KCL은 출범 초기의 잦은 변화를 거쳐 91년 6월 법무법인을 구성했다. 곧이어 신입 변호사를 영입하고, 재조 출신 등 중견 변호사들이 잇따라 합류하며 발전의 기틀을 갖춰 나갔다. 17년이 지난 2008년 8월 현재 국내외 변호사만 70여명. 중견 로펌으로 발전을 이어가고 있다.

그러나 전문성을 강조하는 중견 로펌들이 대개 그렇듯이 KCL의 경쟁력은 이런 외형을 훨씬 능가한다고 보는 사람들이 많다. 무엇보다도 기업자문 전문으로 출범한 로펌답게 이 분야의 높은 경쟁력을 자랑한다. KCL의 업무분야를 기업자문, 특허, 송무로 나눌때 기업자문 쪽의 일이 가장 많다고 한다. 또 김영철 변호사가 이끄는 특허팀도 침해소송 등의 분야에서 탁월한 전문성으로 정평이 나 있다.

KCL의 창립멤버라고 할 수 있는 최원현, 임희택 변호사와 96년 합류해 특허 쪽을 이끌고 있는 김영철 변호사에 대해선 좀더 설명이 필요할 것 같다. 이들은 KCL의 중요 의사결정을 책임지는 핵심 파트너 변호사들로, 이런 내력은 영문 명칭으로 더욱 유명해 진 KCL의 상호에도 그대로 나타나 있다.

'KCL'은 주요 파트너 변호사의 성에서 영문 이니셜을 따다가 조합한 이름이다. 김세권 대표변호사와 김영철, 최원현, 임희택 변호사 등을 가리킨다. KIM, CHOI, LIM에서 각각 첫 글자를 따 법률회사의 이름을 지었다고 한다. 홈페이지 도메인도 www.kcllaw.com이며, 국내외 고객을 가리지 않고 KCL이란 단일 브랜드를 쓰고 있다.

로펌 이름에 이니셜이 들어간 이들 변호사들 외에 주요 파트너 변호사를 한두 명 더 꼽으라면 서울동부지법 부장판사 출신으로 송무팀장을 맡고 있는 김용직 변호사와 이형하 전 서울고법 부장판사, 김희태 전 성남지원장 등을 들 수 있다. 이들 모두 최원현, 김영철 변호사와 함께 경기고 · 서울법대 동기들로, 5명의 동기생이 KCL에서 한솥밥을 먹고 있는 셈이다.

다시 상호에 성이 들어 있는 네임 파트너들의 면면을 보자. 서울고검장과 대검차장을 역임한 김세권 변호사는 93년 1월 KCL에 합류했다. 최원현 변호사의 장인으로, 박용성 두산그룹 회장의 매형이기도 하다. 그동안 KCL이 두산그룹 일을 많이 처리한 데는 김 변호사의 이런 배경도 무관하지 않다. 김 변호사는 유지담 전 대법관과 함께 공동대표변호사로 KCL을 이끌고 있다.

이어 최원현, 김영철, 임희택 변호사는 KCL의 실무를 총괄하는 분야별 팀장으로, 순서대로 ▲M&A 등 일반 회사법 ▲특허 ▲증권 · 금융 및 조세 분야를 지휘한다.

최원현 변호사는 사시 20회(사법연수원 10기) 출신으로, 법조 경력만 23년이 넘는 베테랑이다. 특히 판사 임관 1년 만인 1984년 법복을 벗고 미국 유학길에 올라 뉴욕대(NYU) 로스쿨 법학석사(M.C.J.)를 거쳐 콜럼비아대 로스쿨에서 J.D.를 딴 보기드문 경력의 소유자다. 뉴욕주 변호사이기도 한 그는 곧바로 귀국하지 않고 베이커 & 매켄지 뉴욕사무소에서 2년간 미국변호사로 활약했다. 프로스펙스로 널리 알려진 국제상사의 신발상표 등록도 그가 B&M 뉴욕사무소에 있을 때 취급한 일이다.

90년 귀국해 세방종합에서 근무하다가 KCL에 주도적으로 참여했다. M&A, 공정거래, 해외자원개발, 선물거래 분야 등이 그의 텃밭으로, 재계의 모범이 됐다는 두산그룹의 구조조정작업을 말끔히 뒷바라지했다. 또 금호그룹의 타이어사업 부문 매각, 동양그룹의 동양카드 매각, 현대그룹의 현대석유화학 PVC 공장 매각, SK텔레콤의 팍스넷 인수, 2005년 7월 계약이 체결된 팬택&큐리텔의 SK텔레텍 인수 등이 모두 그의 손을 거쳐 마무리된 주요 M&A 사례로 꼽힌다.

김영철 변호사는 96년 KCL에 합류했다. 사시 22회(연수원 12기)에 합격해 82년부터 김&장 법률사무소에서 활약한 그는 90년 김&장을 나와 황종환 변리사와 함께 김·황 법률특허사무소를 차리고 독립했다. 1년 후인 91년 '김·황'을 삼정법률특허사무소로 이름을 바꿨다. 이때부터 당시 이름이 법무법인 삼정이었던 KCL과 업무제휴 관계에 있었다고 한다. KCL이란 영문 명칭이 등장한 것은 김 변호사가 합류하고 한참 지난 2000년 1월 1일부터다.

경기고와 서울대 법대를 나온 김 변호사는 변호사로 있으면서 서울공대 전자공학과에 편입해 수학한 것으로도 유명하다. 물론 자신의 전문 분야인 특허 쪽의 전문성을 더욱 보완하기 위한 노력의 일환으로, 김&장에 있을 때 외국으로 연수를 떠나는 대신 서울대 전자공학과에서 공학 관련 지식을 익힌 것이다.

KCL의 특허팀은 2008년 현재 김 변호사의 지휘 아래 여러 명의 전담 변호사와 20명의 변리사, 50여명의 전문 스태프 등으로 팀을 이룬 가운데 막강한 실력을 발휘하고 있다. 서울대 공대 출신의 김범희, 김보성 변호사 등 이공계 출신 변호사들이 많다. 또 서울대 화학과를 나온 김순영 변리사 등이 맹활약하고 있다.

2006년 9월 2심에 해당하는 서울고법에서 1심 판결을 뒤짚고 LG생활건강의 손을 들어준 유한킴벌리와의 이른바 기저귀 특허 침해소송이 대표적인 승소사례로 꼽힌다. KCL이 LG측을 맡아 2심에 관여했다. 이 소송은 2008년 2월 대법원에서 2심대로 확정됐다.

또 삼성전자에 있을 때 휴대폰 '애니콜(Anycall)'을 개발한 이성규 팬택&큐리텔 사장의 팬택행(行)을 둘러싸고 삼성전자와 팬택이 맞붙은 분쟁도 KCL의 특허팀이 팬택을 맡아 성공적으로 방어했다. 오랫동안 삼성에서 활약하던 이 사장이 팬택으로 옮기자 삼성 측이 '전직금지 및 영업비밀침해금지' 가처분

신청을 내며 문제를 제기한 사건이다. 서울고법이 2002년 12월 "경제적 약자인 근로자의 직업선택의 자유를 현저히 침해하는 전직금지는 극히 제한적으로 허용돼야 한다"며 팬택의 손을 들어줬다.

이외에 KCL 특허팀이 황우석 박사의 줄기세포 관련 특허를 국내외에 출원한 사실도 이 쪽 업계에선 알만한 사람은 다 안다.

특허 침해와 관련된 분쟁해결에서 한 걸음 더 나아가 얼마 전부턴 특허리스크 분석이란 새로운 영역을 개척하고 있다. 새 사업을 시작하려는 기업들을 대신해 사업과 관련한 국내외 특허 상황 등을 조사해 특허침해 가능성 등 리스크를 분석하는 첨단 서비스로, 자문 요청이 갈수록 늘고 있다고 한다.

증권·금융 분야를 이끌고 있는 임희택 변호사는 서울대 경제학과를 나온 경제학도 출신이다. 행정고시에 이어 82년 사시 24회(연수원 14기)에 합격했다. 조세분야에도 밝다. 법무법인 세종을 거쳐 89년부터 김&장에서 활약하다가 91년 KCL의 창립멤버로 참여한 그는 베네통 코리아 일을 보아주다가 아예 '레노마(renoma)' 등의 스포츠 의류를 생산하는 F&F의 사장을 역임하기도 했다.

국민은행, 하나은행, 동양종합금융증권, GE Capital 등이 KCL이 지속적으로 자문을 제공하는 금융기관들로 소개된다. 두산건설, 코오롱건설, 동부건설, 금호산업, 한국고속철도공단, 동부전자, 현대증권 등을 맡아 ABS, Primary CBO, 신디케이트 론 등 첨단 금융기법을 주선했다고 KCL 측은 밝히고 있다.

중소기업청이 주관하는 국내 60여 중소기업의 해외 BW 발행을 주도하고, 120여 중소기업이 발행한 3억 8000만 달러 상당의 해외 BW를 기초자산으로 한 해외 ABS 프로젝트에 법률자문사로 참여해 거래를 성공시켰다.

사시 22회의 김용직 변호사가 팀장으로 있는 송무팀도 2006년 초 유지담 전 대법관과 고영주 전 서울남부지검장이 합류하는 등 갈수록 맨파워가 두터워지고 있다. 사시 20회의 이형하 전 서울고법 부장판사는 2005년 2월 한 식구가 됐다.

송무팀의 운영과 관련해 주목할 대목은 강남·서초·성남·부천 분사무소 등 모두 4곳으로 나뉘어 있는 KCL의 분사무소 체제이다. 서울지검장, 대전고검장 등을 역임한 이건개 변호사, 고영주 전 검사장, 신건수, 노동표 변호사 등이 포진한 강남분사무소는 특히 송무 중에서도 형사 분야에 특화하고 있다. 4곳의 분사무소를 운영하기는 로펌 중에서도 KCL이 유일한 것으로 알려지고 있다. 시너지가 적지 않다고 KCL 측은 소개했다.

기업자문에서 출발해 특허, 송무, 형사 쪽으로 영역을 넓혀가고 있는 KCL은 로펌의 운영에 있어서도 전통적인 방식을 고수하고 있다. 대표적인 게 파트너 제도로, 다른 로펌에 비해 파트너가 되는 데 2년 정도 시간이 더 걸린다고 한다.

그만큼 심사가 까다롭다. KCL은 신입변호사 선발도 깐깐한 것으로 이름이 나 있다. 규모가 적은 일종의 부티크로 출발한 만큼 일당백(一當百)의 소수정예주의를 지향해 온 인사철학과 관련이 있지 않나 싶다. 실제로 KCL은 파트너 변호사의 수도 다른 로펌에 비해 상대적으로 많이 적은 편이다.

또 하나 로펌마다 유행처럼 번지고 있는 비변호사 고문 제도도 매우 보수적으로 운영하는 곳이 KCL이다. 2006년 11월 합류한 강대형 전 공정위 부위원장 외엔 고문을 둔 적이 없다.

그대신 고객에 제공하는 법률서비스는 철저한 프로정신으로 임해 왔다고 KCL관계자들은 강조했다. 신속하면서도 정확한 솔루션 제공을 업무방침으로 내걸고, 단발적으로 일을 처리하기 보다는 고객 기업과 보다 끈끈한 관계를 유지해 왔다고 한다. 그 결과 10여년 이상 장기적으로 법률자문을 의뢰하는 이른바 단골기업들이 적지 않다고 KCL 측은 설명했다.

종합화학회사인 동양제철화학의 경우 15년째 KCL의 자문을 받고 있으며, 팬택도 창업 때부터 일을 시작해 줄곧 뒤를 봐주고 있는 KCL의 오래된 고객사에 속한다.

로펌 업계에선 KCL의 이런 경쟁력을 탐내 서로 합치자는 제의가 없지 않은 것으로 전해지고 있다. KCL 보다 규모가 작은 모 로펌과 거의 성사 직전에 이르렀다가 이름 등의 문제로 무산됐다는 얘기도 있고, 또 다른 대형 로펌과 합병을 추진하다가 보류됐다는 소문도 있다. 그만큼 KCL이 시장에서 차지하는 위상이 만만치 않다는 반증이다.

25. 법무법인 태평양
www.baekimlee.com

　법무법인 태평양도 국내 로펌업계를 대표하는 메이저 로펌중 한 곳이다. 기업체들이 맞붙은 많은 대형 사건의 한쪽 당사자를 대리하며, 김&장 등 다른 로펌들과 함께 줄곧 선두권을 형성하고 있다.

　태평양의 설립자인 김인섭 변호사가 당시 법원 청사가 위치해 있던 서울 서소문의 배재빌딩에 법률사무소를 낸 때는 1980년 12월. 그때 김 변호사가 법관을 그만두고 변호사 사무실을 낸 이유는 한창 세를 확장해 가던 5공 군사정권의 태동과도 무관하지 않았던 것으로 알려지고 있다.

　서울민사지법 부장판사를 끝으로 법복을 벗은 그는 순수한 국내파로, 고시 사법과 14회에 합격해 17년간 일선 법원의 판사로 근무했다. 외국에 유학한 경험은 없다. 지금은 태평양의 주요 구성원 변호사로 활약중인 이재식, 황의인 변호사도 이 때 함께 참여했다.

　김 변호사의 활약에 힘입어 법률사무소는 성장을 거듭했다고 한다. 그러나 김 변호사는 송무 중심의 전통적인 변호사 사무실에 머무르지 않았다. 기업법무를 지향하며 로펌 형태의 법률사무소로 발전 방향을 잡았다. 태평양이 지금도 강조하고 있는 이른바 '한국형 로펌'을 일궈 보겠다고 나섰다.

변호사로 개업한 지 꼭 6년만인 86년 12월. 배명인 전 법무부 장관과 서울지검 검사 출신으로 미 노틀담대 로스쿨에서 J.D.를 마친 이정훈 변호사 등이 합류하며 태평양합동법률사무소란 간판을 내걸었다. 외국 고객들에게 '배, 김&리(Bae, Kim& Lee)'로 더 잘 알려진 태평양이 출범한 것이다.

이때 이정훈 변호사와 함께 태평양의 기업자문 분야를 대표하는 오용석, 이근병 변호사도 합류하는 등 규모도 적지 않았다고 한다. 이정훈 변호사는 현재 태평양의 대표변호사로 활약하고 있다. 오용석 변호사는 몇 년 전부터 매니징 파트너가 돼 크고 작은 업무를 총괄하고 있다.

이후 법무법인으로 조직을 일신하며 발전을 거듭해 온 태평양은 특히 김인섭 변호사가 주창한 '한국형 로펌의 추구'라는 독특한 캐치프레이즈와 함께 이해할 필요가 있다. 이와관련, 태평양은 홈페이지에서 "고도로 전문화되고 국제화된 서구의 로펌 문화와 전통적인 우리의 법조 문화 모두를 포용할 수 있는 '한국적 로펌'이 되고자 한다"며, "최고의 실력을 구비한 전문인 집단인 동시에 건전한 윤리의식과 가치관을 갖춘 가치집단으로서의 로펌이 되고자 한다"고 밝히고 있다.

요컨대 윤리의식과 법률가로서의 가치관을 강조하는 것으로 이해된다. 태평양의 변호사들 중엔 "태평양이 그동안 떠나는 변호사가 거의 없을 정도로 좋은 결속을 유지할 수 있었던 데는 이런 정체성에 터잡아 온 것과도 무관하지 않다"고 말하는 사람들이 적지 않다.

이외에도 태평양의 25년 역사에선 눈길이 가는 여러 성장동력을 발견할 수 있다. 첫째는 창업 과정에서의 다른 로펌들과의 차이점이다.

원래 로펌 형태의 법률사무소는 미국 유학을 통해 미국법과 미국 법률사무소의 서비스 형태를 접한 이른바 국제변호사들에 의해 국내에 소개됐다고 할 수 있다. 이에 비해 태평양을 세운 김인섭 변호사는 오히려 철저한 '국내변호사 출신'이라고 할 수 있다. 서울민사지법 부장판사를 끝으로 변호사 사무실을 열어 기업 자문 분야의 전문변호사를 영입하며, 로펌식 법률사무소로 발전 방향을 잡은 것이다.

태평양의 변호사들은 그러나 이런 배경이 아이러니컬하게도 태평양이 이후 급속도로 발전하는 데 원동력이 됐다고 입을 모은다. 태평양의 한 변호사는 "1986년 태평양이 출범하기까지 김 변호사가 이미 6년간 송무변호사로 대단한 명성을 얻고 있었다"며, "김 변호사의 이런 활약이 태평양이 빠른 시일내에 기업법무를 포괄적으로 처리하는 종합로펌으로 자리를 잡는 데 상당한 도움이 됐다"고 설명했다.

창립 단계에서의 이런 특징은 이후의 발전과정으로 이어졌다. 기업 자문 사건으로 시작해 송무 쪽으로 영역을 넓혀 온 이전의 다른 로펌들과는 달리 송무를 중심으로 기업 자문 쪽으로 발전하며 로펌의 형태를 갖춰가는 정반대의 과정을 밟아온 것이다. 이후 법조타운이 형성된 서울 서초동을 중심으로 송무 위주의 법무법인이 설립돼 기업 자문 쪽으로 영역을 넓혀가며 발전하는 법률사무소가 많은데, 따지고 보면 태평양이 그 원조쯤에 해당된다고 할 수 있는 셈이다.

태평양의 이런 전통은 송무 분야의 경쟁력으로 자리잡았다. 지금도 이 분야에 관한한 다른 어느 로펌에도 뒤지지 않는다는 평가를 받고 있다.

한때 태평양의 준비서면을 받아 본 서울중앙지법의 판사들 사이에서 사법연수원의 교재로 써야 한다는 말이 나왔을 정도로 태평양은 송무 분야에서 정평이 나 있다.

송진훈 전 대법관을 위시해 법원과 검찰에서 이름을 날리던 쟁쟁한 재조 출신이 많은 것도 태평양 송무팀의 특징 중 하나. 로펌 업계의 한 분석에 따르면, 전직 고법부장 이상 변호사를 기준으로 하면 태평양이 가장 많다고 한다. 전직 지법부장 이상 변호사는 김&장이 가장 많다고 한다.

송무와 함께 기업분쟁 해결분야(dispute resolution)로 종종 함께 소개되는 국제중재 분야도 탁월한 경쟁력을 자랑한다. 태평양의 국제중재팀을 이끌고 있는 김갑유 변호사는 국제상업회의소(ICC) 국제중재법원(ICA)과 런던국제중재법원(LCIA)의 상임위원으로 활약하고 있다.

또 송무의 연장이라고 할 수 있는 형사팀을 가장 먼저 운영한 곳도 태평양으로 알려지고 있다. 지금은 많은 로펌에서 검찰 출신 변호사 등을 중심으로 형사팀을 운영하고 있다.

태평양에선 창립 멤버중 한 사람인 배명인 전 법무장관과 이명재 전 검찰총장, 김영철 전 법무연수원장, 대검 중수부장을 역임한 강원일 전 검사장, 박종렬 전 검사장, 안영욱 전 법무연수원장 등이 후배들을 지휘하고 있다. 2005년 말 막을 내린 대검찰청의 공적자금비리수사에서 관련 사건을 많이 맡아 변호했다.

오양호 변호사가 이끄는 정보통신 분야와 서동우 변호사가 좌장인 기업 M&A 분야도 태평양이 자랑하는 주력 업무분야로 꼽힌다. 한국전자통신연구원(ETRI)이 1998~2001년 부호분할다중접속(CDMA)방식의 원천기술 보유 업체인 미 퀄컴사를 상대로 진행한 로열티 지급 관련 국제 중재사건에선 ETRI를 대리해 퀄컴사로부터 2억 달러를 받아냈다. 소버린자산운용과 SK측과의 경영권 분쟁에선 SK 측을 대리했으며, 신호제지의 경영권 분쟁은 국일제지 측을 대리했다.

200명이 넘는 국내외 변호사가 포진하고 있는 태평양은 변호사 수에 있어서도 김&장에 이어 2위권을 형성하고 있다. 다른 로펌과의 합병 등의 방법을 택하지 않고 점진적으로 변호사를 영입해 가며 규모를 늘려왔다.

이 점에서 김&장과 비슷하다고 할 수 있다. 이정훈 대표변호사는 "중요한 것은 변호사 수가 아니라 구성원들 사이의 돈독한 유대감"이라는 표현으로 합병 등과 거리를 두고 있는 태평양의 방침을 시사한 적이 있다.

실제로 오래전 한 대형 로펌의 변호사들이 집단적으로 태평양을 찾아 와 적극적으로 합병을 제의했으나, 완곡하게 거절했다는 일화도 전해지고 있다.

배재빌딩에서 시작해 서울 정동의 신아빌딩에 오래 자리를 잡았던 태평양이 서울 강남의 테헤란로에 위치한 현재의 한국타이어빌딩으로 옮긴 것은 98년 9월. 법원 청사가 서초동으로 옮긴데다가 기존의 신아빌딩으로는 늘어나는 규모를 커버할 수 없어 강남으로 옮겼다고 한다. 지금은 테헤란로도 모자라 서울 삼성동 일대까지 대형 로펌이 자리를 잡고 있으나, 이 때만 해도 로펌 강남시대를 연 첫 주자로 주목을 받았다. 태평양에선 강남 이전이 태평양 발전의 또 하나의 전기가 된 것으로 평가하고 있다.

2002년 4월 국내 로펌으로는 최초로 동경사무소를 문 연데 이어 지난해 4월엔 역시 국내 로펌 중 가장 먼저 사무소를 내고 북경에 입성했다. 또 표인수 미국변호사를 대표로 상해사무소 개설을 준비 중에 있다.

태평양은 국내 법무법인 중 최초로 2007년 7월 유한 법무법인으로 조직을 변경했다. 1호 유한 법무법인이자 유일한 유한 법무법인이다.

26. 법무법인 한강
www.lawhangang.co.kr

　법무법인 한강은 의료와 보건 분야의 전문 법무법인으로 유명하다.

　이 분야에 특화한 일종의 부티크 펌이다. 매출 기준으로 의료과오로 인한 손해배상 청구소송 즉, 의료소송의 비중이 절반 가량에 이른다고 한다. 의료소송을 전문분야로 내걸고 발전을 계속해 왔으며, 의료소송을 중심으로 산재, 보험 등 관련 분야로 영역을 넓혀가고 있다.

　지금부터 15년여 전인 1993년 3월. 최재천 변호사가 사법연수원 동기인 김봉석 변호사와 함께 서울 강남역 네거리의 시계탑 빌딩에서 합동법률사무소를 열었다. 곧이어 의료전문 법률사무소로 발전한 한강이 출범한 것이다. 지금은 강남역에서 시작되는 테헤란로에 법률사무소가 많이 위치하고 있으나 당시만 해도 강남역에 사무실을 내는 것은 드문 일에 속했다. 한강의 한 변호사는 "법률사무소가 꼭 법원 앞에 위치할 필요가 없다는 식의 탄력적인 사고는 이후 한강의 다른 분야 업무에서도 하나의 전통으로 이어지고 있다"고 말했다.

　이후 2000년 3월 법무법인 한강으로 조직을 강화하며 발전을 거듭하고 있으나, 사무실은 강남역 네거리의 시계탑 빌딩에서 단 한 번도 이사한 적이 없다.

상호인 법무법인 한강은 직원들을 대상으로 공모해 정했다. 한강의 한 직원은 "유유히 흐르는 한강물처럼 정의를 바로 세우자는 뜻이 담겨 있다"고 설명했다.

무엇보다도 94년 1월 의료소송을 전문분야로 내걸고 전문성을 강화하며 경쟁력을 키워 온 게 발전의 원동력이 됐다. 93년 법률사무소를 연 지 얼마 안 돼 최 변호사가 고교 선배 가족의 의료사고 얘기를 듣고 소송을 대리하게 되었는데, 이 사건을 처리하면서 '이 분야를 개척해야겠다'는 생각을 하게 되었다고 한다.

이후 간호사, 임상병리사, 방사선 기사 등 전문인력을 채용하고, 대외적으로 의료소송 전문을 표방하며 본격적으로 이 분야를 파고 들어 지금은 의료분쟁에 관한 한 최고 수준의 경쟁력을 자랑하는 법무법인으로 발돋움하게 되었다.

한강의 변호사들은 일찌감치 의료소송에 특화해 온 전략도 좋았지만, 93년 이후 꾸준히 늘어나고 있는 의료소송 수요와 맞아 떨어졌다고 이야기한다.

1993년 75건에 불과하던 전국 1심 법원에 접수된 의료소송 건수는 94건 179건, 95년 208건, 96년 179건, 97년 290건, 98년 399건, 99년 542건, 2000년 508건으로 증가했다. 또 2001년 519건, 2002년 671건, 2003년 755건, 2004년 802건, 2005년 867건, 2006년 979건으로 느는 등 해마다 800, 900건의 신

건이 전국 법원에 접수되고 있다.

의료소송은 사법연수생들 사이에서도 전문화의 성공사례로 꼽힐 만큼 각광받는 분야로 꼽히고 있다. 한강 외에도 여러 변호사가 전문분야로 내걸고 활약하고 있다.

의료소송은 환자와 병, 의원으로 당사자를 크게 나눠 볼 수 있다. 한강은 주로 병, 의원 측이 아닌 환자나 그 가족 등 피해자들을 대리하고 있다. 이들의 사건을 맡아 원고 소송대리인으로 활약하고 있다. 병상이 150석 이상 되는 3차 진료기관은 사건을 맡아 달라고 의뢰해 오더라도 맡지 않는 것을 원칙으로 하고 있다고 한다. 환자를 주로 대리하는 법무법인으로서 이해관계 충돌을 고려한 결과다.

2차 진료기관 중에는 개인적인 인연 등으로 맡는 경우가 더러 있다고 한다. 하지만 이 경우엔 이 병원을 상대로 한 소송은 맡지 않는다고 한강의 한 변호사가 설명했다. 내부적으로도 업무를 나눠 병, 의원은 보험팀의 다른 변호사가 맡아 처리하고 있다. 이해관계가 첨예하게 갈리는 의료분쟁에서 환자 대리라는 뚜렷한 입장을 견지하고 있는 것이다.

의료소송을 진행하면서 환자나 그 가족을 가급적 법정에 불러내 직접 재판부와의 대면을 자주 유도하고 있는 점도 한강이 의료소송을 풀어가는 주요 소송전략의 하나. 한강의 한 변호사는 "당사자나 그 가족으로 하여금 사고 당시의 상황과 이후 재활치료의 어려움 등을 생생하게 재판부에 전달하게 함으로써 사건에 대한 재판부의 이해를 높일 수 있을 뿐만 아니라 변호사와 의뢰인과의 긴밀한 유대와 협조에도 많은 도움이 된다"고 말했다.

1996년 6월 법률사무소 내에 '시민을 위한 의료법률 연구소'를 설립해 관련 분야에 대한 연구를 강화하고 있다. 상당한 경력의 의료 관련 전문인력이 법무법인 한강에 여러 명 포진해 있다. 또 외부에서 병, 의원을 운영하고 있는 전문의들과 자문계약을 맺어 도움을 받고 있다.

이런 경험 등을 살려 1999년 9월 국내 최초로 국가와 KT&G(구 담배인삼공사)를 상대로 흡연에 따른 손해배상 청구소송을 제기하는 등 일종의 공익소송에도 앞장서고 있다. 1심에서 패소해 2심이 진행중이다.

의료사건에 이어 가사, 민사, 산재, 생명과 상해에 관련된 인보험사건을 주로 취급하는 보험, 부동산 등의 분야로 업무영역을 넓혀가고 있다. 가사사건을 지원하기 위해 이혼법률상담센터도 운영하고 있다.

최재천, 김봉석 두 대표변호사를 포함해 모두 9명의 변호사가 포진하고 있는 한강은 사법연수원 출신의 젊은 변호사들이 주축을 이루고 있다. 한 변호사는 "그만큼 젊은 패기를 가지고 도전적인 자세로 일처리에 임하고 있다"고 강조했다.

27. 법무법인 해마루

www.lawplus.co.kr

2004년 헌법재판소가 '양심상 병역 거부 행위'의 처벌조항인 병역법 88조에 대해 합헌결정을 내렸을 당시 이 결정을 특히 관심있게 지켜 본 변호사들이 있다. 법무법인 해마루의 임종인, 김수정 변호사 등이 그들이다. 이 사건의 대리인이었기 때문만은 아니다. 대법원 전원합의체에서 유죄 판결이 선고되고, 헌법재판소에서 합헌결정이 나는 것으로 법적 시비가 일단락되긴 했지만, 이 문제를 본격적으로 끄집어 내 이슈화시키고 대체복무제 도입 논의를 이끌어 낸 실질적인 당사자들이라고 할 수 있기 때문이다.

지난 2003년 8월 사건 발생 16년만에 유족들에게 42억원의 손해배상판결이 내려진 '수지 김 사건'도 전해철 변호사 등 법무법인 해마루의 변호사들에 의해 사건의 실체가 규명되고 유족들의 한(恨)이 얼마나마 풀릴 수 있었다고 해도 과언이 아니다.

이외에도 일제에 의해 강제로 끌려갔던 위안부 할머니들이나 소록도의 한센병 환자들에 대한 피해 보상 추진 등 우리 사회의 민감한 이슈로 떠오른 사건마다 해마루의 변호사들이 알게 모르게 관여해 왔다. 2004년에 터진 이른바 '만두파동'과 관련, 서

한국의 로펌들 | 357

울 YMCA가 추진한 관련 소송도 해마루의 변호사 손을 거쳐 소장이 제출됐다.

도대체 어떤 곳이기에 어려운 일이 터질 때마다 시민들이 앞다퉈 법무법인 해마루를 찾아갈까.

이야기는 16년여 전인 1992년으로 거슬러 올라간다.

함께 '민주사회를 위한 변호사모임(민변)'에서 핵심적으로 활동하던 임종인, 천정배, 이덕우 세 명의 변호사가 의기투합해 해마루합동법률사무소를 설립한 게 시작이라고 한다. 세 사람 중 천 변호사는 법무부장관을 거쳐 민주당 의원으로 활약하고 있다. 이덕우 변호사는 법무법인 창조에서 활동하고 있다. 임종인 변호사는 국회의원이 돼 국회에 진출했다가 얼마 전부터 다시 해마루 사무실에 나오고 있다.

초기부터 서울사무소 외에 기업체와 근로자들이 많이 있는 경기도 안산에 근거를 마련한 것도 특징이다. 지금도 공증업무를 수행하는 안산사무소가 주사무소로 돼 있다. 또 한때 이름을 법무법인 안산으로 바꾼 적도 있지만, 서울사무소가 업무의 중심임은 물론이다. 해마루 사람들은 "안산 지원과 지청이 생기기 훨씬 전부터 해마루가 안산에서 법률서비스를 제공해 왔다"고 강조했다.

이후 해마루는 뜻을 함께하는 변호사들이 속속 합류하면서 발전을 거듭해 왔다. 특히 시국 사건이나 인권 관련 사건 처리에 앞장서 온 것으로 유명하다. 현재 17명으로 늘어난 소속 변호사 거의 대부분이 민변 소속으로, 이른바 '민변 계열' 법률사무소로 분류된다.

오재창 변호사와 함께 공동대표를 맡고 있는 전해철 변호사는 노무현 정부에서 청와대 민정수석으로 활약하다가 얼마 전 해마루로 다시 돌아왔다. 이전에 노동 관련 사건 등을 많이 처리하며 이름을 날린 김진국 전 청와대 법무비서관도 해마루 소속으로 활동하고 있다. 노무현 전 대통령도 변호사 시절 해마루에 몸담은 적이 있다.

사회적으로 이슈가 되고 있는 사건의 수임 못지않게 해마루가 최근들어 신경을 쓰는 대목은 중견 법무법인으로서의 업무 영역 확대. 이미 ▲부동산 ▲금융 ▲기업법무 ▲행정 ▲지적재산권 ▲공정거래 분야 등으로 팀을 이뤄 전문화의 깊이를 더해가고 있다.

2001년 11월엔 강제집행연구소를 발족시켜 채권의 구체적인 이행까지 담보하는 '원 스톱 서비스(One Stop Service)'를 지향하고 있다. 또 외부의 회계법인, 컨설팅 사무소 등과 네트워크를 구성해 법 이외의 서비스를 제공하는 등 시너지 효과를 높이고 있다고 한다.

이런 노력에 힘입어 해마루가 담당하는 사건은 더욱 다양해지고 있다. 고문회사가 꾸준히 늘어 해마루 홈페이지엔 약 40개의 고문회사 명단이 실려 있다. 기술신용보증기금, 삼성화재해상보험(주), 예금보험공사, 인천국제공항공사, (주)솔로몬상호저축은행, 한국수출입은행, 한국주택금융공사 등 금융 관련 회사가 많은 편이다.

순 한글 이름인 해마루는 '해가 뜨는 산마루'라는 뜻으로, 해가 뜰 때 이 일대가 가장 환하다고 해마루 관계자가 설명했다.

28. 법무법인 화우

www.yoonyang.com

　법무법인 화우는 두차례의 합병을 통해 국내 2위권 로펌으로 급부상했다. 노무현 정부 출범 직전인 2003년 2월 기존의 법무법인 화백과 법무법인 우방이 합쳐 몸집을 키운데 이어 법무법인 김·신·유와 또 한 차례 합병을 성사시키며 발전을 이어가고 있다. 국내 로펌사상 유례가 없는 경우로, 업계에서 뚜렷한 입지를 구축해 온 주요 로펌 셋이 합쳐 하나가 됐다.
　성장의 배경은 마땅히 연이은 합병의 성공과 그 밑바탕을 이루고 있는 세 로펌의 경쟁력에서 찾는 게 순리일 것이다.
　1차 합병은 송무와 자문의 결합이었다. 민, 형사 소송 등으로 대표되는 송무업무가 발달했던 법무법인 화백과 기업법무의 경쟁력으로 이름이 높았던 법무법인 우방이 합쳐 화우란 간판을 내걸었다.
　화우에선 당시 상금을 내걸고 합병 법인의 이름을 대내외 공모를 통해 정할 만큼 작명에 정성을 들였다. 화백과 우방의 첫 글자를 따 지은 '화우'란 이름엔 '화목한 집안' '화목한 벗'의 의미가 있다고 화우의 한 변호사가 설명했다.
　화백은 1993년 서울민사지법 부장판사 출신의 노경래 변호사와 서울고법 판사를 끝으로 법복을 벗은 강보현 변호사 등 여섯 명의 재조 출신 변호사가 설립했다. 이어 윤관 전 대법원장, 천경송 전 대법관, 양삼승 전 대법원장 비서실장 등이 합류하며 송무 분야에서 맹위를 떨쳐 온 송무전문 로펌이었다.

우방은 89년 윤호일 변호사가 설립했다. 화백과 합치기 전까지 기업법무, 특히 국제기업법무의 '다크호스(dark horse)'로 이름을 날렸다.

제4회 사법시험에 합격해 잠시 서울민사지법 판사로 근무하기도 한 윤 변호사는 미국의 유명 로펌인 베이커 & 매켄지(Baker & McKenzie)에서 16년간 변호사로 활동한 국제통이다. 10년간은 파트너 변호사로, B&M의 뉴욕과 시카고 사무소에서 근무했다. 한국인으로 미국 로펌의 파트너가 되기는 그가 처음으로 알려져 있다.

합병은 성공적이었다. 나머지 반쪽을 찾아 나선 짝짓기가 제대로 맞아 떨어진 셈이다. 대표를 맡았던 화우의 노경래 변호사는 우방과의 합병 이후 "시너지가 대단하다"며, "합병 첫해인 2003년부터 합병 이전 5년간 두 로펌의 연간 평균매출액을 합친 것보다 상회하는 매출을 내고 있다"고 합병 후의 고무적인 분위기를 전한 적이 있다. '1+1=2'를 뛰어넘는 합병효과가 일찌감치 나타났던 셈이다.

대개 두 로펌이 하나로 합치게 되면 부작용도 없지 않은 게 현실이다. 그러나 두 법인의 합병에 회의적이었던 일부 변호사들 마저 합병후 "정말 합치길 잘했다"며 환영하는 입장으로 돌아선 것을 보면 시너지가 적지 않은 것 같다. 매출 신장의 외부 효과는 합병 법인 내부적으로도 긍정적으로 작용하고 있다. 업계에선 화백과 우방의 합병이 성공적으로 자리를 잡아가자 일부 로펌에서 자신들이 합병 파트너로 나서지 못한 데 대해 아쉬워했다는 얘기도 나돌았다.

합병 당시의 에피소드 하나.

서울 삼성동의 아셈타워 22층을 쓰고 있던 화백은 이 건물의 23층이 비게 되자 이를 임대해 전대차(轉貸借)를 놓고 있었다. 앞으로의 확장을 염두에 두고 미리 사무실을 확보해 놓았던 것이다. 그 임자는 우방의 변호사들이 됐다. 전대차 기간이 끝나게 돼 전대차 갱신 등 적잖은 고민이 있었으나, 우방과의 합병이 성사돼 이 문제를 자연스럽게 해결하게 된 셈이다.

서울 남대문의 상공회의소 빌딩에 세들어 있던 우방도 상공회의소 빌딩이 리모델링에 들어가면서 사무실 확보에 적잖이 신경썼다고 한다. 그러나 화백과 합쳐 강남으로 옮겨오게 되면서 이 문제도 말끔히 해결됐다. 화우는 현재 아셈타워의 19, 22, 23층의 3개 층을 사무실로 쓰고 있다.

1차 합병에서 효과를 본 화우는 또 한 차례 합병을 일궈냈다. 이번엔 67년 문을 연 김·신·유와 손을 잡았다. 김·신·유는 국내 로펌업계의 원로인 김진억 변호사가 사실상 국내 두번째로 설립한 로펌이다. 유럽계 기업을 고객으로 많이 확보하고 있는 게 강점이었다. 또 지적재산권과 해상·보험 등의 분야에서도 경쟁력을 자랑했다.

화우는 김·신·유와 합친 후 우리말 이름은 그대로 쓰면서도 'Yoon Yang Kim Shin & Yu'로 영어식 이름을 정했다. 여기엔 유럽 기업 등 외국 클라이언트에 많이 알려진 김·신·유의 브랜드를 십분 활용하자는 뜻이 담겨 있다.

설날을 1주일쯤 앞둔 2006년 1월. 코엑스 인터콘티넨탈 호텔에서 두 로펌의 통합법인 출범식이 있었다. 한 차례 합병을 성공시킨 경험이 있어서인지 이날 출범식은 한껏 분위기가 고조돼 있었던 게 출범식을 취재했던 필자의 기억이다.

2차 합병에 대한 평가가 아직 이를지 모르지만, 김·신·유의 변호사들마저 한 배에 옮겨 실은 법무법인 화우는 순항하고 있다. 흔들림 없이 앞만 보고 나아가는 모습이다. 김·신·유와 합친 직후인 2006년 봄엔 경쟁 로펌에 해당하는 모 로펌에서 변호사 7명이 집단적으로 화우로 말을 갈아 타 업계에 화제가 되기도 했다.

화우에 따르면, 특히 M&A 등 기업자문 쪽에서의 약진이 고무적이라고 한다. 두 차례의 합병을 거치며 매출 기준으로 자문 쪽 비율이 꾸준히 늘고 있다고 화우 관계자가 전했다. 우방, 김·신·유 등 자문업무가 발달한 로펌과의 합병이 잇따라 이어진 측면도 이와 무관하지 않을 것이다.

2006년 4월에 시작돼 9월에 마무리된 (주)이랜드리테일의 한국까르푸(주) 인수건의 경우 화우가 이랜드 측을 맡아 깔끔하게 마무리한 성공적인 거래로 꼽힌다. 인수대금이 약 1조 5000억원에 이르는 대형 딜이었다.

또 5개월여의 실사(實査) 분석 끝에 2006년 초 마무리된 LG텔레콤에 대한 법적 리스크 분석 프로젝트도 화우가 국내 처음으로 시도한 의미있는 용역으로 소개된다. 회사의 업무자료, 사규, 계약서, 관련 법규, 소송사례, 제재사례, 언론기사 등의 분석과 부서 인터뷰를 통해 전사적인 법적 리스크를 파악해 리스크에 대한 체계적인 관리시스템과 개선방안을 자문했다. 강보현 대표의 지휘 아래 화우의 변호사 3명이 LG텔레콤에 상주하며 일을 마무리했다는 후문이다.

2007년엔 그 해 10월 법원으로부터 회생계획 인가를 받은 프라임의 동아건설 인수와 관련, 인수자인 프라임 트라이덴트 컨소시엄을 대리했다. 이 거래는 파산절차가 진행 중인 파산회사를 상대로 한 국내 최초의 M&A라는 의미도 있다. 인수금액이 6780억원에 달하는 딜의 크기와 복잡성, 특수성 등을 인정받아 홍콩에서 발간되는 법률잡지인 'Asian Counsel'로부터 2007년 올해의 딜로 선정되기도 했다.

김·신·유와 합치면서 김·신·유의 변리사 15명이 가세해 2006년 초 특허법인 화우를 출범시킨 것도 또 하나의 발전으로 얘기된다. 이런 네트워크 등에 힘입어 화우는 지적재산권 분야에서도 굵직한 사건을 많이 처리하고 있다.

엑손 모빌(Exon Mobil)의 일본내 계열사인 Tonen Chemical 등 2개사가 SK(주)를 상대로 낸 리튬이온 건전지의 분리막 특허를 둘러싼 손해배상소송에서 피고 측인 SK를 대리했다. 또 2008년 2월 대법원 최종판결이 내려진 LG생활건강 등 LG 3사와 유한킴벌리, 킴벌리 클라크와의 기저귀 특허 분쟁에선 화우가 법무법인 광장과 함께 LG생활건강을 맡아 승소했다.

해외시장에도 관심을 가져 2007년 4월 일본 동경사무소를 개설한 데 이어 2008년 1월 우즈베키스탄의 타쉬켄트에 현지사무소를 열어 중앙아시아 지역에 진출했다.

화백시절 부터 막강한 경쟁력을 자랑해 온 송무 쪽도 여전히 강세를 떨치고 있다. 2005년 말 국내 14개 금융기관이 삼성그룹 이건희 전 회장과 28개 계열사를 상대로 낸 이른바 삼성차 채권단소송에서 법무법인 태평양과 함께 채권단을 대리하고 있다. 소가가 5조원이 넘는 국내 사법사상 최대 규모의 소송이다.

변재승 전 대법관, 변동걸 전 서울중앙지법원장, 박송하 전 서울고법원장, 이주흥 전 서울중앙지법원장의 합류에 이어 인사철마다 중견 법관과 검사 출신의 영입이 꾸준히 이어지고 있다.

한껏 성장세를 타고 있는 화우의 국내외 변호사는 2008년 8월 현재 170여명. 특허법인 화우의 변리사 등을 포함하면 전문 인력이 200명을 넘어선다. 국내 로펌 중 다섯 손가락 안에 드는 규모다. 특히 두 차례의 합병을 통해 이런 비약적인 성장을 이뤄냈다는 게 화우의 특징이자 자랑이다.

화우 사람들은 앞으로도 규모의 확대엔 여전히 적극적인 자세다. 합병이든 합병이 아닌 다른 형식이든 함께 할 수 있는 유능한 조직, 유능한 변호사라면 '문은 항상 열려있다' 는 개방적인 자세를 취하고 있다. 로펌업계에서 합병을 고려하는 로펌이라면 먼저 화우를 벤치마킹해 볼 필요가 있다는 말이 나오는 것도 무리가 아니다.

Ⅶ 부록

1. 한국 주요 로펌 홈페이지
2. 2007년 미국 100대 로펌 순위
3. 2007년 미국 10대 로펌 PPP 순위
4. 일본 20대 로펌 순위
5. 2007년 영국 100대 로펌 순위
6. 2006년 글로벌 100대 로펌 순위

1. 한국 주요 로펌 홈페이지

로펌	홈페이지
법무법인 광장	www.leeko.com
법무법인 국제	www.kukjelaw.co.kr
김&장 법률사무소	www.kimchang.com
법무법인 김·장·리	www.kimchanglee.co.kr
법무법인 나라	www.naralaw.net
법무법인 남산	www.namsanlaw.com
법무법인 다래	www.daraelaw.co.kr
법무법인 대륙	www.deryooklaw.com
법무법인 동인	www.donginlaw.co.kr
법무법인 두우	www.lawdw.com
법무법인 렉스	www.lexkor.com
법무법인 로고스	www.lawlogos.com
법무법인 민주	www.minjulaw.com
법무법인 바른	www.barunlaw.com
법무법인 서린	www.seoulinlaw.com
법무법인 서정	www.sojong.com
법무법인 세경	www.choikim.com
법무법인 세종	www.shinkim.com
법무법인 세창	www.sechanglaw.com
법무법인 세화	www.sewhalaw.com
법무법인 신우	www.swlaw.co.kr
I&S 법률사무소	www.ins-lab.co.kr
법무법인 아주	www.ajulaw.com
법무법인 에이스	www.acelaw.co.kr
에버그린 법률사무소	www.evergreenlaw.co.kr
법무법인 영진	www.yjlaw.co.kr

로펌	홈페이지
법무법인 우일	www.ibclaw.co.kr
법무법인 우현지산	www.jwlaw.co.kr
법무법인 율촌	www.yulchon.com
법무법인 자하연	www.yoonyoo.com
법무법인 정동국제	www.suhco.com
법무법인 정세	www.jslaw.co.kr
법무법인 정평	www.jnplaw.com
법무법인 조율	www.harmonylaw.co.kr
법무법인 지평지성	www.horizonlaw.com, www.jisunglaw.com
법무법인 청해	www.pusanlaw.com
법무법인 충정	www.hmpj.com
법무법인 KCL	www.kcllaw.com
법무법인 태일	www.lawfirmtaeil.com
법무법인 태평양	www.baekimlee.com
법무법인 평산	www.kclaw.co.kr
법무법인 푸른	www.pureunlaw.com
법무법인 한강	www.lawhangang.co.kr
법무법인 한결	www.hklaw.co.kr
법무법인 한벌	www.hanbl.co.kr
법무법인 한빛	www.hanbitlaw.co.kr
법무법인 한승	www.lawhs.co.kr
법무법인 한울	www.hanullaw.com
법무법인 한중	www.parkhong.com
법무법인 해마루	www.lawplus.co.kr
법무법인 화우	www.yoonyang.com
법무법인 화현	www.jpartners.co.kr

2. 2007년 미국 100대 로펌 순위(총매출)

순위	로펌	총매출(Gross Revenue)
1	Skadden	$2,170,000,000
2	Latham & Watkins	$2,005,500,000
3	Baker & McKenzie	$1,829,000,000
4	Jones Day	$1,441,000,000
5	Sidley Austin	$1,386,000,000
6	White & Case	$1,373,000,000
7	Kirkland & Ellis	$1,310,000,000
8	Greenberg Traurig	$1,200,000,000
9	Mayer Brown	$1,183,000,000
10	Weil, Gotshal	$1,175,000,000
11	DLA Piper US	$1,134,500,000
12	Morgan, Lewis	$1,033,000,000
13	Sullivan & Cromwell	$985,000,000
14	McDermott Will	$978,000,000
15	Paul, Hastings	$975,000,000
16	Simpson Thacher	$966,000,000
17	Wilmer	$944,000,000
18	O'Melveny & Myers	$934,000,000
19	Shearman & Sterling	$921,000,000
20	Gibson, Dunn	$907,500,000
21	Cleary Gottlieb	$894,000,000
21	Morrison & Foerster	$894,000,000
23	Reed Smith	$892,000,000
24	Hogan & Hartson	$880,000,000
25	Dechert	$836,500,000

순위	로펌	총매출(Gross Revenue)
26	Davis Polk	$789,000,000
27	Orrick	$772,000,000
28	Kirkpatrick & Lockhart	$755,000,000
29	Akin Gump	$752,500,000
30	Bingham McCutchen	$743,500,000
31	Ropes & Gray	$733,000,000
32	Foley & Lardner	$720,500,000
33	Debevoise & Plimpton	$709,500,000
34	Winston & Strawn	$697,500,000
35	Hunton & Williams	$653,500,000
36	Paul, Weiss	$651,000,000
37	Fulbright & Jaworski	$649,500,000
38	Milbank, Tweed	$642,500,000
39	Proskauer Rose	$628,000,000
40	King & Spalding	$615,500,000
41	Holland & Knight	$612,500,000
42	Goodwin Procter	$611,000,000
43	Cravath	$610,500,000
44	Willkie Farr	$603,000,000
45	Vinson & Elkins	$596,000,000
46	Pillsbury Winthrop	$590,000,000
47	Cadwalader	$587,000,000
48	Wachtell	$578,500,000
49	Baker Botts	$577,500,000
49	LeBoeuf, Lamb	$577,500,000

순위	로펌	총매출(Gross Revenue)
51	Fried, Frank	$537,500,000
52	Wilson Sonsini	$531,000,000
53	Squire, Sanders	$530,500,000
54	Alston & Bird	$518,000,000
55	Arnold & Porter	$508,000,000
56	Heller Ehrman	$491,000,000
57	Cooley Godward	$485,000,000
58	Sonnenschein	$478,000,000
59	Howrey	$475,000,000
60	Bryan Cave	$469,000,000
61	Covington & Burling	$467,000,000
62	Kaye Scholer	$464,000,000
63	Katten Muchin	$461,000,000
64	Nixon Peabody	$456,500,000
65	Seyfarth Shaw	$442,500,000
66	Dewey Ballantine	$431,000,000
67	Schulte Roth	$419,500,000
68	McGuireWoods	$412,000,000
69	Perkins Coie	$394,500,000
70	Quinn Emanuel	$384,500,000
71	Duane Morris	$375,000,000
72	Fish & Richardson	$367,500,000
73	Dorsey & Whitney	$367,000,000
74	Drinker Biddle	$357,000,000
75	Troutman Sanders	$349,000,000

순위	로펌	총매출(Gross Revenue)
76	Thelen Reid	$345,000,000
77	Steptoe & Johnson	$335,000,000
78	Sheppard, Mullin	$333,000,000
79	Jenner & Block	$332,500,000
80	Venable	$321,500,000
81	Edwards Angell	$320,500,000
82	Shook, Hardy	$316,000,000
83	Baker & Hostetler	$315,000,000
84	Blank Rome	$314,500,000
85	Patton Boggs	$310,000,000
86	Finnegan, Henderson	$306,500,000
87	Littler Mendelson	$305,000,000
88	Pepper Hamilton	$297,000,000
88	Stroock & Stroock	$297,000,000
90	Kramer Levin	$296,500,000
91	Dickstein Shapiro	$294,000,000
92	Mintz, Levin	$291,000,000
93	Sutherland Asbill	$289,000,000
94	Faegre & Benson	$284,500,000
94	Womble Carlyle	$284,500,000
96	Buchanan Ingersoll	$282,000,000
97	Chadbourne & Parke	$281,000,000
98	Ballard Spahr	$280,500,000
99	Cahill Gordon	$280,000,000
100	Kilpatrick Stockton	$265,500,000

– The American Lawyer

3. 2007년 미국 10대 로펌 PPP 순위

순위	로펌	총매출
1	Wachtell Lipton Rosen & Katz	$4.95 million
2	Cravath Swaine & Moore	$3.30 million
3	Sullivan & Cromwell	$3.06 million
4	Quinn Emanuel Urquhart Oliver & Hedges	$3.01 million
5	Simpson Thacher & Bartlett	$2.88 million
6	Cadwalader Wickersham & Taft	$2.73 million
7	Cahill Gordon & Reindel	$2.60 million
7	Paul Weiss Rifkind Wharton & Garrison	$2.60 million
9	Milbank Tweed Hadley & McCloy	$2.53 million
10	Kirkland & Ellis	$2.48 million

— The American Lawyer

*PPP는 Profits Per Partner의 약자로, 파트너 변호사 1명당 수익을 말한다. 보통 이를 기준으로 로펌들 사이의 순위를 매긴다.

4. 일본 20대 로펌 순위(변호사 수, 2008년 7월 기준)

순위	로펌	일본변호사	등록 외국변호사
1	Nishimura & Asahi	384	1
2	Nagashima Ohno & Tsunematsu	292	3
3	Mori Hamada & Matsumoto	240	1
4	Anderson Mori & Tomotsune	241	2
5	TMI Associates	173	1
6	City-Yuwa Partners	92	0
7	Baker & McKenzie GJBJ Tokyo Aoyama Aoki Koma Law Office (Gaikokuho Joint Enterprise)	98	14
8	Oh-Ebashi LPC & Partners	81	3
9	Atsumi & Partners	70	3
10	Sakai & Mimura & Aizawa	52	0
11	Ushijima & Partners	45	0
11	Midosuji Law Office	45	0
11	Yodoyabashi & Yamagami LPC	45	0
14	Iwata Godo Law Office	44	1
14	Linklaters Gaikokuho-Kyodo-Jigyo	44	7
16	Kitahama Partners	43	1
17	Jones Day Gaikokuho-kyodo-Jigyo	41	5
18	Kohwa Sohgoh Law Office	38	0
19	Morrison Foerster Gaikokuho-Kyodo-Jigyo	37	1
19	Cast Itoga Law P.C	37	2

- 일본변호사연합회

5. 2007년 영국 100대 로펌 순위

순위	로펌	총매출(£m)	PEP(£K)
1	Clifford Chance	1,194.0	1,015
2	Linklaters	1,121.0	1,152
3	Freshfields Bruckhaus Deringer	986.0	1,034
4	Allen & Overy	887.0	1,025
5	DLA Piper	446.0	714
6	Lovells	425.0	599
7	Slaughter and May	417.0	1,620
8	Eversheds	356.0	502
9	Herbert Smith	334.0	820
10	Ashurst	275.0	956
11	Simmons & Simmons	250.4	532
12	Norton Rose	233.0	512
13	CMS Cameron McKenna	197.4	502
14	Pinsent Masons	192.4	471
15	SJ Berwin	189.0	782
16	Addleshaw Goddard	176.7	542
17	Berwin Leighton Paisner	169.0	660
18	Taylor Wessing	161.0	435
19	Denton Wilde Sapte	155.7	411
20	Clyde & Co	135.0	500
21	Hammonds	127.6	404
22	Irwin Mitchell	127.0	500
23	Nabarro	123.0	567
24	Bird & Bird	115.6	458
25	Wragge & Co	112.6	414

*PEP는 지분을 가지고 있는 파트너 변호사 1명의 수익을 말함.

순위	로펌	총매출(£m)	PEP(£K)
26	Beachcroft	112.0	320
26	Salans	112.0	419
28	Macfarlanes	103.0	1,100
29	Shoosmiths	95.0	407
30	Halliwells	86.2	587
31	Olswang	83.1	561
32	Osborne Clarke	82.8	511
33	Travers Smith	78.5	817
34	Withers	78.2	355
35	Barlow Lyde & Gilbert	76.2	380
36	Stephenson Harwood	71.7	530
37	Hill Dickinson	68.5	310
38	Holman Fenwick & Willan	68.3	436
39	Trowers & Hamlins	68.1	559
40	Field Fisher Waterhouse	67.7	582
41	LG	66.0	445
42	Charles Russell	63.5	354
43	Burges Salmon	61.4	470
44	Dundas & Wilson	60.5	308
45	McGrigors	60.0	310
46	Cobbetts	58.6	240
47	Mills & Reeve	56.4	275
48	Dickinson Dees	56.0	365
48	Ince & Co	56.0	398
50	Maclay Murray & Spens	54.3	315

순위	로펌	총매출(£m)	PEP(£K)
51	Watson Farley & Williams	54.0	396
52	Reynolds Porter Chamberlain	52.9	295
53	DWF	50.0	365
54	Kennedys	49.8	300
55	Walker Morris	47.7	672
56	Clarke Willmott	45.1	260
57	Blake Lapthorn Tarlo Lyons	44.6	202
58	Pannone	44.5	260
59	Berrymans Lace Mawer	44.4	218
60	Weightmans	44.0	310
61	Bond Pearce	43.5	150
62	Russell Jones & Walker	42.4	305
63	Bevan Brittan	41.1	234
64	Howard Kennedy	41.0	630
65	Speechly Bircham	40.0	526
66	Mishcon de Reya	39.1	698
67	Shepherd and Wedderburn	39.0	315
68	TLT	38.0	275
69	HBJ Gateley Wareing	35.0	284
70	Thomas Eggar	34.2	305
71	Farrer & Co	32.2	395
72	Davies Arnold Cooper	32.0	345
73	Hugh James	32.0	300
73	Browne Jacobson	31.9	281
75	Manches	31.6	210

순위	로펌	총매출(£m)	PEP(£K)
76	Freeth Cartwright	31.1	229
77	Bircham Dyson Bell	31.0	254
77	Dickson Minto	31.0	1,150
79	Brodies	30.0	333
80	Morgan Cole	29.3	195
81	Penningtons	29.1	143
82	Brabners Chaffe Street	26.0	340
83	Fladgate Fielder	25.5	610
84	Lewis Silkin	25.2	263
85	Ward Hadaway	25.1	405
86	Geldards	24.0	196
87	Russell-Cooke	23.8	220
88	Keoghs	23.3	295
89	Ashfords	23.0	300
90	Watson Burton	22.7	220
91	Burness	22.5	355
91	Tods Murray	22.5	287
93	DMH Stallard	22.3	235
94	Wedlake Bell	22.1	260
95	Forsters	21.3	550
96	Martineau Johnson	21.0	176
97	Finers Stephens Innocent	20.1	400
98	Bristows	20.0	243
99	Howes Percival	19.8	341
100	Sacker & Partners	19.1	874

- The Lawyer

6. 2006년 글로벌 100대 로펌 순위

순위	로펌	총매출(£m)	PEP(£K)	국가
1	Clifford Chance	1,030.2	810	UK
2	Linklaters	935.2	1,063	UK
3	Skadden Arps Slate Meagher & Flom	884.6	1,049	US
4	Freshfields Bruckhaus Deringer	882.1	830	UK
5	Latham & Watkins	776.1	879	US
6	Baker & McKenzie	742.9	418	US
7	Allen & Overy	736.3	788	UK
8	Jones Day	706.0	396	US
9	Sidley Austin	617.6	679	US
10	White & Case	574.7	681	US
11	Weil Gotshal & Manges	558.5	1,005	US
12	Mayer Brown Rowe & Maw	538.5	525	US
13	Kirkland & Ellis	533.0	1,165	US
14	DLA Piper (US)	489.3	549	US
15	Sullivan & Cromwell	480.8	1,324	US
16	Greenberg Traurig	472.8	599	US
17	Shearman & Sterling	458.8	761	US
18	Wilmer Cutler Pickering Hale and Dorr	447.8	503	US
19	O'Melveny & Myers	444.0	887	US
20	Morgan Lewis & Bockius	442.0	549	US
21	McDermott Will & Emery	439.3	703	US
22	Cleary Gottlieb Steen & Hamilton	417.6	1,077	US
23	Gibson Dunn & Crutcher	409.9	898	US
24	Simpson Thacher & Bartlett	399.5	1,302	US
25	Lovells	396.2	571	UK

순위	로펌	총매출(£m)	PEP(£K)	국가
26	Hogan & Hartson	384.6	497	US
27	Morrison & Foerster	377.5	577	US
28	DLA Piper (Europe)	366.5	604	UK
28	Paul Hastings Janofsky & Walker	366.5	728	US
30	Akin Gump Strauss Hauer & Feld	339.6	530	US
31	Foley & Lardner	335.4	464	US
32	Davis Polk & Wardwell	332.1	1,099	US
33	Bingham McCutchen	325.8	670	US
34	Eversheds	323.1	423	UK
35	Slaughter and May	321.2	1,121	UK
36	Holland & Knight	319.5	264	US
37	Dechert	317.0	857	US
38	Pillsbury Winthrop Shaw Pittman	315.4	420	US
39	Winston & Strawn	313.7	613	US
40	Paul Weiss Rifkind Wharton & Garrison	309.3	1,360	US
41	Reed Smith	309.1	440	US
42	Ropes & Gray	306.6	593	US
43	Orrick Herrington & Sutcliffe	304.4	681	US
44	Fulbright & Jaworski	296.2	393	US
44	Herbert Smith	296.2	838	UK
46	Debevoise & Plimpton	294.2	920	US
47	King & Spalding	282.7	577	US
48	Vinson & Elkins	280.2	588	US
49	Cravath Swaine & Moore	275.0	1,429	US
50	Milbank Tweed Hadley & McCloy	272.5	1,110	US

순위	로펌	총매출(£m)	PEP(£K)	국가
51	Cadwalader Wickersham & Taft	265.4	1,398	US
52	Heller Ehrman	261.0	486	US
52	Hunton & Williams	261.0	368	US
54	Kirkpatrick & Lockhart Nicholson Graham	257.7	398	US
55	Arnold & Porter	255.8	459	US
56	Proskauer Rose	249.2	670	US
57	Sonnenschein Nath & Rosenthal	246.2	440	US
58	Wachtell Lipton Rosen & Katz	243.4	2,082	US
58	Willkie Farr & Gallagher	243.4	984	US
60	LeBoeuf Lamb Greene & MacRae	241.8	728	US
61	Baker Botts	238.7	497	US
62	Goodwin Procter	228.0	684	US
63	Simmons & Simmons	226.9	470	UK
64	Wilson Sonsini Goodrich & Rosati	226.4	538	US
65	Squire Sanders & Dempsey	225.3	343	US
66	Bryan Cave	219.0	338	US
67	Alston & Bird	217.0	445	US
68	Dewey Ballantine	215.7	673	US
69	Fried Frank Harris Shriver & Jacobson	214.3	681	US
70	Ashurst	214.0	701	UK
71	Katten Muchin Rosenman	212.4	514	US
72	Howrey	211.3	527	US
73	Kaye Scholer	210.7	706	US
74	Norton Rose	210.2	445	UK
75	Covington & Burling	208.8	536	US

순위	로펌	총매출(£m)	PEP(£K)	국가
76	Nixon Peabody	205.2	313	US
77	McCarthy Tetrault	203.8	312	Canada
78	Freehills National	194.8	393	Australia
79	Mallesons Stephen Jaques	190.7	415	Australia
80	McGuireWoods	187.4	332	US
81	Seyfarth Shaw	184.9	330	US
82	CMS Cameron McKenna	181.3	475	UK
82	Fidal	181.3	80	France
84	Schulte Roth & Zabel	176.4	1,044	US
85	Dorsey & Whitney	175.0	264	US
86	Perkins Coie	174.7	335	US
87	Pinsent Masons	172.0	401	UK
88	Minter Ellison	171.7	294	Australia
89	Clayton Utz	163.7	409	Australia
89	Cooley Godward	163.7	500	US
91	Addleshaw Goddard	161.3	473	UK
92	Duane Morris	159.6	371	US
93	Jenner & Block	158.0	390	US
94	Baker & Hostetler	156.0	294	US
95	Allens Arthur Robinson	154.9	354	Australia
95	SJ Berwin	154.9	712	UK
97	Edwards Angell Palmer & Dodge	153.0	330	US
98	Thelen Reid & Priest	152.7	467	US
99	Loyens & Loeff	151.9	478	Netherlands
100	Denton Wilde Sapte	147.5	376	UK

- The Lawyer